日本語教育学研究 5

日本語教育実習事例報告
彼らはどう教えたのか?

丸山敬介

Analyses of Japanese classes
conducted by JFL student-teachers:
How did they teach Japanese?

First published 2015
Printed in Japan

All rights reserved
© Keisuke Maruyama, 2015

Coco Publishing Co., Ltd.

ISBN 978-4-904595-63-3

まえがき

　本書は、ここ10年あまり日本語教育の実習指導に関わってきて気づいたことをまとめたものである。もともとは論文として執筆したものだが、形式的に内容的に、むしろ報告としたほうが適切だと考え、「実習報告」という名にした。

　1・2章は、実習生は授業の部分部分を見るには鋭い目を持っているが全体を見通す目は持ち合わせていないとして、それを育成する試みを述べたものである。3・4章では、初級段階の意味の説明に焦点を当て、その具体的な方法とティーチャー・トークの乱れる様子を分析した。続く5章では、中上級段階の導入に的をしぼり、それがどのような型を持つのかその分類を試みた。6章では、同じく中上級段階における語句・表現の意味の説明のし方を分析し、それが「指導項目の取り出し→意味の解説→例あげ」という一つの典型的パターンを持つとした。7章は、その変形である。8・9章は、上級段階において説明が長くなっていく様子、後半になってあらくなっていく様子を述べたもので、ある意味、実習生の「人」の部分に触れたものといえるかもしれないが、今、踏み込みつつある分野である。

　以上のような試みが、今後の実習指導現場に少しでも役に立てば無上の喜びである。

丸山敬介

目次

まえがき………iii

序………1
 本書の目的………1
 丸山（1990）の指摘………2
 本書で明らかにするもの………4

1 実習授業の概略………7
 1.1 実習授業の方針………7

2 実習授業の枠組み………10
 2.1 学習者………10
 2.2 見学者………11
 2.3 教材………11

3 実習指導の枠組み………13
 3.1 授業観察………13
 3.2 講評………17
 3.3 事例分析………20

4 事例分析結果の概略………21
 4.1 初級………22
  4.1.1 「フィッシュ・ボーン」………22
 4.2 初級段階における説明………25
  4.2.1 意味と構文の説明………25
  4.2.2 伝え方に対する評価の違い………26
  4.2.3 初級段階における意味の導入………27
  4.2.4 初級段階における構文の導入………29
  4.2.5 説明部分と学習者の練習部分との乖離………30
 4.3 中上級………31
  4.3.1 導入における三つのタイプ………31
  4.3.2 中上級段階における説明………32

第1章｜学部学生の日本語授業観察の観点………39

1 はじめに………39
2 日本語授業観察が行われた環境………40
　2.1 授業の性格………40
　2.2 模擬授業とその準備となる講義………40
　2.3 授業観察の方法………42
3 記述内容に表れた授業観察の観点………42
　3.1 観点の全体像概観………42
　3.2 練習のさせ方に関する観点………43
　　3.2.1 個々の技術の観点………44
　　3.2.2 教材並びにその扱い方の観点………47
　　3.2.3 練習の内容の観点………48
　3.3 指導項目の説明に関する観点………49
　　3.3.1 教材並びにその扱い方の観点………50
　　3.3.2 個々の技術の観点………51
　　3.3.3 説明の内容の観点………52
　3.4 授業の進行・流れに関する観点………53
　　3.4.1 「授業進行」と「観察したことがら」欄における記述とその変化………53
　　3.4.2 「感想・コメント」欄に見る観点………57
　3.5 ティーチャー・トークに関する観点、教師の態度や雰囲気に関する観点………59
4 記述の姿勢………61
5 まとめ………64
　5.1 観察の観点とその軽重………64
　5.2 観察の鋭さと実践能力との乖離………66
　5.3 今後の課題………67

第2章 フィッシュ・ボーンに見る実習生の授業構造意識……71

1 はじめに……71

2 フィッシュ・ボーン……72
  - 2.1 FB の基本的考え方……72
    - 2.1.1 指導項目の洗い出しと項目の提出順序……72
    - 2.1.2 分節と積み上げ構造……74
  - 2.2 FB の書き方及び見方……74

3 FB に見る実習生の授業構造意識……75
  - 3.1 全体構造の分析……76
    - 3.1.1 積み上げ構造を意識した FB……77
    - 3.1.2 積み上げ構造を分断するおそれのある FB……80
    - 3.1.3 複数の積み上げ構造の可能性を示唆する FB……84
  - 3.2 分節構造の分析……89
    - 3.2.1 wh 疑問文へと発展していく分節構造……92
    - 3.2.2 wh 疑問文へと発展していく分節構造のバリエーション……93

4 FB の簡略化……98

5 まとめ……102
  - 5.1 授業構造の意識化という観点から見た FB 導入の成果……102
  - 5.2 FB 上で明らかになった全体構造と分節構造の特性……103
  - 5.3 今後の課題……104

第3章 | 初級段階における指導項目の説明方法………109

1 はじめに………109

2 望ましい新出項目の説明だと評価する要因………110
- 2.1 意味の導入における要素………110
  - 2.1.1 ビジュアル・エイド選択の適切さ・状況設定の適切さ………110
  - 2.1.2 教材の多様さ………111
  - 2.1.3 頻繁な繰り返しとパターン化………111
- 2.2 構文の導入における要素………112
  - 2.2.1 板書における情報の多さ・多彩さ………112
  - 2.2.2 指導プロセスと教材とのマッチング………113

3 事例分析………113
- 3.1 望ましい意味の導入分析………113
  - 3.1.1 絵が効果的に用いられている例：場所の名前の導入………113
  - 3.1.2 ジェスチャーや絵が印象的に用いられている例：動作動詞の導入………117
  - 3.1.3 状況設定が巧みな例：「～は、～にあります。」の導入………123
- 3.2 不十分さが認められる意味の説明分析………127
  - 3.2.1 「会う」の導入………127
  - 3.2.2 動作の場所を表す「で」の指導………131
  - 3.2.3 「～ませんか。」の指導………133
- 3.3 意味と構文の導入比較分析………138
  - 3.3.1 望ましいと思われる指導例その①：「～が好きです。」の導入………138
  - 3.3.2 望ましいと思われる指導例その②：「～が好きです。」の疑問形・肯否定形の導入………143
  - 3.3.3 意味の導入から見て改善が必要と思われる指導例………146

4 おわりに………153

第4章 | 初級段階の説明時における ティーチャー・トークの乱れ……157

1　事例を採取した実習授業の概要……157
2　「何も〜ません。」におけるTTの乱れ……158
　2.1　授業全体の進行……158
　2.2　「何も〜ません。」におけるTTの乱れと その授業進行……158
　2.3　TTの分析……161
　2.4　TTの再検討……165
3　一次的語句・二次的語句から見た 「食べます／飲みます」におけるTTの分析……168
　3.1　「食べます／飲みます」をめぐるやり取り……168
　3.2　「食べる」と「飲む」の説明部分の TTの乱れの分析……170
　3.3　卵は「食べる」か「飲む」かの説明部分の TTの乱れの分析……172
　3.4　TTの再検討……174
4　まとめと今後の課題……180

第5章 | 中上級段階における導入の 構成プロトタイプ……185

1　はじめに……185
2　導入のプロトタイプとその特徴……186
　2.1　事前指導……186
　2.2　導入のプロトタイプとその特徴……187
　2.3　飛行機型……188
　2.4　ヘリコプター型……190
　2.5　ロケット型……191

3 各タイプのサンプル……192
    3.1 ロケット型導入……192
    3.2 ヘリコプター型導入1……195
    3.3 ヘリコプター型導入2……198
    3.4 飛行機型導入1……206
    3.5 飛行機型導入2……211

4 今後の課題……218

第6章｜中上級段階における意味説明の典型的パターン……223

1 実習授業に見る、意味説明の典型的構成パターン……223

2 典型的構成パターンの逸脱から生ずる理解阻害に関わる問題……227
    2.1 （1）取り出しと（2）意味解説の分離型①
        （2）意味解説と（3）例の順序逆転型　1……228
    2.2 （1）取り出しと（2）意味解説の分離型①
        （2）と（3）の順序逆転型　2……230
    2.3 （1）取り出しと（2）意味解説の分離型②
        別の情報挿入型　1……232
    2.4 （1）取り出しと（2）意味解説の分離型②
        別の情報挿入型　2……234

3 典型的構成パターンから見た、ティーチャー・トーク上の問題……236
    3.1 指導項目取り出しの表現……236
    3.2 意味解説の表現……237
    3.3 例の表現……240

4 説明内容の妥当性……243
    4.1 （2）意味解説と（3）例における妥当性の問題……243
    4.2 不十分な説明内容……244

5 まとめ……249

第7章 | 特殊な過程を持つ中級段階の語句・表現の説明……253

1 実習授業に見る、意味説明の典型的構成パターン……253

2 「確かに〜だが、〜。」の指導過程……254
   - 2.1 説明の構成の分析……257
   - 2.2 接続と構文の解説の分析……259
   - 2.3 意味の説明の分析……260

3 「〜たつもりで、〜する。」の指導過程……264
   - 3.1 説明の構成の分析……266
   - 3.2 接続・構文・意味の解説の分析……267

4 まとめと今後の課題……270
   - 4.1 まとめ……270
   - 4.2 今後の課題……276

第8章 | 上級段階において肥大化する語句・表現の説明……283

1 事例と事例を採取した実習授業の概要……283

2 肥大化する語句・表現の説明……284
   - 2.1 「大まかに」の説明の肥大化……284
   - 2.2 「造語」の説明の肥大化……287

3 推察される説明の肥大化の理由……291

4 肥大化の解消に向けて……295

第9章｜次第に粗雑化していく
　　　　上級段階の語句・表現の説明………299
　　1　事例と事例を採取した実習授業の概要………299
　　2　指導前半部分の妥当性の分析………300
　　3　指導後半部分の講義調化した指導の分析………310
　　　　3.1　学習者への問いかけの欠如………310
　　　　3.2　個々の語句・表現の説明の分析………311
　　4　指導が粗雑化していく理由と今後の課題………317
　　　　4.1　学習者の日本語能力の過大評価………317
　　　　4.2　今後の課題………320

あとがき………323
文献一覧………327

序

本書の目的

　本書は、これから日本語教育を目指そうとする人たちによってなされた実習授業における指導技術に対して質的分析を加え、もって教師志望者とその指導者に基礎的な資料を提供しようとするものである。

　筆者は、'80年代半ばより民間の日本語教育機関・大学・大学院・国際交流団体などにおける日本語教師養成プログラムの立案・運営さらにその中における授業受け持ちの機会を得た。これらのうち受け持った授業は日本語教育を取り巻く社会事情から文法関係・教材関係・教室活動など多岐にわたったが、'90年代半ばから急増した定住外国人も視野に入れることによってその幅がさらに広がった。教室活動においては、特に実習指導に深く関わったが、一貫して指導にあたったのは日本語学校や留学生センター・別科のようなクラス授業を想定した実習であった。

　こうした授業ではことばの指導に傾きがちで社会性や人権などの面を顧みない部分があると批判を受けることがある。けれども、その反面、「よい授業とは何か」という日本語を教えようとする者だれもがいだく根本的な問題に、常に、直面させられる。そうした問題意識は、定住外国人のための日本語教室などが抱える課題に比べると確かに「指導技術」寄りに大きく傾いているかもしれないが、だからといって、それはあたかも機械の操作のように誤りのない定められた手順を効率的に探り出そうというような方向には向いていない。授業という営みはその時の教室という空間が持つ文脈に左右され、それゆえ二度と再現することはできない。「よい授業」とは折々の文脈を読み導き、それに合わせて伝えるべきことがらを学ぶ者に届ける術であろう。それを心得ているのがベテランの先生といわれる人たちであるが、そうした1回きりの文脈の中

でベストを目指す試みは実習生の授業においてもいささかも変わりがない。

今回の分析は実習生の技術にしぼっているが、それでも彼らは指導項目の伝えるべきことがらを熟考し、学習者の個性に鑑み授業の構成を組み立て指導に臨んだ。指導の折々にあっては、学習者の反応に応じてその構成を修正しようと試みていた。実習生とベテラン教師の違いを一言でいうならば、文脈解釈の巧拙とその能力の安定性ということになろうが、日本語を教える際に自らに課す作業はまったく同じである。

長い実習観察の経験を経て筆者が感じたものの一つは、教室の持つ文脈の多面性とそれに応じた実習生の活動の多様性であった。それは、とりもなおさず授業という人間活動が持つ豊穣さであった。すなわち筆者は、「留学生10万人計画」あたりから今日に至るまで、その豊穣さの中に身を置いて実習を定点観測する機会を得たといえる。その観測の結果の一部を明らかにするのが、本書の目的である。

丸山（1990）の指摘

筆者がこうした実習授業における指導技術の分析結果を明らかにするのは、今回が初めてではない。民間の日本語教育機関に籍を置いて実習指導にあたった折に、「教師の思惑通りに授業が進行していない、あるいは教師も学習者も気付いてはいないが本来あるべき方向に授業が進行していない状況」を「トラブル」と名付け、それについて技術的分析を加えている[1]。そして、その「トラブル」が生じる一般的な原因について、1.教師以外のことがらに起因するもの（さらに1-1.人的要因と1-2.物理的要因に細分化）、2.教師個人に起因するもの（同、2-1.技術的要因と2-2.人的要因）に分け、後者のうちの最大の原因が次の四つの技術的要因だとして例をあげ分析している。

①授業の段取りのまずさ
各単元の指導にある程度共通する一般的な進行が意識されていない、あるいはそれが守られていないこと。たとえば、ある指導項目に関する説明が不十分なために、その練習段階に入っているにもかかわらず再び説明に戻らざるを得ず、後方で観察していると、それが説明の段階か練

習の段階かよくわからない、などという事態が生ずる。

②語彙のコントロールの不十分さ

いわゆるティーチャー・トーク。教師が学習者に対して使用する語句・表現に加える、許容と制限の範囲。実習生にはその把握が難しく、かなりの頻度で学習者との意思疎通が阻害される。

③基本的知識の欠如

クラスの到達目標の把握の不十分さ、個々の指導項目に関する知識の足りなさ、教材・教具に関する不慣れ、学習者の母語に関する知識の足りなさなど。実習生が、一様に、最も自覚し不安に思っていることがら群である。

④学習者に対する対応のまずさ

技術を越えた教師個人の人間性に起因するものと、意識して行ったり改めたりできる指導技術の一部と呼んでいいものとに分けられるが、取り上げたのは後者。指導項目に関する知識の不足が露顕したときに、「次の時間までに調べておく」・「ベテランの先生に聞いておく」などといって「トラブル」がいたずらに拡大するのを避け、また学習者の信頼関係を損なわないよう対処することなど。

さらに、次のような指摘をしている。

- 実習生が十二分に自覚し大きな不安をいだいていたのは③であるが、最も頻繁に見られ、また時に深刻なトラブルを生じさせたのは①と②で、それに③④の順で続いたこと。
- ほとんどすべての受講生について①から④の技術的問題点が認められたが、おのおのその1点か2点において特徴的に問題があり、実習をこなすにしたがって全体的な技術の向上が見られはしたが、そのような問題点の特徴的な偏りは、全実習を通してほとんど変わることがなかったこと。そして、その偏りは、実習生個々人の資質・適性あるいは性格の一つの側面を表しているのではないかと思われたこと。

序

本書で明らかにするもの

　以上の分析から20年以上の歳月が過ぎたが、今回の実習観察結果と照らし合わせてみると、大筋において1–1.～2–2.の枠組み、四つの技術的要因、技術的要因に関する二つの指摘は一定程度の妥当性を持っているという感触を持つ。けれどもその一方で、前回の分析の柱だった①～④については、関心の傾きあるいは新たな観点のようなものが生まれたのも事実である。

　最も関心が向かったのは①「授業の段取り」で、それが発展して「授業構造」[2]という発想を持つに至った。前回はどちらかというと個々の指導項目の運びに焦点をあてるきらいがあったが、それのみならず授業全体がどのような構造を持っているかまたそれとの関連において各部分はどのような構造をしているか、そうした観点からの分析が必要であると思うようになった。

　普通、実習生は準備にあたってあるいは実際の指導に臨むにあたってこうした見方をしない。見学する際も同様である。彼らは、個々の指導項目の取り上げ方に注意を払う。けれども、現実の授業は有機的な営みである。個々の局面ではさまざまな様相を見せることがあっても、それが集まることによって全体としての統一性を持つ。統一性は観点の立て方によって授業の目的、言語観・学習観、教師と学習者の関係性……などの点から明らかにすることができるが、実習生にまず必要なのは、学習者の理解の容易さと定着の確実さから見た指導技術の上での統一性であろう。ところが、そうした発想がはじめから実習生には欠如しているものと思われる。したがって、実習生の目を全体と部分との構造に向けるとともに、そうした観点からの分析の必要性を認めるようになった。

　また、部分の構造に注目すると、指導する語句・表現の、特に意味の説明がどういうプロセスでなされるかが学習者の理解と定着を大きく左右することに着目するようになった。これも、実習生が、普通、関心を持つのは意味そのものである。意味はその語句・表現に関して伝える情報の核となるものであるから、当然である。けれども、そうした実習生でも、辞書の記述を板書や口頭で示してみてもそれが実質的に機能しないことをよく心得ており、やはり、教壇に立てば時間的幅を持った意味説明の構造すなわちプロセスを構築する。けれども、もともとプロセス

という発想が希薄なために学習者の理解と定着の観点から見ると、必ずしも妥当だといえないことがある。したがって、そこに分析を加えることによって、意味の伝え方に関する知見が得られるのではないか、そう思うようになった。

　加えて、全体と部分の構造、意味説明のプロセスという二つの発想と分析は、初級段階のみならず中上級段階においても何ら変わることなく重要であると思うに至った。中上級段階は、初級に比べると大枠で構造をくくりやすい。大雑把を承知でいえば、導入→教材理解→教材理解をベースにした活動、といった形を取ることが多い。そして、初級と大きく異なるのが教材の内容理解が重要になることである。けれども、教材を理解するためにいかにして導入で問題意識をいだかせるか、また理解した内容をもとに後の活動をどう有効に使うかは、とりもなおさず授業全体を貫く構造の問題である。初級段階ではことば寄りの授業構造を持っているが、この段階では内容寄りの構造を持っているといってよかろう。また、教材理解はいうまでもなく語句・表現の学習を伴うが、そこではやはり意味説明のプロセスが重要な役割を果たす。しかも、内容理解を考えれば辞書的な意味のみならず文脈的な意味を押さえることも必要で、それもそのプロセスの一過程をなすはずである。そう考えれば、上記の二つの発想と分析の必要性が中上級段階でも認められる。

　けれども反対に、関心が向かなくなったと感ずるのは③「基本的知識の欠如」である。この分野で求められる知識・情報は広範に及び、今日の実習現場でも文法知識が不十分だとか学習者の母語に関して知識がないなどといった問題はいくらでも残っているものの、前回時とはまったく比較の対象にならないくらい実習生の知識の底上げがなされている。文献にしろインターネットにしろ質のよい日本語教育の情報があふれ、それにアクセスする術さえ知っていればいくらでもそうしたものを手に入れることができる。それは、指導にあたる教師にとっても同じである。こうした状況を考えると、③のような側面からの実習指導は相対的に比重が軽くなってきて当然だと思われる。誤りや不十分さを指摘してしかるべき資料にあたるよう指示すればこと足れり、といっても過言ではない。筆者の関心も実習生の知識それ自体の有無や正誤より授業構造の観点から見た知識の取り上げ方に移ったが、その理由の一つはこの分

野のこうした急激な改善の進み具合にあったといえる。

　関心の持ちようが変わったのは②の「語彙のコントロール」についてもいえ、授業全般を通してティーチャー・トークを採取しその種類や頻度などを分析するというよりも、まず授業構造の観点に立ち、そこからそのある部分におけることばの使い方を見るというような関心の持ち方をするようになった。そうした関心の変化の背景には、前回時に比べて②そのものの深刻さが軽減したことがある。初級段階では、実習に先立ち、指導項目把握のための指導課までの教科書通読と指導課の熟読の必要性を強調したが、これは前回も今回も変わりない。ところが、前回使用した教科書は機関作成のものでシラバスが受講生の目に触れる形で示されておらず、何が既習か未習かは受講生自らが文字通り通読し熟読せねばならなかった。ところが、今回用いた教科書『みんなの日本語』（スリーエーネットワーク）には教師用手引書が刊行されており、その巻末には各課の主要指導項目並びに語句・表現が一覧表になって掲載されている。そこを見れば既習・未習項目の把握は容易で、後はそれを実習中にどれだけ意識しようとするかの問題であった。問題のある際の筆者の指摘と指導も容易であった[3]。その点において、前回とは大きく異なる。ところが、そうしたシラバス一覧がなくまた通読と熟読が必ずしも有効とはならない中級段階においては、前回同様、ある程度の語彙のコントロールの乱れが観察された。実習生にとっては既習の範囲が今一つ把握できず、そうした乱れを指摘しても理解しにくいもののように思われた。そこで、語句・表現の説明を構造としてとらえ直し、その乱れはその構造のどこでどのような形で起こるのか、に関心が行くようになったのである。そうした形でとらえるほうが、乱れを個々に取り出して示すより実習指導には益多いと考えるようになった。

　一方、④の「学習者に対する対応」については学習者の理解と定着とはまったく別の意味で関心をいだくようになった。前回は教師個人の人間性の部分と意識して行ったり改めたりできる指導技術の一部といえる部分とに分け後者にしぼって論じたが、実習の観察と分析を重ねれば重ねるほど個人の性格のようなものが日本語指導のあり方に色濃く反映していることを意識させられた。実習見学後に講評する段になって、それが良きにつけ悪しきにつけその実習生の人がらが指導上の技術となって

表れていることに思いが至り、慎重にことばを選んだり時にはことばを濁したりすることが次第に多くなってきた。けれども、それはまだ印象評の域を出ず、研究の枠組みと手法をどうするかは今後の課題である。少なくとも、多くの基本的データを採取しそれらを体系化するとはいわないまでもある程度の事例集のようなものにまでまとめていく必要があると思うが、着手するには至っていない。

以上のような前提に立ち、次に、実習の枠組みと本書で明らかにしようとしたものを初級と中上級に分けその概略を記しておく。

1 実習授業の概略

冒頭で述べた通り、筆者は複数の日本語教師養成プログラムで実習指導の機会を得たが、そのいくつかで指導のみならずその立案・運営にも関わることができた。その際には、おおむね、次のような実習授業方針、授業の枠組み及び実習指導の枠組みを設けた。もちろん実習生のバックグラウンド・時間数などおのおのの機関のありようは一様でなく細部においては異なる点がいくつも認められるが、機関ごとの種々の制約の中にありながらも可能な限りにおいて以下の3点を設定した。本書で取り上げた事例を同一線上で論じたのは、いずれにもこれらの共通点があったからである。

1.1 実習授業の方針

①研究を目的とするのではなく、教え方の指導というスタンスを取ること

分析者の興味・関心から今日の外国語教育における授業分析を分類すると、a.教師対象のもの、b.学習者対象のもの、c.教師と学習者のインターアクション対象のものに分けられる。a.では英語教育のクラスルーム・ディスコース分析の流れを汲み、教師の働きかけからフィードバックまでの過程を明らかにしたもの、学習者の誤りの訂正のし方などを明らかにしたものなどがある。b.では学習者の学びの過程に関わるものが多く、最近では学習者同士のピアでの働きかけによる学びの過程を明らかにしたものなどがある。さらにc.ではその授業の性格付けを明らかにしようとしたものなどがある。

今回、本書で取り上げた分析では、実習指導という立場上、a.のスタンスを取った。けれども、a.とはいっても、明らかにしようという課題がまずあってそれに沿って観点を設け該当する事象のみをピンポイントで取り出して分析する今日の手法とは趣を異にし、予期・予測なく実習生の活動を最初から最後まで観察し、望ましい部分・課題が残る部分を見つけ取り上げるという形を取った。教え方を学ぶという受講生の目的からすれば当然の指導姿勢であったが、それは、ある程度データが集まり本書で述べたようないくつかの知見を得た後も貫くこととし、さらなるデータを収集するあるいは知見を強固にするために実習の場に臨むことはせず、あくまでも教え方の指導というスタンスを取った。

②学校型日本語教育における日本語指導を念頭に置いて実習させること
　留学生や旧就学生などを対象にした学校型日本語教育と定住外国人を対象にした地域型日本語教育とに分けて今日の日本語教育が語られるようになって久しいが、今回対象とした受講生の中には地域型に関わっている者が若干名いたものの、生活支援さらには社会での権利獲得などといった地域型の特徴とされるような活動に本格的に携わっている者は皆無といってよい状態であった。さらに、大半の受講生は近い将来外国人に日本語を教えたいと思ってはいても具体的にどのような形で日本語教育に関わるかは今一つ不明確で、地域型をその中に想定している者を把握するには至らなかった。これは、実習を行った地域の特性が反映しているものと思われる。
　そのため、地域型日本語教育に関しては他に譲り、実習そのものは、ある程度普遍性を持った指導技術の基礎的学習を目標に、学校型日本語教育を念頭に置いて、一般成人を対象としたクラス形態授業とすることとした。これによって、①の教え方の指導というスタンスがより明確に方向づけられることとなった。

③より実際の授業に近い実習の場を提供すること
　指導の練習の場といえども現実の日本語指導に少しでも近づけるよう、以下を実習の基本とした。
　まず、後述するように模擬学習者は実習レベルを超える能力を持った

外国人か日本人受講生であったが、初級段階及び中級段階のごく初期では、筆者から彼らに、その日の学習項目は何でありよってこれこれの語句・表現は知らない・わからないものとして実習に臨むよう求めた。すなわち、その日初めてそのことがらを学ぶという前提に立つことのみならず、授業中の発話もそれを踏まえて行うよう指示した。実際の授業とまったく同様に既習の範囲程度の発話が徹底されたとはいいがたいが、実習に現実味を持たせるために毎回注意を促した。ただし、上級段階ではそのような事前打ち合わせは行わず、実習生は「等身大」の模擬学習者と向き合うこととした。

　次に、導入の部分から最後のまとめの部分まで一人で通して受け持つこととした。導入の部分・説明の部分・練習の部分のみを取り出して受講生にやらせることもあったが、それは実習の前の予行演習としてあるいは課題の残った指導の改善点を探る活動にとどめ、一つの課・一つの単元の指導が全体としてどのような流れを持って進行していくのかを体験する実習とした。そのため、その流れの一部をスキップする・全体あるいはある部分を短縮するなどということはせず、必要十分と考え準備してきた作業・活動を最初から必要十分な時間をかけて実行に移すこととした。そのため、50分を1コマとしているプログラムでは2コマ連続の授業とし、大学の授業では90分すべてをその回の実習授業にあてることとした。その結果、必ずしも準備してきた最後の部分にまで到達したわけではないが、初級段階では40〜60分程度、中上級では50〜80分程度の実習時間となった。実際の学校型授業では初級段階でも1課4〜5コマ、中上級段階であればそれ以上の時間を要するのが普通であるが、指導技術の基礎を学ぶ実習授業ではこうした時間で十分であると思われた。

　また、学習者が予期しない質問や発話をして実習生を戸惑わせたり学習者とのやり取りが発展して思わぬ方向に行ったりするなど、授業の中で起こることはすべて実習生一人で対処し、筆者や他の受講生が干渉しないこととした。実際にはそうした状況が起こることはまれで問題化することはなかったが、それでも学習者の質問に実習生が答えられないという事態はしばしば起こった。

2 実習授業の枠組み

実習生のバックグラウンド

　今回の分析対象は民間の日本語教育機関・大学・大学院・国際交流団体などにわたり、当然のことながら実習生・学習者の背景、養成プログラムの内容・時間数などは一様ではない。実習生は、大学生の場合、学部3年生以上で日本語教育専攻の者、大学院生も同じく日本語教育専攻の者、民間機関の場合、学部学生・主婦・会社員・民間企業の退職者・アルバイトなど職業もさまざまで年齢なども含め多様な社会的背景を持っていた。しかし、いずれも実際の日本語教育の経験をほとんど持たず、持っていたとしてもごく短期間、個人的に指導した程度かそれに相当するものであったこと、いきなり実習に臨んだのではなく、実習を行うまでに日本語の構造的知識・日本語教育の歴史と社会的背景・教授法（実習に求められる具体的な技術・知識なども含む）などの基本的知識は学習済みか学習中であったこと、の二つの点においていずれも共通していた。

2.1　学習者

　学習者は4～6名確保することとしたが、全体としてみると、民間の教育機関の在学生・留学生や主婦などといった外国人に参加してもらったケースと、実習生以外の日本人受講生が模擬学習者となったケースがほぼ半々であった。外国人の場合、上級段階を除いて、実習で取り上げる項目はすでに学習済みである者とし、実習生の指導によって誤解したままある項目を定着させてしまうおそれがないよう心掛けた。

　初中級段階では既習項目を示し初見学習という前提とその範囲内での発話を求めたため実習生が基礎的な指導技術を学ぶための学習者としては十分であったが、反面、実習生が導入において世間話的なやり取りを試みようとしたり授業中のある発言を取り上げてその場を盛り上げようとしたりした場合などでは今一つ学習者の反応が鈍いことが多く、こうした地の文（指導を離れたその場での自然発生的なやりとり）は双方とも全般的に貧弱であった。これは実際の日本語指導の現場と大きく異なる点であったが、臨時に集めた模擬学習者の限界といわざるを得ない問題点で

あった。

2.2　見学者

　実習者と学習者役の受講生を除いた他の受講生は、教室内で実習の模様を見学すると同時に、それを次の観察記録用紙に記入することとした（図1）。

　左の3項目で、授業の大まかな進行を記録する。観察の特性上、時系列の記入となる。「観察したことがら」は自分がその課を担当する際の参考にするものとして、指導項目や練習に使ったキュー、絵教材の種類、板書などに関してできるだけ細かい記録を取るよう指示した。「感想・コメント」は「授業進行」「観察したことがら」に記した実習生の活動ごとに自分の思ったことを書くものである。ただし、この欄を書くにあたっては「落ち着いていた」「学習者のいうことをよく理解していた」「全体的にスムーズ」などといった形容詞的な表現でのみ記述せず、なぜそう思えたのかその理由を書くよう求めた。それによって、見学者の観察・分析の目の育成を試みた。さらに、用紙は1回の実習で3～4枚書くよう指示を出し、時間の許す場合には提出を求め筆者が目を通した。

　また、見学者する受講生には、実習の妨げとならないよう、一切の私語を禁止した。これは、見学者の私語がもとで集中を切らしてしまう実習生を見た筆者の経験によるものである。一般に、実習生は見学者の私語を否定的にとらえる。それがたとえ指導をほめる内容であったり実習の出来とはまったく関係のない消しゴムの貸し借りなどといった会話であったりしても、自分が何かミスを犯してそれを見学者が指摘したのではないかと取る。その結果、何がまずかったか指導を振り返ったり軽い笑いでその場をごまかしたりして感情が乱れ、指導のリズムをくずす。以前にこうしたことを何度か目撃したため、今回分析対象とした実習授業では、以上のことを述べた上で、私語禁止とした。

2.3　教材

　使用した教材は、いずれも同じである。初級段階では『みんなの日本語』のうちの主に第1巻を用いたが、筆者が『同　教え方の手引き』の各課の「学習項目と提出語彙」から指導項目を取捨選択し、さらに必ず

授業観察記録

図1 授業観察記録用紙

教材：	第　課　　　　　年　月　日　　　　クラス　　　　　学習者　　　人
	時間　　　指導項目：　　　　　　　　　　　　　　教師 No.___

時刻	授業進行	観察したことがら	感想・コメント

記録者 _____

教える「A項目」と場合によっては割愛してもよい「B項目」とを指定した（図2）。こうした指導項目の削減は「より実際の授業に近い実習の場を提供する」という実習方針には反するが、そうすることによって、基本的な指導技術のコアの部分をより確実に理解し会得するよう心掛けた。また、『教え方の手引き』そのものも参照するよう勧めた。

一方、中級段階では今日の学校型指導現場で比較的広く用いられていると考えられる『テーマ別　中級から学ぶ日本語』（研究社）を教科書とし、上級段階においても学校型指導現場を意識して新聞及び雑誌の記事などを実習生自ら選んで教材とすることとした。

3　実習指導の枠組み

以上のような方針と枠組みで実習授業を行ったが、その中で筆者が行った指導は大きく二つに分かれる。一つは筆者が見学者同様実習授業に入り込みその模様を観察・記述し、実習後ただちに当の実習生・学習者・見学者を交えて講評を述べあうもの、もう一つは筆者が気になった点を持ち帰りビデオを再現しながらより詳しく分析を加えるものである。後者は実習生に面と向かって行う指導ではないが、授業観察に付随しこの作業によって明らかにしたことをその後の指導に生かしたことが多かったという意味で、実習指導の枠組みに入れてここで述べておく。

3.1　授業観察

実習授業を行うにあたって、実習生には、授業前に教案と付随する教材があればそれも同様に筆者と見学者全員分コピーし配布しておくよう指示を与えた。この他に、初級段階ではフィッシュ・ボーン（後述）、上級段階では選んできた記事も配布するようにした。すなわち、教案と教材を見ることによって、筆者と見学者ともに実習生がどのような授業進行を意図しているかが事前にあるいは進行と同時にわかるようにした。しかしながら、現実にはあくまでも教案は「案」でしかなく、実習生の個性と指導能力・学習者のその都度の反応によって授業はさまざまな様相を見せ、結局は授業方針で述べた通り、実習が具体的にどう流れその途中で何が起こるかまったく予測できない状態で、実習生の活動を最初

図2 『みんなの日本語』実習指導項目一覧

選択Aは必ず教える項目、選択Bは場合によっては割愛してもいい項目

課	選択	主要指導項目	動詞	名詞	形容詞	その他	実習予定日・担当者
1	A	[Nは～です]構文 ・Nは、Nです。 ・Nは、Nじゃありません。 ・Nは、Nですか。 ・～も、～ ・～です（主語の省略）		・わたし／あなた ・～さん ・国名、～人 適宜 ・職業名 適宜 ・専門、専門分野名 適宜		・どうぞよろしく ・はじめまして	（　　／　　）
1	B	・所属 NのN	・～から来ました	・～歳、いくら		・だれ ・あの人 ・あいさつ	
2	A	[これ] ・これ／それ／あれ ・この／その／あの ・何ですか。		・文房具など 適宜			（　　／　　）
2	B	[～の～] ・NのN（内容、所有） ・～のです。					
3	A	場所の言い方 ・ここ／そこ／あそこ／どこ ・（ここ）は、場所です。 ・場所は、（ここ）です。		・部屋名 適宜		・～、お願いします。 ・どうぞ。 ・どうもありがとうございます。 ・いくら ・数（4～5桁 適宜、円）	（　　／　　）
3	B	・国名／会社名の～		・～階 ・～売場		・いらっしゃいません ・ちょっとナマせん。 ・じゃ、Nをください。 ・組織を示す「どこ」	
4	A	時の言い方 ・～時／～分、何時 ・～から／～まで ・時の「に」		・場所 （デパート、銀行など）適宜 ・今 ・昨日／今日／明日 ・毎日／毎朝／毎晩			（　　／　　）
4	B	動詞の初出 ・起きる、働く、勉強する、終わる、寝る、休む 動詞の時制 現在形が習慣・未来を表すこと 並びに過去形を含む cf.12（形容詞）		・～時半 ・朝、昼、晩 ・午前／午後			

から最後まで通して観察し気になる部分を探し出すという形にならざるを得なかった。

　今回、筆者が行ったのはオン・ゴーイング法的な参与観察をもとにしたクラスルーム・リサーチである[4]。「オン・ゴーイング」というのは「進行中の」という意味であるが、筆者が実習授業に立ち会い（参与観察）、今まさに目の前で行われている活動を順次記録するとともに気になった点とその理由をその場で書きとめ（オン・ゴーイング）、授業後ただちにそれについて講評を加えるというものである。実習中に起こることがらの予見不可能性・突発性に鑑みればこうした手法を取らざるを得なかったが、これは何も特別なものではなく、実習指導と呼ばれる授業では程度の差こそあれいずれも参与観察とオン・ゴーイングの二つの要素を兼ね備えているものと思われる。なお、オン・ゴーイングの性格上、実習の様子はビデオに収めた（後述）。

　当初は筆者も見学者と同様の用紙（図1）を用いて観察記録をつけていたが、指導の便宜を考え途中から別の用紙を用いるようになった（図3）。

　時系列で指導の模様を記入していくが、授業は導入→指導・練習→まとめの総合練習という構造を持っているのが一般的であり、それに基づいて「導入」「指導」「パフォーマンス」欄を設けた。「パフォーマンス」と名付けたのは、まとめの練習として行われるのはロール・プレイやゲームなど体を動かして他の学習者とやり取りする活動がもっぱらなためである。さらに、これらの欄の他に、「全体を通した留意点」と「語彙のコントロール」「その他」欄を設けた。前者は、ことがらの羅列になってしまいがちなオン・ゴーイング記録の欠点を補うのを意図した。すなわち、受講生の学びを促すには時を追うこと自体は何ら意味をなさず、それよりもばらばらに記載されたことがらの中から性質が同じと思われることがらを抜き出し、その性質とそれが気になった要因を示すほうが重要である。点ではなく点と点を結ぶ線で示し、なおかつその線の性質にまで言及しようというものである。本書で取り上げた事象は、すべてそれらの線である。しかしながら、オン・ゴーイングでそれを行うには事例を採取し、なぜ気になるかを自問し、場合によってはその名付けまでする、しかもその作業を異なる複数の要因について同時並行的に行う、という瞬間的な分析力が必要となり、観察中用紙に向かって最も頻繁に

図3 授業観察記録用紙

パフォーマンス	全体を通した留意点	語彙のコントロール	その他

記録者 _____

[　年　月　日 / 第　　課 / 実習生　　　　]

時間	活動
導入	
指導	

筆記用具を動かしているのは筆者というのが常であった。なお、こうして線をなさず点のままで残ったことがらに関しては「その他」欄に記入することとした。「語彙のコントロール」は前回分析時に重要視していた項目であり、欄を設けた。

一方、中上級段階の観察用紙は初級と同じフォーマットであるが、「指導」を実習生の活動に合わせ「読解・練習」とし、「パフォーマンス」を「展開」とした。ことにこの段階では語句・表現の指導のみならず教材内容の取り上げ方が授業成否の重要な鍵になるが、「導入」「読解・練習」「展開」という授業構造の流れに沿った枠組みを設けたことで、より意識的に、実習生がその内容にどのようにアプローチして問題構造などを明らかにし学習者の理解を深めようとしたかを観察・記載するようになった。5章で導入の型を明らかにしたのは、その成果である。

なお、実際の記録では、「指導」「読解・練習」欄だけで2〜3枚の情報量になった。

3.2 講評

実習を終えると、即座に講評を行った。講評は事情の許す限り、実習生へのインタビュー、学習者へのインタビュー、見学者からの質問受け付け、筆者の講評の、4部構成を基本とした。

①実習生へのインタビュー

最初に、筆者から実習生に指導を終えての感想を聞いた。感想を吐露することで緊張から解きほぐすとともに、発言の機会もなく一方的に評価の矢面に立たされるという印象を持たせないようにした。しかしながら、特に初級段階では「準備不足だった」「あせってスキップしてしまった／用意していた教材を使うのを忘れた」「頭が真っ白になって何をやっているかわからなかった」などといった十分な指導できなかったことを反省する声か極度に緊張したことを訴える声がほとんどで、指導の中身について述べるのは皆無といってよかった。述べたとしても、特に記憶に残ったと思われる個別のことがらへの言及で、線をなさない点レベルのものといえた。それに対して、上級段階になると語彙の制限が緩やかになり学習者とコミュニケーションが容易になる分だけ振り返りの余

裕が生まれ、「あの語句を、ああ解釈するとは予想しなかった」などといった指導内容そのものに言及する声も聞かれるようになった。しかも、筆者から見ても妥当な見解であることが少なくなかった。

②学習者へのインタビュー

実習生に続いて、筆者が学習者に対して感想を聞いた。当の学習者のことばだけに実習生・見学者ともに熱心に耳を傾けたが、最初に、先の実習生の感想を尊重して、実習生はこういっているがそれについてどう思うかを聞いた。実習生から自分を責めるような反省の弁が出ても学習者は外国人・日本人双方とも大人で実習の場に立った受講生の緊張を十分理解しており、ねぎらいのことばで返すのが一般的であった。結果的に、こうした返しによって実習生の緊張・自分を責める気持ちが軽減されたものと考えられる。また、上級段階の指導に関連することがらに対してはそれなりに自分の意見・考えを述べ、それはそれで実習生との実のあるやり取りとなった。

次に指導についての感想を問うたが、欠点の指摘のみに走らないよう、まずはよかったところ・わかりやすかったところを尋ねた。答えのほとんどは個別のことがらを取り上げたものであったが、まったく指摘がないことはなくめいめいの学習者が何かしらの実習生のよい部分を探そうとした。中には「全体を通した留意点」に関わることがらを指摘する鋭い指摘もあった。「よかった／わかりやすかった」といった形容詞的な表現でのみ感想を述べる学習者には、さらに何がよかったのか・わかりやすかったのかを筆者が問うて具体的に述べさせた。

最後に、改善すべきところ・わかりにくかったところを尋ねた。これも同様に点レベルの個別のことがらの指摘に終始することが多かったが、最も重いこの問答が最後に来たことで実習生はかなりの程度まで緊張や単なる自責の念から解放され、冷静に素直に学習者の声を受け取っているように思われた。

③学習者に対する見学者からの質問受け付け

次に、学習者が外国人の場合には、見学者から彼らに対する質問を受け付けた。見学者にはあらかじめこうした時間を設けることを伝えてお

いたが、その際、実際の学習者の日本語能力を考慮し、それに合わせた語句・表現で質問するよう指導した。すなわち、語彙のコントロールに留意することを見学者にも求めた。

最も多くなされた質問は語句・表現の意味説明に関するもので、実習生の説明のことば・板書・絵教材などを取り上げて「先生は○○といった／書いた／絵を見せたが、わかったか」という質問であった。こうした質問の多くはその説明に何らかの否定的な感触を得た場合のものであったと思われた。

④筆者の講評

最後に、筆者が講評を述べた。「全体を通した留意点」を最初に述べたが、これも欠点の指摘のみが目的と取られないよう、まずよかったところについて述べた。全体を通してよく指摘したのは、全体の構成がよかった、ティーチャー・トークがほぼ適切であった、教材がわかりやすく数が多かったなどといったことがらであった。一方、改善すべき課題としては、何といっても語句・表現、文法概念の意味の説明が不十分であることで、これは初級から上級まで通していえた。いずれもオン・ゴーイング観察中に気が付き記録した部分（＝点）を指摘し、どのような指導がなされたかを具体的に再現した上でなぜそれがよかったか／改善すべきだと思ったかを述べ、印象評と取られぬよう留意した。

次に「語彙のコントロール」に言及したが、前述の通り、中級段階の一部を除いて予想外に大きな逸脱はなかった。さらに、「その他」で個別に気になったことがらがあれば指摘したが、板書における文字・表記上の誤り、語句の使い方の誤り、極端なアクセントの誤りなどことばに関することがほとんどであった。最後に、実習生を含めて受講生からの質問があれば答え、講評を終えた。

講評全体は、短いもので15分程度、長いもので30分足らずであった。全体としてまたおのおのの部分が実習生・学習者・見学者・筆者の四者にとって常に十分納得いくまで行われたとはいいがたいが、おおむね、以上を講評の基本構成とした。

序

3.3 事例分析

主に「全体を通した留意点」としてあげたことがらのうち、特に新しい知見が得られそうなもの・すでに得た知見を補強すると思われるもの・それらに準ずるものに関しては、講評の後、別途、詳細な分析を加えた。

それには実習の模様を録画したビデオが不可欠であったが、オン・ゴーイング観察の性格上どの実習生のいつのどの部分が分析対象になるかわからないため、可能な限りビデオ撮影した。撮影に際しては、「個人を特定するような情報を、一切、提供しないことを条件に、今回の実習を撮影したビデオの一部及びそれを活字化したものを教育研究素材として第三者に見せる場合がある」旨の確認書を実習生に渡した。実習に至るまでに以前にこうして同意を得たビデオを何回か見せており撮影そのものに抵抗を示す者は皆無といってよかったが、確認書に同意しない実習生は時折見られた。

分析は、ビデオ視聴とそれを文字化したものを対象に行った。文字化は、実習生・学習者の談話と実習生の作業に分けていった。エスノメソドロジー関連の諸領域では音声や動作の文字化の規則が確立されているが、今回の分析では実習生の活動の把握のしやすさに重点を置きなるべく平明な形で書き表した。以下に、文字化した談話の見方を示す。

- 本文中の発話を文字化した表の中で「No.」とあるのは発話番号である。
- 原則として、1発話＝1ターンとしたが、内容的に複数の発話を一つの発話にまとめる、あるいは一つの発話を複数の発話に細分化した部分がある。
- 「T」「S」とあるのは発話者で、T：実習生・S：学習者である。「S1、S2、S3…」とあるのは異なる個々の学習者を示す。
- C「　」は実習生の後に学習者全員でコーラスのように「　」をいう口頭練習、S「　」はおのおのの学習者が実習生の後で一人ひとりソロで「　」をいう口頭練習、CS「　」は学習者全員でコーラスのように「　」をいいその後おのおのの学習者が一人ひとりソロで「　」をいう口頭練習を示す。

また、PS「　」は「　」を記したペープサート（後述）を学習者に見せることを示す。
- 各図右上下にある数字は、実習開始時からの経過時間である。

　また、実習生の活動を把握するには談話のみならずそれに伴ってなされた作業の分析も不可欠で、ビデオを視聴し採取した実習生の動きを以下のような記号を設け記録した。以下に、その見方を示す。

- ［　］：［　］の中のものを板書する、あるいは［　］の中のものを書いたパネルなどを黒板に貼る。
- ☞○：学習者に○を指し示す、あるいは手に持つなどして学習者に○を提示する。
- 🯅：主にある語句の意味をわからせるために、ジェスチャーあるいは動作を行う。
- ◁○：○を見てあるいは○に注意を向けて、何かを行う。

　文字化はなるべく筆者が行うようにしたが、時間がない場合にはこちらの方針を示した上でアルバイトに依頼した。しかしながら、そのまま分析に使える資料の作成をアルバイトに求めるのには無理があり、受け取ったものを、その都度、筆者が確認・修正した。このため、文字化には膨大な時間がかかり実際の映像の5倍以上の時間がかかるのもざらで、事例分析の作業は思いのほか進捗しなかった。それでも、エスノメソドロジー研究でよく指摘されるように、参与観察だけでは気が付かなかった授業の流れ・展開、そこに横たわる実習生の意図がしばしば浮き彫りになった。長い時間を費やした文字化の作業が、結果的に深い分析を可能にしたといえる。

4　事例分析結果の概略

　以下に、事例分析で明らかにし本書で取り上げたことがらについて、その概略を示しておく。

4.1 初級

4.1.1 「フィッシュ・ボーン」

①実習生の授業観察の観点

　実習生は全体と部分の構造を追うという発想に乏しいとしたが、筆者が学部学生によって書かれた100あまりの授業観察記録の中の、約1,500の「感想・コメント」欄を分析したところ、その内容は、練習のさせ方（約38%）、指導項目の説明（約38%）、授業の進行・流れ（約12%）、ティーチャー・トーク（約10%）、教師の態度や雰囲気（約3%）という結果であった。最初の2項の割合を見ると説明と練習に高い関心があることがわかるが、さらに詳細に分析してみると、その評価に高い妥当性と健全さを備えていることが明らかになる。ところが、授業の進行・流れに関しては、実習を重ねるにしたがって部分部分の観察はやや記述が細かくなるものの、授業全体の流れを有機的な観点からとらえるという姿勢は最後まで希薄なままであった。すなわち、個々の指導技術についてはあるべき姿・望ましい形をかなり具体的に持っていると考えられるが、授業全体をどう構成すればよいか、またそれに関連して授業の各部分をどう組み立てていけばよいかという発想には欠けているといえる。

　こうした欠点を補うもの、また授業構造という発想の育成を目指すものとして考案したのが、「フィッシュ・ボーン」（以下、FB）である。FBというのは、授業全体の進行予定を図に書き表したもので、できあがりがちょうど魚の骨のように見えたことからこう名付けた（p.75参照）。実習前に図示させることで実習生本人の意識化を図るとともに、第三者が実習前・実習中・実習後に授業構造を検討・評価することを可能にした。

　FB作成にあたってはじっくり時間をかけた実習生も単なる一課題としてあまり十分な検討を加えずにさっと書き上げた実習生もいたが、実習とまったく異なるFBは皆無で、FBが授業のラフな設計図として機能したとともに、実習生がこの時点で日本語授業の全体的な流れを意識したとしてよいものと思われる。また、自らのFB作成作業だけでなく、他の実習生が書いたFBを見ながら授業を観察したりまた観察後にそれを使って評価すべき点と改良すべき点を検討しあったりするという作業も、授業構造に留意する必要性を意識させるのに大きく寄与したものと考えてよかろう。

②全体構造と分節構造

　FB全体を通して見るとどのような意識で授業を組み立てようとしているかが明確に理解できるが、その反面、全体を構成する各部分（意味的なかたまり。以降「分節」）を見るとその情報量が一人のFBの中でもまた作成者の異なる複数のFBの間でも一定ではなく、分節の大きさにばらつきが見受けられるものがあった。ある分節は1項目だけで成り立つとし1本の骨しか描かれていないのに対し、他の分節はいくつかの部分に枝分かれしているという具合である。もともと各課の個々の指導項目をどこまで広げてあるいは限定して意味的かたまりとしてとらえるかはきわめて個別的かつ教師の恣意に拠るところが多く、よって一つの分節の情報量が異なるのは当然であるが、指導項目が相互に関連しあって積み上げ構造を形作っていくという点から見れば分節間で大きな軽重の隔たりがあるのは望ましいこととはいえないであろう。

　今回のFBを見ると、分節相互の関連性は大きく分けて、a. 一つのまとまった概念が小分けになっており順に分節を積み上げていくことによってそれ構成しようとするもの、b. おのおのの情報を並列的に並べていってあることがらのいろいろな側面を表すもの、c. a・bを組み合わせたものに分けられたが、こうした指導項目間相互の関連性を積極的に見出して分節を作っていく能力の育成を検討する必要があると思われた。

③ Yes-No疑問文からwh疑問文へ流れる分節構造

　FBの分節に頻繁に見られた流れとして、新しい語彙をまず提出し、それを助詞を含めて構文の中で示す、さらにYes-No疑問文で肯定・否定形を出し、最後にwh疑問文で問答をする、というパターンがあった。ことに初級段階の初期に顕著で、異なる単元・異なるFB作成者の間でも共通していくつも見られた。これは新しい語彙・新しい文型を導入するにはきわめて妥当な流れで、今日の指導現場で広く取り上げられているものと思われる。今回の実習では筆者のほうでそうした情報を提供することに思いが至らず図らずも実習生が自ら思いついた形になったが、そうした分節構造にたどりつけくだけの能力を実習生が持ち合わせていることは驚きに値するといってもよかろう。今後は、この分節構造を養成プログラムへ積極的に取り入れる方法を探るとともに、指導項目によってそ

れをどうアレンジすべきかを実習生に考えさせる指導の必要を感じた。

④ FBの簡略化

　初級の最初期段階ではFBの書き方に戸惑いが見られ、書き方に基本的な誤りが認められたり前述のような分節間の情報量不均衡があったりした。しかしながら比較的短期間で慣れ、FB上に授業構造を書き表すようになった。

　ところが、初級段階の中盤以降においては、全般的にFBが簡略化する傾向が見られた。初期では重要な文型のみならずものや場所の名前など語彙のレベルも書き込まれているのが普通であったが、課が進むにしたがって文法的ポイントを並べただけに等しいFBが増えていった。全体構造だけではなく、各分節構造を見ても小骨の枝分かれの度合いが初期に比べて著しく少なくなっていった。

　その理由は、後の課になればなるほど新しい助詞や動詞の活用形が提出されるということが少なくなり、そうしたいわば形の情報の提供と定着よりもその語句・表現が持つ意味情報の提供に関心が行くからだと考えられる。すなわち、指導項目の提出順はもちろん検討しなければならないが、どのような導入の仕方をすればその意味を学習者に十分理解させられるかが重要な関心事となりそれが教案上で検討されるようになる分、FBの上では簡略化したものと思われる。

　追跡調査をしたわけではないのではっきりしたことはわからないが、養成プログラム終了後、日本語を指導する立場に立った者がその後もFBを書いているかとなると、おそらく書いてはいないであろうと思われる。時間に追われる日本語教師が効率的に作業を進めようとすれば真っ先に割愛しようとするのが一つ余計に作られたFB作成のステップであろうし、割愛したとしてもほどなく無意識のうちにベテラン教師のように教案を書く段階で授業全体と部分の流れを考慮に入れるようになっていくであろう。さらに経験を積めば、指導をしながら授業の流れをモニターし適宜修正を加えていくことも可能になっていくであろう。けれども、たとえ現実としてそうであったとしても、授業の流れを組み立てようという意識がどこかに働いているもの、そしてそれはFBを通して

得られたものと期待したい。

4.2 初級段階における説明
4.2.1 意味と構文の説明

丸山（1990）では、初級段階の実習における問題点を四つにまとめその中でも最も重要な問題点の一つを「段取りのまずさ」とし、説明部分では活用や接続の規則などに関する情報が不十分なために練習段階に入っているのにかかわらずまた説明に戻ってしまうという「行きつ戻りつ現象」が起こること、練習部分では定形的練習から非定形的練習・固定的な練習から創造的な練習へというプロセスを取らないため、またやさしいものから難しいものへというプロセスを取らないため、練習が頓挫する、指示と違った応答をする、その結果また説明に戻る、世間話に終始してしまうなどといった現象が起こることを指摘した。さらに、それらのトラブルの中でも、説明部分より練習部分でより大きなトラブルが起こるとした[5]。

しかしながら今回はそれとは逆で、説明部分に大きな課題があると思われるケースが多かった。一連の実習のいわゆる小パフォーマンスで主に行われた練習は2〜4発話程度の問答練習、パフォーマンスで主に行われた練習はゲーム、ロール・プレイ、インタビュータスクなどであったが、教材教具の用い方が適切でない、キューが非現実的である、説明した項目に最もふさわしい形の練習とはいえないなどといった問題点があり、しかもそうした問題点はどこかの一部分においてのみということはまれで複数の箇所で時には複数の問題点が生ずるということもあった。けれども、そういったケースでも、実習全体として見れば深刻な問題と呼ぶにはあたらないといえた。むしろ、説明が不十分でも練習としてはおおむね妥当などという現象が起こることさえあった。

その理由としては、今日では練習部分に関する教師用参考書・活動集が多数出版され、大学の図書館や大きな書店に行けばだれでも気軽にそうした情報が入手できるようになったことがあげられよう。筆者を含め指導する立場にある者が、ただ単に自分自身の経験で得た知見を披露するだけでなく、こうした文献に触れることでそれを理論化し体系化しより的確な指導を目指すようになったこともその大きな要因といえよう。

情報の洗練と高度化・多様化、それらの情報への容易なアクセスが練習部分における問題をかなりの程度まで改善したものといってよかろう。

そうした改善は説明部分においてはより一層進み、いずれの実習生も自分の担当する課において伝えるべき情報を事前に十分得られる環境にあった。けれども、そうして得た情報を学習者が理解するように伝えたかとなると、実習生の間でばらつきが見られた。より正確にいえば、伝えたつもりであっても十分伝わったと思われるケースとどこまで伝わったか疑問が残るケースがあった。ことに語句や文法表現の意味とそれらが取る構文についての情報でそれが顕著で、前者においては、意味を提示するための絵教材の選択及び状況設定の適否、教材の種類の多寡、繰り返しとパターン化の有無、後者においては、板書における情報の多さ・多彩さ、指導プロセスと教材とのマッチングの有無などが伝わりの程度を分けた。

4.2.2 伝え方に対する評価の違い

こうしたばらつきは、実習に入る前の心構えや準備の適否などよりも、自己の伝え方の技術に対する評価の違いに起因するものと思われる。すなわち、十分伝わったと思わされる指導では、実習生が個々の教材教具の持つ情報量をあまり評価せずそれを補うためにより適切な教材を探そうとしたりその数を増やそうとしたりする。さらに、1度では不十分だと感じ同じ作業をパターン化して繰り返したり音声に加えて文字でも伝えようとして板書を工夫したりする。それに対して、疑問が残ると思わされる指導では、そこにある教材だけで十分情報が伝わると評価する。また、指導の流れの中で与えるべき情報をすでに与えてきたため重要な部分は必要に応じて確認すればそれでよいとする。こうした評価の姿勢が伝わり方のばらつきを生んだと考えられる。

さらにいうと、こうした姿勢は実習生ごとにある程度の傾向があるように思われ、指導項目が異なっても日をあらためても、自己の伝え方に低い評価しか与えないと思われる実習生は、教材の数・種類が多く繰り返しも多い。板書も頻繁で工夫を凝らす。一方、高い評価を与えていると思われる実習生は、教材のバラエティがなくその数も少ない。繰り返しや板書も少なく、全体として貧弱な印象を与える指導である。

けれども、そうした印象を持ちはしたが、最初から最後までよく練られていて情報が十分に伝わっていると思われたものがなかった反面、最初から最後まで情報の伝わり方が不十分で課題が多いと思われたものもなかった。いずれの実習にも望ましい部分と改善が必要な部分があった。また、以下の分析で望ましいとした部分についても、そのプロセスにおいてはそうするのが最もよいと思ったものもあるにはあったが、他の望ましいやり方もあるだろうと思うもののほうがむしろ普通であった。

4.2.3 初級段階における意味の導入
①ビジュアル・エイド選択の適切さ・状況設定の適切さ

ことに初級の初期で新しい語句や概念の導入に用いられたのは、一連のビジュアル・エイド（Visual Aids）である。中でも絵・イラストは常にその中心的な役割を果たしていたが、望ましいと思われた指導では、導入しようという語句や概念を最も端的にわかりやすく示そうと、市販の教材のみならず、インターネットからダウン・ロードしたもの、自分で描いたもの、新聞や雑誌から切り抜いてきたものなどが使われていた。こうした絵・イラストは全体としては、不揃いではあっても市販の教材・インターネットで入手したものをそのまま用いる指導に比べると、確かに実習生が意図するものに見え、示すものの的確さ・明解さにおいてすぐれているといえた。また、場合によっては絵・イラストに加えて実習生自らが「語り」で状況を設定するようになったが、望ましいと思われた指導ではそれが巧みで、そうして設けられた状況においてはきわめて自然に導入しようとする概念が生まれ、指導しようとする文型が用いられるだろうと思わされた。けれどもその一方で、状況設定が不十分なため新しい文型がそこにはまらず、突飛で強引な導入との印象をいだかざるを得ない指導もあった。

②教材の多様さ

さらに、望ましいと思われた指導では、指導項目に応じ、絵・イラストを補う形で地図や図表・レアリアを用い、教材が多様であった。また、疑問・肯定・否定の概念を表すのにペープサートを使い、これらの文の

導入ならびに口頭練習でその意味を表すキューとしていた。
　加えて、指導項目によっては、体を動かして動作を示唆したり顔の表情で気持ちを表したりして意味の導入を補おうとするのが観察された。いずれの実習生もこうしたジェスチャーや表情を用いるが、望ましい指導ではそれらがより頻繁でありまた表す内容がより豊かであった。

　③頻繁な繰り返しとパターン化
　適切だと思われる指導では意味導入の教材がより適切で多様であるだけでなく、その用い方などにも特徴が見られた。まず、作業の繰り返しが多いことである。
　たとえば、ある文法的意味・概念を表すのにまったく異なる状況を描いた複数の絵・イラストを用い、その都度そこに描かれたものを読み取り共通するものを示し目的とする意味・概念を提示しようとする、新しい語句ごとに絵・イラストを示した上にさらにジェスチャーをしてみせる、すでに新しい意味概念を導入しているにもかかわらず名詞・動詞を換えるごとに活用形や文型を口頭でいうばかりではなくそれを確認する、といった指導である。「しつこい」とさえ思わせるそうした繰り返しの多さは、学習者に強固な印象と明確な意味・概念を与えたものと考えられる。
　さらに、そうした繰り返しはパターン化されており、それにのっとって同じ作業がなされるのが一般的であった。たとえば、新しい動詞を導入する場合に、絵・イラストを提示する→口頭でいう→ジェスチャーをする→口頭でいう→板書する→学習者にいわせる、また新しい文法と文型を導入する場合に、絵・イラストを提示する→場所・人物を確認する→状況を確認する→導入する文型でいう、といったパターンである。こうした同じパターンを踏むことによって、結果的に、視覚的イメージ・意味・概念を構成する要素・音声／文字などがその都度もれなく取り上げられたものと思われる。

4.2.4 初級段階における構文の導入

①板書における情報の多さ・多彩さ

構文の導入は、文法概念を導入した後、口頭練習に移る直前に導入されるのが一般的で、それを中心的に担ったのは板書であった。黒板に直接書く場合もあったが、短冊状に切ったカードを黒板に貼る場合もあった。いずれの実習もこうした板書を用いるが、より望ましいと思われる指導では、そこに取り上げる情報が多くまた多彩であることが特徴的であった。

たとえば、新しい動詞を導入する場合にはその動詞とそれが取る助詞も示す、新しい文型を導入する場合にはその文型を構成する必要最小限の助詞と述語となる動詞の活用形をすべて記すといった具合である。さらに、特に初級の初期においては、助詞の色を変えたり助詞を四角く囲んだり下線を施したりする、必要に応じて疑問詞を後から助詞の前に書き加える・終助詞「か」を文末に沿えるなどの作業がなされることもあった。一方で、動詞しか記さない・動詞の活用形とその直前の助詞しか記さないといった導入もあった。

こうした違いは、やはり、実習生の板書情報に対する評価の違いによるものと思われる。その構文を何度も発話していても構文はあらためて文字での確認が必要と感じた実習生は黒板にできるだけ多くの情報を提示するが、それまでに学習者の理解が進んでいると思った実習生は確認程度の情報しか示さないものと考えられる。

②指導プロセスと教材とのマッチング

次に、望ましい実習は、板書に至るまでに構文に沿った形で主語なり目的語なりが何度も示された後に文字で構文が示されるという点も特徴的あった。こうした指導では、構文の導入を見据えて指導のプロセスが組み立てられ、そのおのおのにおいて絵・イラストなどが的確に用いられている。その結果、学習者には、人物関係や状況を理解した上でそれを表現する手段として最後に構文が与えられるという形になっている。

さらに、一旦、構文を導入した後も、それを意識化させるために、板書を活用し繰り返し確認するのも観察された。複数の絵・イラストを示し、その都度板書の助詞と述語を指しながら自らが発話してみせるまた

学習者に発話させる、口頭練習に入っても同じように板書を指で追う作業を繰り返す、といった作業である。

それに対して、説明部分の最後に板書がなされ構文が示されたが、そこにほとんど重点が置かれていないと思われる構文の示し方もあった。そうした示し方では、板書に対してそれまでに何度か発話された目標とする文型を視覚化するという役割を与えておらず、結果的に、具体的な主格と対象との関係や状況を提示しない文字列化した記号として構文が記されることとなった。また、なされた板書は次の指導の区切りまで残されてはいるが、そこに学習者の注目を集めて振り返るということもまれであった。

4.2.5 説明部分と学習者の練習部分との乖離

アクセスが容易で良質な情報が入手しやすくなったため練習部分には課題が少なかったとしたが、説明が不十分であるにもかかわらず練習としては十分に成り立っているという奇妙な現象が観察されることがあった。

たとえば、実習生の後についていうような口慣らしの練習において、エクスパンション・ドリル的に段階を追っていわせる、ソロの練習とコーラスの練習を組み合わせるなどその手際がよく円滑に進行している。また、応用的な練習において、指導した項目を使わざるを得ないような状況を設定している、指導した項目をもとに学習者同士のやり取りが発展し非常に活気がある、といった練習が散見された。こうした練習は技術的に妥当なことが多く、実習生もそうした感触を得ているようであるし、学習者自身もよく学んでいるあるいは楽しい学習ができたと感じているように見えた。すなわち、練習としてはきわめて望ましい形が生まれていたといえる。しかしながら、実際には、説明の部分において十分な情報が伝わっているとは思えないのである。

このことが意味するものは、説明部分と練習部分の妥当性は分けて考えるべきで、説明が十分でなくとも練習は成り立つことがある、すなわち、練習が十分に成り立っていてもそれは説明が十分なされたことにならないことがある、ということである。

4.3 中上級
4.3.1 導入における三つのタイプ
①一般的な中上級段階の授業構造

　佐々木（2002）が指摘する[6]ように、中上級における指導のあり方は、ここ20年ほどで質的に大きな変化を遂げている。この段階の大きな関心事である「文化」の解釈の仕方が変わり、また個としての文化・他者との相互作用に介在する文化といった発想も加わった。けれども、今日の中上級教科書をいくつか分析してみると、その活動は、問題意識を与える導入→題材の理解→理解内容をまとめたり意識を高めたりするための作業をする発展的な活動、の三つのプロセスに分けるのが一般的で、こうした区分自体は以前とあまり大きな変化がない[7]。これは、常に材料となる生教材があるというこの段階の特性によるものと思われる。

　一連の実習においてもこの三つのプロセスからなるものとし、その旨解説し実習生もそれに沿って準備し授業を進めた。ただし、日本語教育機関の実際の授業においてはこのプロセスを最初から最後までこなすのには数日かけるのが普通で、それをそのまま実習として行うのは無理であった。したがって、全体的にある程度短縮された感があるが、とりわけ最後の発展的な活動には十分な時間が割けなかったのは否めない。したがって、観察された指導上の課題は導入部分と題材の理解の部分が大半であった。

　国際交流基金（2011）[8]によれば、導入部分（同書では「ウォーミング・アップ」）は、「授業であつかう話題についての背景知識を活性化したり、必要な背景知識を導入したりすることによって、活動に対する準備をすると共に学習動機を高めること」、及び「話題に関する語彙の導入」をするのが目的である。その目的から次の題材の理解のプロセスへの移行を見てみると、談話構成から次の三つのタイプに分類できた。すなわち、日常的な話題から教材の主要テーマに段階を追って移行していく「飛行機型」、日常的な話題で授業を開始したものの途中で飛躍して教材のテーマや教材そのものにあたる「ヘリコプター型」、ほとんどあいさつ程度のやり取りをしただけですぐに教材のテーマや教材そのものにあたる「ロケット型」の3種である。

　飛行機型というのは、実習生や学習者の日常から材料を探り出し、そ

れについて世間話的に話をしているうちに、いつの間にか題材の主要テーマに導いていく導入のタイプである。理解に無理がなく、問題意識も形成されやすい。おおむね、①主要テーマが端的に表れている話題を適切に選択すること、②巧みに談話を組み立てていく・談話の折々で学習者からの引き出しを行う・必要な時に談話をリードする、の3点において談話の導きが巧みなこと、③テーマを論じるのに用いられる語句・表現を確実に取り上げること、において特徴的である。

一方、ヘリコプター型というのは、学習者の日常から材料を探し出し段階を追って主要テーマに移行していこうとするものの、ある時点でそれが一気に教材のテーマや教材そのものに飛躍してしまう導入のタイプで、最も数多く見られたものである。このタイプは、前記①話題の選択・③語句・表現の取り上げにおいては飛行機型と遜色ないが、②談話の組み立て作業が不十分だといえる。

さらに、ロケット型というのは、学習者に題材に関する十分な知識・情報を与えておらずそれゆえ問題意識をいだいていないのに、いきなりテーマを持ち出して学習者の意見を聞いたり自らの見解を述べたりする、あるいは教材の読解作業に移行してしまう導入である。数そのものは多くないが、社会経験が少ない実習生ことに学部学生にはしばしば見られた。

4.3.2 中上級段階における説明
①中上級段階の説明で与える情報

丸山（1995）では、中上級段階で語句・表現を指導する際に与える情報は意味と形だとし、次のように規定している[9]。

意味：中心的な意味、周辺的な意味、同義語・反意語、類似表現との違いなど
形　：構文－その語句・表現の前後に、どのような意味合いの表現が来るか。
　　　接続－その語句・表現に他の語句（動詞／イ・ナ形容詞／名詞）が続くとき、どのような形を取るか。

こうした枠組みの設定自体は、実習を行う上で、与えるべき情報をリストアップしその漏れを防ぐという意味で妥当であった。
　ただ、意味に関してはこれらの他に文脈上の意味を補う必要があり、特に新聞記事などを教材とした上級段階では、それがある部分の指導の適否を決定的に左右する場合もあった。逆に、周辺的な意味・類似表現との違いについてはリストとしてはあげたものの、実際にはあまり取り上げられなかった。これらについてこの段階にある学習者を納得させるには相当の知識が求められるため、実習生のほうで意識的に避けた場合が多いものと考えられる。
　形の情報として構文・接続の2項目を設けたことは、情報の漏れを防ぐ他に、学習者の運用力の育成ということを実習生に意識させるためにも重要であった。学習者が指導項目を理解するだけでなく自ら使うには、この2点から分析を加えその結果を学習者に伝えることがいかに重要かが、短文作りの練習などを通して実習生に理解されたと考えてよい。そうした見方は、近い将来、実習生たちが学習者たちの誤用に接した際に分析の目となって大いに活用されるものと思われる。
　取り上げようという語句・表現の指導の準備にあたって、実習生は、まず意味情報を検討しそれをもとに構文情報の詰めを行う、接続情報は別系統の作業で、その語に動詞／イ・ナ形容詞／名詞の肯定／否定・現在（非過去）／過去形が続くときの形を内省して得る、という形を取るのが一般的であった。これらのうち、接続情報は内省のみで簡単に得られるのに対して、意味情報は辞書や文献の記述を取り出してみてもそれが何を示すのか学習者にはわかりにくく、記述をやさしく改める・理解を困難にしそうなことがらを削除するなどといった加工を施すとともに、同義語／反意語をあげる・図示の可能性を考えるなどの作業を行っていたようである。さらに意味を説明する際には例文も同時にあげるケースが一般的であったが、そうした例文を考える作業を通して構文情報の検討がなされていたものと考えられる。
　そうした準備を経てなされた指導を分析してみると、大きく二つの課題が浮かび上がった。一つは説明全体の構成が適切かどうかという課題、もう一つは説明の中の意味情報の提供のプロセスが適切かどうかという課題である。

②説明の構成の重要性

　初級段階の実習では意味や構文を頻繁に繰り返したりビジュアル・エイドなどを効果的に用いたりすることが重要であったが、中上級段階の実習ではそうした個々の局面の細かな技術より、リストアップした意味と形の情報をどのようなプロセスで導入していくか、いわば説明の構成が指導の重要な鍵となった。

　そうした観点から見るとさらに二つの課題が明らかになった。一つは、説明の完結性の問題である。もちろん語句・表現によっては情報ごとの重点の置き方に違いがあったりある情報を割愛したりすることもあったが、与えるべき情報が与えられない、すなわち構成の一部を欠いた説明が散見された。意味に関する情報が提供されないケースはさすがに皆無だったといってよいが、提供されないに等しいといわざるを得ないものが若干ながら見受けられた。それに比べると構文と接続の情報を欠く説明はしばしば見られ、これらの情報を与えていないのに例文を与えたりいきなり学習者に短文を作らせたりする指導があった。

　もう一つは、説明の構成順の妥当性の問題である。理解の自然さから見れば説明の構成はまず意味、それが十分なされてから形へと移行すべきだと考えられるが、特別の意図なしに形の情報が意味の情報に先行するものがあった。語句・表現の実体となり得るのは意味情報のみであり、接続と構文の情報はそれに具体的な形を与え機能化する役割しか負わない。意味情報が提供されない説明が皆無だったのも、そういう理由によるといえよう。したがって、学習者の理解の核として真っ先に据えられるのは意味であり、それがなされず説明が進行すれば実質的な理解が何らなされない。そういう点において著しく妥当性を欠くといわなければならない。

③意味の情報そのものに関連する課題

　実習生が取り上げた語句・表現の意味の情報には、明らかに誤っているもの・情報が足らず誤解を与えるもの・学習者がすでに知っているという前提に立っているも散見されたが、それ以外のものではおおむね妥当であった。しかし、「妥当」といっても、意味そのものが正か誤かという意味では正あるいは誤ではないといえたが、その表現のし方が適切か

どうかという意味ではにわかに評価できないものが多かった。必要十分な加工が施されなるほどそういう形で提供すれば学習者に容易に理解されるであろうと思われるものがあった反面、加工が不十分で単なる言い換えにすぎないものやいかにも生硬なものもあり、適切さに幅があった。

しかし、だからといって単に加工の程度が進んでいればよしとはできない、この段階ゆえの意味情報評価の困難さがあった。加工の作業は、多くの場合、辞書的な意味の簡略化・平易化と同義で、その結果は舌足らずの定義となりがちである。それは学習者の理解のたやすさを考えた結果であり、あらかじめ承知された不十分さである。それを、辞書的な意味に戻って、情報が足りない・曲解しているなどと評価しても意味がない。しかも、もともとの意味が抽象的でなおかつ非常に個別的である。したがって、その適否は加工結果そのものに向けるべきではなく、それを抽象的・個別的状況に放した上で辞書的・文脈的な意味としてどれだけ妥当かまた学習者の理解がいかになされるかの点から検討すべきである。そういった意味で、この段階ではその語句・表現を使った例が重要な役割を果たすと同時に、本文に返ってあらためてその意味を把握する作業が必要になってくる。

④意味情報提供における典型的なプロセスとその課題

意味情報を提供するプロセスで最も典型的だったのは、語句・表現の取り出し→意味の提示→例示→文脈上の意味の確認、というプロセスであった。取り出しは学習者にその語句・表現の意味を問うという形でなされるのが一般的で、それを受けて適宜学習者と問答するなどしながら意味を導く、そしてその具体的な例を示す、最後に本文に戻って文脈における意味を再確認する、というプロセスである。こうしたプロセスは、この段階の指導項目に特徴的な抽象性・個別性、さらにその意味を学習者に示すときに必須となる加工作業を反映したきわめて合理的な手順といえる。

けれども、このプロセスは何も実習授業のみに見られるものではなく、一般の現職教師もきわめて日常的に取るプロセスである。また状況に応じて、具体例から帰納的に意味を引き出す、意味と例を行き来する、文脈上の意味の確認を割愛するなどの変形パターンが一連の実習で見受

けられたが、そうした工夫・修正も指導項目に鑑みてあるいは学習者の理解に鑑みて同じように一般の教師が取る臨機応変の対応である。

　ところが、一連の実習の中には、典型的なプロセスを踏んでいながらあるいはある意図を持ってそれに工夫を加えていながら、意味が明確に伝わらないケースがしばしば見られた。一つは、指導項目を取り上げ「～とは何か」と問うて「～のことである」とその意味を明らかにするまでに、必要以上に長い例や付加的な情報が挿入されているものである。そうした例や付加的な情報は確かにその語句・表現の意味を理解する上で有効であるものが多かったが、それらが先行しかつ情報量が多いためにかえって学習者を中核的な意味から遠ざける結果になっていると考えられた。その様子は、たとえていうならば「蚊取り線香」のようであった。別の方法を取ればたやすく目的地にたどりつけるものを、周囲かららせん状に進むためなかなかはかがいかない、その場その場の位置の確認はできるが目的地がどこにあるのかわかりにくい、けれどもいずれはそこに到達する、という意味である。

　もう一つは、的確に意味を示しプロセスを踏んではいるものの、その後にいくつもの付加的な情報が出されるために本来の指導項目が埋もれてしまうものである。これも、蚊取り線香型と同じように、有益ではありながらあまりにも多量の情報が学習者を中核的な意味から遠ざけているものである。

　⑤説明の構成を取り上げる重要性

　けれども重要なことは、ここでいう中核的な意味を不明確にしてしまうプロセスは論理性を欠いていることなどに起因するのではなく、学習者に何とかその語句・表現をわかってもらいたい、一つでもためになる情報を彼らに伝えたいという実習生の意欲と熱意を背景に持っているということである。そうした思いが実習生を饒舌にし、その結果、迂遠なプロセスを踏んだり情報過多になったりする。したがって、日本語指導の技術的見地にのみ立ってそうした指導を一方的な批判・冷徹な評価の対象とするのはまったくの的外れであるといわなければならない。必要なのは、まずそうした実習生の意欲と熱意を認めること、次にこのような現象を分析するとともにそれが学習者の本来の理解を阻害している部

分があるとすればどうすればより望ましい構成となるかその方向性を考えること、最後にそれを実習生に伝える術を検討することである。当然、そのためには望ましい構成とは何かをさらに追及しておかなければならない。以上が、こうしたプロセスから実習を指導する者が学ぶべき課題といえよう。

　一方、こうしたプロセスが明らかにする実習生に求められる課題は、取り上げた項目に関して与える情報を吟味すること、学習者の理解と定着の観点に立って吟味した情報をわかりやすく構成すること、そして説明の様子を客観視し必要があればその構成に修正を加えることの3点であると考えられるが、こうした発想に立った指導は確かにこれまで顧みられてこなかったものである。したがって、これらが、とりもなおさず、指導教師が実習生に伝えるべき具体的内容といえよう。

注　[1]　丸山（1990）。
　　[2]　本書では、「構造」「構成」は日本語授業を形作る作業要素・活動要素が組み合わさって作られたもの、「プロセス」はそれを組み立ての順序の側面から見たものという意味で使っているが、厳密な使い分けはしていない。なお、小中学校の教科指導などでもここにあげたような意味で「授業構造」という表現を用いるが、観点や要素の設け方・その抽象度などは多岐にわたるようである。
　　[3]　ただし、そうしたシラバス一覧表がなかったとしたら、やはり前回分析時と同じように深刻な問題となった可能性は否定できない。ちなみに、昨今、出版されたボランティア用の教材・参考書には、「やさしいことばを使って短い文で話しましょう。」（西口他 2006: 12）、「別のことばで言い換えてみる……自分が言おうといている言葉が相手に分かりにくいかなと思ったときや、言ってみて相手側が分からなさそうだったときは、次のようなやり方で別のことばに置き換えてみてください。……やわらかい／かたいことばにする……」（御舘他 2010: 46）などとあり、日本語教育になじみのなかった者が指導しようとする際には、依然、ティーチャー・トークは大きな課題であると考えなければならないと思われる。
　　[4]　授業分析の手法については同じ術語を使っても分析者の間で微妙に意味合いが異なることが多く、教科指導ではまたさらに違う内容を指していることが少なくないので本書では努めて専門的な用語は避けるこ

	ととしている。
[5]	丸山（1990: 165-183）。
[6]	佐々木（2002: 219-232）。
[7]	国際交流基金（2011: 52）では、この三つのプロセスの後に「活動の評価とふり返り」の課程を設けている。
[8]	国際交流基金（2011: 53）。
[9]	丸山（1995: 139）。

第1章 学部学生の日本語授業観察の観点

1 はじめに

　本章の目的は、大学の学部学生が初級段階の日本語授業をどのように見ているか、その観点の全体像を明らかにしようというものである。日本語教師の養成・研修においては'90年代に入りTeacher TrainingからTeacher Developmentへのパラダイム・シフトに大きな関心が注がれ、自己内省を通して課題解決型の教師を育成するさまざまな方法が論議されてきた。しかし、それらの方法論は、教師が日本語指導におけるどのような問題をどうとらえているかが明らかになってこそそれぞれ本来の有効性を持つ。学部学生は養成プログラムを受講する者としては最年少の層となる。これから長い日本語指導の経験を積んでいこうというその出発点でどのような価値観・問題意識を持っているかを明らかにすることは、より自己研修的な教師を育成するプログラムの根本に関わるという点できわめて重要な意味を持つものと思われる。

　こうしたPre-Service教師の観察の観点を直接論じたものとしては、小笠原他（2000）がある。そこでは、評価の観点の広がりを見るために、指導者・実習生・学習者・見学者に実習授業を「全体の印象」「教師」「学習者」「授業」の点から4段階で評価させ、さらにその理由も記述させた。そして、そのデータを分析し、評価対象と評価観点とは必ずしも一致しない、見学者は指導者・実習生・学習者よりも評価の数も内容も豊富であるなどの結論を導き出している。指導教師と実習生の価値観の相違を指摘している点で本章の基盤に流れるものと共通しているが、観点分析の枠組みは異なる。

また、堀井（1999）は、指導を担当した実習生の書いたジャーナル・コメントを回を追って分析し、おおむね、①教師（実習生本人）に対する全体的・表面的な観察→②教え方に対するより実践的な観察→③教育内容に注目→④学習者に注目→⑤より学習者側に立った観察→⑥まとめ、という気づきの流れがあるとした。観点の変容を明らかにした点で興味深いが、本章は、実習生ではなく、授業を観察した側の記録から観点の全体像を明らかにしようというものである。

2　日本語授業観察が行われた環境

2.1　授業の性格

　観察は、'02年春学期、学部3・4年生対象の授業「日本語教育　理論と実習A」（半期科目）の一環として行われた。この科目の主眼は、実習を通して、文法など初級段階の日本語の知識をいかにして外国人に提供するか、その実際を学ぶことである。本来は外国人を相手にして進めるべき授業であるが、この学期は登録者計114名とことのほか多くそれに見合うだけの外国人を集めることは不可能で、受講生同士互いに教師と学習者に見立てた模擬授業を行うことにした。

　受講生は若干の他学部他学科生・聴講生もいたがほとんどが日本語日本文学科の学生であった。しかし、すべての受講生が日本語教育を専攻しているわけではなく、毎年の例でいうと、30名程度が4年生になって日本語教育の分野で卒業論文を執筆する。また、個人差が大きいものの、いずれも日本語学分野の科目を10〜20科目20〜40単位前後、日本語教育分野の科目を5〜10科目10〜20単位前後履修済みあるいは履修中と思われる。しかし、3〜4名のボランティア経験者を除いて日本語を指導したことはなく、模擬授業とはいえ、一連の授業を体験するのは初めてである。

2.2　模擬授業とその準備となる講義

　全14回の授業を、模擬授業の準備となる講義7回と模擬授業7回との二つに分けた。さらに、前半の講義は筆者の指導の部分とそれを受けた受講生の作業の部分に分け、指導の部分では、まず、初級教科書のある

単元を扱った授業はどのように進行するのかといった授業構造について、筆者がおおむね以下のような内容を述べた。すなわち、日本語指導は、導入から始まってその単元で扱うことがらに関する情報を提供するプロセス、さらにそれを受けて提供された情報を学習者自らが運用してみるプロセス、そして最後に授業をしめくくる作業という大まかな授業構造＝全体構造を持っており、さらに、その全体構造はプロセスごとに各々の部分構造[1]を持っているとした。また、それらの具体例を示すために、適宜、初級段階の指導を収録したVTRを見せて説明をした。次に、『みんなの日本語Ⅰ』（スリーエーネットワーク）の第1課を取り上げ、以上の枠組みでそれを教案化するとどうなるかを示した。

このように授業構造に力点を置いたのは、受講生が日本語学・日本語教育学関係の科目を相当数履修しており初級段階の日本語指導で扱うことがら自体に関する知識は得ているとしても、それをどう伝えるかに関しては口頭練習やロール・プレイなどを個別に取り上げて演習的に経験したのみで、1単元の授業を構成する能力が育成されていないと判断したためである。

以上を受けた受講生の作業の部分は、模擬授業の直接の準備として、全登録者を各10名程度11のグループに分け、『みんなの日本語』の第1課から第10課[2]までをそれぞれに割り当て、割り当てた課ごとに、第1課の教案化作業をサンプルとして、授業の構造を検討させた。

後半の模擬授業は、授業そのものを6回、そしてそのまとめの講義を1回行った。模擬授業は、単語レベルで英語などの媒介語を与えることは認めるが基本的には直接法とし、原則、1回の授業で2グループずつ行った。教案作成・教材作成などの授業準備はグループごとの課外作業とし、作成した教案は、授業前にコピーし、授業観察する受講生全員に配付した。

模擬授業においては、グループの代表1名が教師役となり、残りが模擬学習者となった。模擬授業は導入から始めておおむね各40分という制限を設けたが、その間は、筆者が指導したり教師役の受講生が他の者に助力を仰いだりすることは一切なく、通常の日本語指導のように教師・学習者間でやり取りがなされ授業が進行していった。そして、各模擬授業の後で、筆者が短いコメントを加えた。

2.3 授業観察の方法

観察に回ったグループには、毎回、観察記録を各グループ1部ずつ提出するよう指示した。記録用紙はB4とし、筆者の方で、日時・指導課・指導項目などの一般事項の他に、「授業進行」「時刻」「作業所要時間」「観察したことがら」の欄と「感想・コメント」の欄を設けた。筆者としては、これらのうち、「授業進行／時刻／作業所要時間」において全体構造を分析・記述し、「観察したことがら」において部分構造を分析・記述し、「感想・コメント」においてその詳細に対する意見・感想を書かせるねらいであったが、受講生がどのような観察の観点を持っているかをできるだけありのまま把握するため、記録するに当たっては用紙の書き方を簡単に説明するにとどめ、量を多めに書くこと以外は指示・指導を与えず自由に記述させた。

そして、すべての受講生の積極的な参加を促すために、この科目の成績は、模擬授業の様子と観察記録の記載内容をもとに、グループ単位で出す旨、伝えた。提出された観察記録はその次の回にコメントなしのA～Cの評価をつけて返却した。提出された記録は、計110である。

3 記述内容に表れた授業観察の観点

3.1 観点の全体像概観

観察した事実を述べる「授業進行／観察したことがら」とその事実に対する意見を述べる「感想・コメント」とではその性格が違うが、観察の観点が最も多彩に表れているのは自由度の高い「感想・コメント」であった。この欄の記述は各記録平均14、総計1,536にも上り、日本語指導未経験の学部学生といえども個々の指導技術を評価する観点を、相当程度、備えているものといえる。

表1 「感想・コメント」欄の記述分類

1.練習のさせ方に言及したもの	577 (37.6)
2.指導項目の説明に言及したもの	576 (37.5)
3.授業の進行・流れに言及したもの	178 (11.6)

4.ティーチャー・トークに言及したもの	158（10.3）
5.教師の態度や雰囲気などに言及したもの	47（3.1）
総計	1,536

コメント数（%）

　表1に見るように、「感想・コメント」の記述を分析すると、その言及は、1.練習のさせ方、2.指導項目の説明、3.授業の進行・流れ、4.ティーチャー・トーク、5.教師の態度や雰囲気、の順である。学習者が模擬であることから学習者自身の学びに関する記述は皆無で、いずれも教師役受講生の技能に関するものである。以上のうち、練習のさせ方と説明はほぼ同数で、しかも両者を合わせると全体の3/4を占め、高い関心を集めている。その上、記述が多方面にわたる。これらは授業本体の大半を占め、指導経験をほとんど持たない観察者が初めて目にする活動であり、その分、さまざまな観点から自由な発想で記述がなされたものと考えられる。一方、前後とのつながりあるいは全体を通して見なければならない授業の流れは、1割程度にとどまっている。しかし、後述するように、「授業進行／観察したことがら」に部分構造を中心として観察の観点が具体的に示されている。

　以下に、観点ごとに詳細を示す。

3.2　練習のさせ方に関する観点

表2　練習のさせ方に関する言及分類

1–1.個々の技術に言及したもの	303（52.5）
1–1–1.リピート練習のさせかたに言及したもの	72（23.8）
1–1–2.指名のし方・ペアの組ませ方に言及したもの	57（18.8）
1–1–3.口頭練習の状況設定・キューに言及したもの	33（10.9）
1–1–4.教師の指示に言及したもの	29（9.6）
1–1–5.教師のモデル提示に言及したもの	28（9.2）
1–1–6.問答練習のさせ方に言及したもの	28（9.2）
1–1–7.学習者の活動に対する教師の評価・反応に言及したもの	28（9.2）
1–1–8.活動の際の教師・学習者の位置関係・動きに言及したもの	28（9.2）
1–2.教材に言及したもの	87（15.1）
1–2–1.教材の扱い方に言及したもの	57（65.5）

1-2-2. 教材そのものに言及したもの	30	(34.5)
1-3. 練習の内容に言及したもの	86	(14.9)
1-3-1. 練習のあり方・手順に言及したもの	55	(64.0)
1-3-2. 扱ったことがらに言及したもの	31	(36.0)
1-4. 説明から練習への移行に言及したもの	40	(6.9)
1-5. 活動のテンポ・リズムに言及したもの	23	(4.0)
1-6. 活動の量に言及したもの	22	(3.8)
1-7. 練習の有無そのものに言及したもの	13	(2.3)
1-8. 活動の雰囲気に言及したもの	3	(0.5)
総計	577	

(下位項目の%はその上位項目内の%。以下、同じ)

3.2.1 個々の技術の観点

今回の授業では読み・書きの指導を扱っておらず、ここでいう練習のさせ方は口頭練習のことを指すが、その記述を分類すると、個々の技術に関するものが約半数を占める。その中で最も多く言及があったのはリピート練習のさせ方に関するもので、以下のような記述があった。

- コーラスを、T×2、S×2ではなく、T-S、T-Sにすべき。
 (第3回　第4課)
- コーラス2回・ソロ2回をきっちり守っていた。(第4回　第6課)
- モデル→コーラス→ソロの流れ、しっかりできている。
 (第5回　第9課)
- 小パフォーマンスの前に、コーラス・ソロやるべき。
 (第6回　第10課)
- 一々「あります」をつけてコーラスするのは非効率的。(同)

第5回の記述に見られるこうしたパターン・プラクティス的な口頭練習は、筆者並びに他の教師が他の演習授業で紹介しその基本を習得させたものである。そこで得た知識を判断の基準として感想を述べていると考えられるが、記述からその基準の大枠を推測すると、a.新出語彙は必ず、リピートをさせるべき、b.リピートは、まず教師がモデルを示し、

コーラスからソロへ移行すべき、c.コーラス・ソロはそれぞれ2回程度が望ましい、の3点からなるものと考えられる。しかし、その一方で、最後の記述に見られるように、d.練習には効率が必要であり、ポイントとなる語彙だけを練習させるべきで不要な表現を付け加えたりやさしい語彙を一々練習させるべきではない、必要ないならコーラス／ソロのどちらかを削ったりその回数を減らすべき、といった記述も見られた。

以下、1-1-2.から1-1-6.においてもパターン・プラクティス的な口頭練習の知識をもとに意見・感想を述べていると考えられるが、その記述から受講生がビリーフとして持っているものを分析しておく。

1-1-2　指名のし方・ペアの組ませ方に言及したもの
- 指名はランダムにして緊張感を持たせるべきである。
- ペアは固定させてはならない。
- T–Sの練習もあっていいが、S–Sの練習を欠いてはいけない。

1-1-3　口頭練習の状況設定・キューに言及したもの
- 状況・キューともに、現実的であらねばならない。
- キューは身の回りにある実物で使えるものがあるならばそれを使うのがよい。
- キューは多めに用意し、バリエーションが持たせられるようにすべきである。
- こちらでキューを与えるばかりではなく、学習者に自由に答えさせるステージも設けるべきである。

1-1-4　教師の指示に言及したもの
- あいまいな指示を行うべきではない。指名するとき・キューや板書を指すときは、手で明確に示し、大きな声ですべきである。また、「何でもいいですから言ってください」などといった指示はすべきではない。

1-1-5　教師のモデル提示に言及したもの
- 学習者にリピート練習させる際には、必ず、教師がモデルを示さ

なければならない。また、パフォーマンス的なことをさせる場合にはデモンストレーションをしてみせる必要がある。
- モデル・デモンストレーションは、2～3回が望ましい。

1-1-6　問答練習のさせ方に言及したもの
- 問答練習はT→S・S↔S両方必要で、まずT→Sでやって次にS↔Sに移行すべきである。
- S↔S練習は、学習者が問う側・答える側、双方のロールをやるべきである。
- どう問いどう答えるかは、教師が統一させなければならない。

同様に、1-1-7.「学習者の活動に対する教師の評価・反応」は今日の授業評価で必ず取り上げられる項目であるが、演習授業では模擬教師の求める通りに模擬学習者が答えるのが通常であるため、必ずしも触れてはいない。しかしながら、今回の模擬授業では、数こそ少ないものの、次のような鋭い記述があった。

1-1-7　学習者の活動に対する教師の評価・反応
- Sが答えたのにTが反応せず次にいったのは不安になる。
　　　　　　　　　　　　　　　　　　　　（第6回　第10課）
- Sの答えにTがコメントしていたが、ほのぼのしてよい。
　　　　　　　　　　　　　　　　　　　　（第5回　第9課）
- Sの答えを確認するため、繰り返してやるべき。（第6回　第10課）
- 「私のお国」を注意したのはいい。（第2回　第1課）

以上の記述に横たわるのは、a.教師は学習者の発話を自分への働きかけととらえ、その都度、答えてやるべき、b.その答えは、正誤に関するものであれば学習者の正しい答えを繰り返す、学習者が自分の発想でしたものに関しては教師が何か一言コメントを加えるなどすべき、c.学習者が誤った語句・表現を用いた場合には指摘すべき、といったビリーフである。

こうして練習における個々の技術に言及した記述を見てみると、全体

的に、非常に高い妥当性を持っていることに気づく。もちろん、それが身に付けられているか・一人一人の受講生がすべての観点を持ち合わせているかはともかく、口頭練習を観察する際の観点としてはひとまず基本的な部分をおさえているといえよう。

3.2.2 教材並びにその扱い方の観点

個々の技術に次いで多かったのは、1–2.「教材に言及した記述」である。数が多く別立ての項目としたが、本来は、1–1.「個々の技術」とすべきものである。そうすると、1–1–2.「指名のし方・ペアの組ませ方」と並んで、個々の技術に関する記述の中で2位を占めることになるが、a.教材が練習技術並びにその良し悪しを最も端的にわかりやすく示すこと、b.受講生が自分の指導に当たって多くの時間を割いて教材作成に取り組んでいて関心をそれだけ多く抱いていたこと、c.絵や図・パネルなどが練習においてきわめて重要な役割を果たすこと、に観察者があらためて気づいたことが、こうした記述の多さにつながったものと思われる。

教材の扱い方に関しては、そのほとんどが概念提示における有効性に鑑みて言及したものである。

- 「こそあ」の区別弱い。（第1回　第2課）
- 「はい」を○、「いいえ」を×のパネルで示すのはわかりやすい。
（第5回　第9課）
- 文型パネルに絵当てはめていく練習、わかりやすくよい。
（第6回　第10課）
- 物動かして「あげる／もらう」やったのはわかりやすい。
（第4回　第7課）

残りは、絵をSに持たせないで、Tが持って全員に見えるように（第5回　第8課）／言わせるとき、時計、動かしすぎ（第3回　第4課）／黒板のパネルをSのところまで持っていったのはよい（第6回　第10課）、といったごく基本的な技術に関する記述であった。

一方、教材そのものに関しては、現実性をいかに反映しているかについての記述が最も多かった。

- 広告を使うのは生活と密着していてよい。（第3回　第4課）
- 本物の新聞やコップを用いているの、よい。（第4回　第6課）
- Sの持ち物使うべき。（第1回　第2課）

次いで、時刻の読み方がはがせるようになっていたのはよい（第3回第4課）／部屋の絵は具体的でよい（第6回　第10課）／あれくらいきれいだとSも楽しそう（同）、などに見られる教材の出来不出来、さらに、黒板を指すときは指示棒など使うべき（第3回　第4課）／日本地図を使うべき（同）、のように、教材の有無そのものに言及した記述が見られた。

3.2.3　練習の内容の観点

教材とほぼ同じ数の記述があった1–3.「練習の内容」であるが、1–3–1.「練習のあり方・手順」は、練習における教師の姿勢に言及したものである。その中で注目すべきは、パターン・プラクティスに起こりがちの教師主導の授業運営に対する批判である。

- もっとパフォーマンスに自由度を。（第2回　第3課）
- S本人の電話番号、答えさせるべき。（第3回　第4課）
- 目で見てすぐ答えらるのではなく、S自身の答えを言わすべき。（第5回　第8課）
- 答えを限定せず、自由に答えさせるべき。（第5回　第9課）

こうした表現で、教師が定めたキューで固定的な枠の中でやり取りすることにマイナスの評価を下している。そして、Sに出身国言わせ、参加意識高めている（第1回　第2課）／S一人ひとりに自分のことを話させるのがよい（第2回　第1課）／Sに自由に言わせたのがよい（第5回　第9課）、というように、学習者自らの知識や経験・趣向などに基づいて発話させるのを良しとしている。

すなわち、この模擬授業に先だって行われたパターン・プラクティスの演習授業において具体的な練習方法の技術の基礎を築き練習の枠組みとして採用していても、その枠組みの中で望ましいことと認める部分とそうではなく改めるべき部分とを見極め評価するある程度の能力を受講

生が備えているといえよう。

　しかし、その一方で、1–3–2.「扱ったことがら」の次のような記述を見ると、練習における最も基本的な留意点がおさえられていない実態が浮かび上る。

- 「あれ／それ」もゲームに含むべき。（第1回　第2課）
- 場所をやっているのに、場所の問答、少ない。（第2回　第3課）
- 5分単位の練習のみは疑問。（第3回　第4課）
- 導入した文型と練習で言わせた文型が違っていた。（第3回　第5課）
- 未習の単語で問答している。（第4回　第6課）

　1–1–7.「学習者の活動に対する教師の評価・反応」の項で明らかになったビリーフの確かさとこれらの粗雑さとを考え合わせると、受講生の総合的に見た観点の十全性と授業の遂行能力にはきわめて大きな隔たりがあるものと推測される。

3.3　指導項目の説明に関する観点

表3　指導項目の説明に関する言及分類

2–1.教材に言及したもの	259（45.0）
2–1–1.教材そのものに言及したもの	148（57.1）
2–1–2.教材の扱い方に言及したもの	111（42.9）
2–2.個々の技術に言及したもの	190（33.0）
2–2–1.新情報の導入のし方に言及したもの	125（65.8）
2–2–2.新情報導入の際の例・例文に言及したもの	41（21.6）
2–2–3.媒介語に言及したもの	23（12.1）
2–2–4.その他	1（0.5）
2–3.説明の内容に言及したもの	127（22.0）
2–3–1.その指導項目に関して提供した情報内容の適否、過不足に言及したもの	124（97.6）
2–3–2.指導項目の選択そのものに言及したもの	3（2.4）
総計	576

3.3.1 教材並びにその扱い方の観点

練習のさせ方では、1–1.個々の技術：52.5％、1–2.教材：15.1％だったのが、指導項目の説明ではそれが逆転し、2–1.教材：45.0％、2–2.個々の技術：33.0％となった。練習のさせ方で教材に関心が集まった理由として、a.教材が練習技術の良し悪しを最も端的に示すこと、b.受講生が多くの時間を割いて教材作成に取り組んでいて関心が高いことを指摘したが、加えて、c.練習においてはリピート練習のように教材をまったく使わない活動があるのに対して、直接法による授業では説明に教材が不可欠であることが、こうした数字になって表れたものと考えられる。

また、子細に見ると、練習のさせ方では、1–2–1.教材の扱い方：65.5％、1–2–2.教材そのもの：34.5％だったものが、説明ではこれらも逆転し、2–1–1.教材そのもの：57.1％、2–1–2.教材の扱い方：42.9％となっている。これは、練習では複数のキューを手際よく提示するなど動的活動が多いのに対し、説明ではある一つの絵や図などを材料にある概念を説明する静的な活動が多く、その分、個々の教材の完成度が問題となったものと思われる。

したがって、2–1–1.を分析してみると、説明で扱う新しい概念・意味が理解できるか、それと認識できるかを評価の基準として、それに基づいて「わかりやすい（にくい）／見やすい（にくい）」とした記述が最も多くなっている。

- 「～歳」の読みが変わるところ、赤字で示しよい。（第2回　第1課）
- 自己紹介の場面を絵で示していてよい。（第2回　第1課）
- 場所のカードは絵も載せるべき。（第2回　第3課）
- 場所の絵、何を示しているかわかりやすい。（第3回　第4課）
- ？と○と×のカード、わかりやすい。（第4回　第6課）
- 図が不明瞭で本が新しいのか古いのかわからない。

（第5回　第8課）

- 映画や読書の絵はそれだとわからない。（第5回　第9課）

これに対して、教材の扱い方に関しては、練習のそれに比べて記述にバラエティが少なく、以下に見るように、細かい技術的なことよりも適

切な教材があればそれで良しとし、なければまずい説明としているものが大半を占める。これらの記述も、説明における教材利用の静的な側面を表しているものと思われる。

- ?カードを使うことによって質問の対象がはっきりした。
(第3回　第4課)
- 「はい／いいえ」に○×を貼ったのはわかりやすい。
(第4回　第6課)
- 絵を構文通り並べてわかりやすい。(第4回　第6課)
- 構文の下に絵を貼って、どこに何を当てはめるのかわかりやすい。(第4回　第7課)
- 対照的な絵が用意されていてセットで覚えられる、よい。
(第5回　第8課)
- 箱を使った導入、音があってわかりやすい。(第6回　第10課)

3.3.2　個々の技術の観点

　個々の技術で受講生が最も関心を寄せたのは、2–2–1.「新情報の導入のし方」であった。しかしながら、「ふん／ぷん」を別々に示して説明したのがよい(第3回　第4課)／「ヨンジ(4時)／キュウジ(9時)」、間違えて導入するの、よい(第3回　第4課)／「このNはA–い／これは、A–い＋N」、一緒にすべきではない(第5回　第8課)、などのように技術について詳細に述べたものが散見されるものの、全体としては、記述が印象評に終始し具体性に欠けるのがこの項の特徴である。

- 「も」の説明、わかりやすい。(第2回　第1課)
- 「ここ／そこ／あそこ」の距離感、Sはつかめてない。
(第2回　第3課)
- 「行く／来る／帰る」の表現が面白い、うまい。(第3回　第5課)
- 形容詞についての説明、わかりやすい。(第5回　第8課)
- 「ある／ない」の概念、今一つ、わかりにくい。(第6回　第10課)

　練習のさせ方においては、演習授業で行ったパターン・プラクティス

的な練習が評価の基準として受講生の中に培われているのではないかと述べたが、そうした教える術に比べると、教えることがらそのものに関する知識が不足しており、それが記述における具体性の欠如となって表れたものと思われる。

　2-2-2.「新情報導入の際の例・例文」に関して最も多かった記述は、その不適切さを指摘したものである。

- 「船で家に帰る」は不自然。（第3回　第5課）
- 「クレジットカードで寿司を買う」は非現実的。（第4回　第7課）
- 「フォークで寿司を食べる」の例はふさわしくない。（同）
- 「片付いている」の意味で「きれいな机」というのは不自然。

（第5回　第8課）

- 「この人は暑い」は正しいか、本人にしかわからないはず。（同）
- 「〜が上手ではありません」はあまり使わない。（第5回　第9課）

　こうした例・例文は筆者の個人的経験を振り返っても現役の教師がまったく用いないかというとそうではなく、教師役の受講生にしてみても多少の問題は自覚しながらも大きな逸脱がないと判断し使ったものであったろうが、見学している受講生はそうした事情には頓着なく、正誤の点から厳格に評価している。

　最後に、2-2-3.「媒介語」であるが、前述のように、直接法で指導することとしたものの、単語レベルの媒介語の使用は認めた。模擬学習者の国籍はこちらで何の指示も与えなかったが、グループ内でアジア・ヨーロッパ・オセアニアなどバラエティを持たせていた。その結果、英語のみを媒介語として使用したことに対する批判が10あり、「評価する」の6を上回った。

3.3.3　説明の内容の観点

　内容の観点においては2-3-1.「情報内容の適否、過不足」がそのほとんどを占めたが、124の記述のうち二つを除いてすべて批判するものであった。さらに子細に見てみると、a.ある個別の語句を対象にそれに関する情報の不足を指摘したものが48で、最も多かった。

- 「〜から来ました・〜人です」の違い、教えるべき。
- 「3階」はサンカイではなくサンガイ。
- 「8分」は「ハップン・ハチフン」、両方あること指摘すべき。
- 「山が高い・洋服が高い」をわかりやすく黒板で説明すべき。
- 「寒い・冷たい」の違い、教えるべき。

次いで、「こ／そ／あ」・並列の「も」・識別の「の」・「行く／来る／帰る」・形容詞などの、b.主要指導項目の初出において情報が足りないとしているもの25、であった。a.は非常に細かな指摘が多いが、本授業を含めて教師のほうからことさら一つ一つを取り上げて指導してはおらず、受講生個人の語感・知識に照らし合わせて述べているものと思われる。こうした指摘が現実の指導においてどれだけ的を射ているか・生かせるかはともかく、基準に基づいて適否・過不足を判断するだけの評価の目が備わっているものといえる。

ところがそれとは反対に、b.は、他の授業でいくつか取り上げたにもかかわらず記述は具体性に欠け、「説明不足・不十分／説明が粗い」などの表現はあるものの、何が足りないか、どこまで説明すべきかに関しての記述がない。こうした違いは、前者は個人の経験をもとに直感的にその場で判断できるのに対して、後者は日本語教育初級における専門的で体系的な学習が求められ、授業で取り上げたとはいえ本授業の実習を直接念頭に置いたものではなく、不足部分を指摘できるだけの知識・情報が各々の項目ごとに満たされていないからだと考えられる。

3.4　授業の進行・流れに関する観点

3.4.1　「授業進行」と「観察したことがら」欄における記述とその変化

授業の進行・流れに関しては、「感想・コメント」よりも「授業進行」「観察したことがら」に記述が多く、最初に、そちらを検討しておく。

手書きゆえ単純な比較はできないが、各回の模擬授業ごとに使った用紙は、各グループ平均、第1回：1.2枚、第2回：1.3枚、第3回：1.8枚、第4回：1.9枚、第5回：2.1枚、第6回：1.8枚であった。1〜2回までと3回以降で大きく異なっているが、1〜2回までの記録を見ると、「授業進行」「観察したことがら」の記述がともに粗雑で、筆者が意図し特に強調

して指導した、全体構造・部分構造を分析するという姿勢が非常に貧弱といわざるを得ないものが目立つ。

授　業　進　行	観 察 し た こ と が ら
1.導入	
2.「あれ／それ／これ」	くだものカード配る
3.内容の「の」／所有の「の」	板書・小パフォーマンス
4.「この／その／あの＋Ｎ」	板書
5.パフォーマンス	ゲーム

（例1　第1回　第2課）

授　業　進　行	観 察 し た こ と が ら
導入	「暑いですね」と世間話
「これ／それ／あれ」	カードを配布。「これはりんごです」とカードを見せながら生徒に復唱させる。生徒人一人にカードの描かれているものを答えさせる。
「あれの説明」	
「～の～です」	「あれ／それ」に関しても同様。黒板に「あれ」の使い方を説明するために板書する。
「これは～です」の説明	
「これは～さんの～ですか」	以下、繰り返し。
「この／その／あの」	
「この～は～のです」	
（疑問形）	
小パフォーマンス	

（例2　第1回　第2課）

　もともと全体構造は授業を巨視的にとらえるものであるが、例1の「授業進行」の記載は配布された教案に項目立てされた指導内容をそのまま写しただけで、授業の骨格の記録としてははなはだ大雑把である。例2の記述も例1と大差なく、これをもとに授業を再構成するのは困難である。

　一方、部分構造を記録した「観察したことがら」も同様で、例1は活動の名づけのみ、例2も活動内容の記述がきわめて不十分で、「以下、繰り返し」以降は記述がなく、いかなる説明や練習がどのようにしてなされたか、その事実の記録として質・量ともに不十分である。

ところが、紙数が増す3回以降は、部分構造に言及した「観察したことがら」に変化が見られる。全般的に、あたかもシナリオのト書きのように、読む者が授業を頭の中で再現できるだけの情報量を持つようになっている。

「人はNをVます」（パネルを提示）
　　　コーヒー／のみます　→　コーヒーをのみます
「コーヒー」のカード見せ、コーラス×2、ソロ×3。「のみます」のカード見せ、コーラス×2、ソロ×3。パネルのN・Vの下に「コーヒー」「のみます」のカード置いて、「コーヒーをのみます」と板書し、コーラス×2。
以下、同作業。
　　　かさ／買います　→　かさを買います
　　　日本語／勉強します　→　日本語を勉強します
　　　さかな／食べます　→　さかなを食べます
　　　新聞／読みます　→　新聞を読みます　　　（例3　第4回　第6課）

黒板に「AはBにあげます」「BはAにもらいます」と書き、絵も横に貼る。その後、S2人を前に出させ、「あげる」「もらう」の実演をする。
Sにプレゼントの絵が書かれたカードを配る。その時、「どうぞ」と言って渡し、渡した相手には「どうも、ありがとう」と言うと教える。Sは「先生に〜をもらいました」と発表していく。そして、Tは片方のS側に立ち、S1→S2へプレゼントをあげさせて、他の人に「何をもらいましたか」と聞かせ、「私はS1からプレゼントをもらいました」と言わせる。Tはそれに一つ一つコメントする。
　　　　　　　　　　　　　　　　　　　　　（例4　第4回　第7課）

箱を二つ、振ってみせる。一つは、音がする→T、「あります」
　　　　　　　　　　　　　　　一つは、音がしない→T、「ありません」
T、「何がありますか」。箱を開けて、「ペンがあります」（もう一度繰り返す）

「手紙／ポスト／窓」のカード出してきて、コーラス→ソロ。「があります」のカードの前にそれらを貼って、「手紙があります」ソロ、「ポストが 〃 」ソロ、「窓が 〃 」ソロ。(例5 第6回 第10課)

　いずれの例も、教師がどのような目的で何をいかなる手順で行ったか、そのためにどのような教材を使ったかに関して十分な記述がある。
　これらをさらに詳細に分析してみると、a.教師の手順に関するもの、b.教材に関するもの、c.キューに関するもの、d.板書に関するものに大別される。手順に関しては、最も小さい単位の説明・練習に関して行われた事実を過不足なく順序立ててとらえようとしている。教材では、絵教材や文型パネルなどをどのタイミングでどう用いたかを、時にはイラストを交えて記録している。さらに、1～2回目にはほとんど記述がなかったキューは、説明・練習ごとに場合によっては10を超えてそのすべてを採取している。また、板書も同様に当初は取り上げられなかったが、記録にとどめ、こう修正すべきといった例をあげているケースも見られる。もちろんすべての記録が以上の4点の観点を等しく兼ね備えているわけではないが、全般的に、こうした記述を所々に含むようになったという点で1～2回目の記録と大きな違いを見せた。
　一方、「授業進行」に見る全体構造の記述は、a.教案の指導項目をそのまま写すのではなく主体的に授業の流れを追う姿勢が見られ、時には教案より詳細になっていることがある、b.指導項目ごとに、小情報の提供→小運用というとらえ方をしようとしている、という2点において当初と異なっている。後者は、筆者が授業で全体構造におけるその重要性を説いたものである。ただ、部分構造の記述の変化が記録全般の随所に見られたのに対し、全体構造におけるこうした変化は一部に限られており、日本語指導の全体像を有機的なつながりとしてとらえるという発想は希薄なままであったといえる。

3.4.2 「感想・コメント」欄に見る観点

表4　授業の進行・流れに関する言及分類

3–1. 授業全体の流れに言及したもの	89（50.0）
3–1–1. 活動のつながりに言及したもの	23（25.8）
3–1–2. 具体的なことがらの提出順序に言及したもの	22（24.7）
3–1–3. スピード・テンポに言及したもの	21（23.6）
3–1–4. 情報提供全般・練習全般に言及したもの	17（19.1）
3–1–5. 時間配分に言及したもの	6（6.7）
3–2. 導入部分に言及したもの	77（43.3）
3–2–1. 取り上げた話題に言及したもの	18（23.4）
3–2–2. 授業本体への移行に言及したもの	17（22.1）
3–2–3. 出席確認に言及したもの	14（18.2）
3–2–4. 導入の有無そのものに言及したもの	8（10.4）
3–2–5. 前回の復習に言及したもの	5（6.5）
3–2–6. その他	15（19.5）
3–3. しめくくり部分に言及したもの	12（6.7）
3–3–1. まとめ作業の有無そのものに言及したもの	7（58.3）
3–3–2. まとめ作業の内容に言及したもの	5（41.7）
総計	178

　全体構造に対する関心が希薄であることは、「感想・コメント」においても同様である。表1に示したように、授業の進行・流れに言及した記述は全体の11.6%であるが、そのうち、全体構造に言及していると考えられる表4の3–1.はその半数で、3–1–2.および3–1–4.には以下のような鋭い指摘があった。

- 手段「で」、一度に練習をまとめすぎ。もっと分けるべき。
  　　　　　　　　　　　　　　　　　　　　　　（第3回　第4課）
- 時の表現を教えた上で、「今、何時?」に進む順番がよく組まれていた。（同）
- 普通の疑問文から疑問詞の疑問文への移行が上手。
  　　　　　　　　　　　　　　　　　　　　　　（第4回　第6課）
- 小パフォーマンスの種類を変えて、変化を出すべき。（同）

- 単語の練習に力を入れて構文の練習不十分。(第6回 第10課)

同様に、3-2-5.にも、「きょうは形容詞の勉強をします」とは言わないで、自然に形容詞を導入すべき(第5回 第9課)/導入が今回の項目にうまくつながっていた(第6回 第10課)、などといった記述があった。
　しかしながら、全体から見るとそれらすべてを加えても1割に満たず、また、3-1.の他の記述を見ても、全体のつながりがわかりにくかった(第2回 第1課)/授業が順序立ててあり、シンプルな進め方でよい(第4回 第6課)/次の項目への流れが、自然でスムーズだった(第5回 第9課)、など、主観的で具体性に欠ける記述が多い。
　一方、部分構造に関しては、表2の1-4.「説明から練習への移行」にその記述が見られる。

- 分が何を意味するのかわからないのに、いきなりコーラス・ソロへ。(第3回 第4課)
- 「ある/ない」の概念がはっきりしないまま進行している。
(第6回 第10課)
- 果物をコーラスさせてから、「～があります」と言わせるべき。
(同)
- 「～はどこにある・～にある」の説明をしていないのに問答させた。(同)

これらの例に見るように、定着が確実でないまま運用に移行していることを批判している記述が大半を占めるが、「観察したことがら」の詳細な記述に比べると簡略で、その数も1.「練習のさせ方」全体の7％程度に過ぎない。これは、部分構造的な発想が貧弱であるからと見るよりも、そうした発想を説明技術の良し悪しのコメントとして記述したと見るべきであろうと思われる。

3.5　ティーチャー・トークに関する観点、教師の態度や雰囲気に関する観点

表5　ティーチャー・トークに関する言及分類

4–1. 未習語・未知語の使用に言及したもの	128（81.0）
4–1–1. 指導項目に関する教師の不注意	43（33.6）
4–1–2. 説明時の未習語・未知語	33（25.8）
4–1–3. 練習時の未習語・未知語	18（14.1）
4–1–4. 全体的な印象	15（11.7）
4–1–5. 教師の話すスピードに言及したもの	10（7.8）
4–1–6. 導入時の未習語・未知語	5（3.9）
4–1–7. その他	4（3.1）
4–2. 関西弁を中心とした方言に言及したもの	30（19.0）
総計	158

　今回受講生が記述したティーチャー・トーク（以下、TT）は、大きく分けていわゆるTTと方言であった。地域住民化・長期滞在化する外国人が急増しており受講生の周りにもそうした外国人がある程度いるものと思われるが、日本語指導に当たっては方言を認めないというのが彼らの基本姿勢で、30の記述すべてが方言であったかなかったか、であれば不可、でなければ可という発想を持っている。日本語教育における方言の扱いの議論は他に譲るが、東京地区以外の養成機関においては今後座視できない課題となってくるものと思われる。

　方言以外のTTでは、4–1–1.「指導項目に関する教師の不注意」が最も多くを占めたが、次は、a. その日あるいは近々の当該指導項目であるにもかかわらずそれを不用意に使っているものである。

- 「これは、私のです」といきなり略していいのか。（第1回　第2課）
- 「何もない」が急に出てきた。（第6回　第10課）
- 過去形が使えないのに「ました」を使うのはおかしい。

（第3回　第5課）

さらに以下は、b. よく似た形のものを不用意に使っているものである。

- 場所「に／へ」、ごっちゃ。(第3回　第5課)
- 「くはありません／くありません」、混じっていた。
(第5回　第8課)
- Tが言い方間違えて混乱しているのはよくない。(第5回　第8課)

　説明の内容の項で、受講生は説明不足の部分を具体的に指摘できるだけの知識・情報が各々の項目ごとに満たされていないと指摘したが、教師役に回った際のこうした不注意から来る語彙のコントロールの不十分さにもそれが共通しているものと思われる。

　それ以外で受講生が記述したのは、説明時・練習時・導入時における未知・未習語の使用であったが、これらを合わせると、TT全体の3割を超える。子細に分析すると、説明時においては、以下の二つに大別された。

　　a. 説明に用いた語句そのものを指摘したもの
- 「総称して乗り物です」という言い方はわかってもらえないはず。(第3回　第5課)
- 「表現」、難しい。(第5回　第9課)
- 「動きのある動詞」という言い方はSをとまどわす。(同)

　　b. 文法用語を指摘したもの
- 「名詞」は使わない方がいい。(第1回　第2課)
- 「活用」という言葉、難しい。(第3回　第5課)
- 「形容詞」と言われても理解できないのでは。(第5回　第8課)

　また、練習時においては、学習者に指示を与える発話に見られた未知・未習語を指摘したものが多かった。

- Tのゲームの説明、わかりにくい。(第1回　第2課)
- 「ひとまず、席に戻ってください」は難しい。(第3回　第5課)
- 練習の指示で、「何でもいい」という言い方はわからないはず。
(第5回　第9課)

一方、導入時では数が少なく具体例があがっていないが、時事的なこと、教師・学習者の個人的なことを取り上げ場の雰囲気が和むように心がけようとするとそれだけが未知・未習語が入り込むということのようであった。

　最後に、教師の態度や雰囲気に言及したものを見てみると、受講生が日本語の授業として望ましいと考えているのは、和やかな楽しい雰囲気の中で教師が一方的に知識を与え学習者を活動に導くことなく、相互にコミュニケーションを図りながら学ぶ場であり、そのためには、教師には明るく積極的で、些細なことでも学習者を認め取りたててやる態度が必要である、と考えていることがわかる。1–3–1.「練習のあり方・手順」で、パターン・プラクティスに起こりがちな教師主導の授業運営に対する批判が多く見られると述べたが、受講生のこうした健全さは、今日の外国語授業の分析で重要視されているものと合致する。

- 元気よい。(第2回　第3課)
- 声が大きく、はきはきしていてよかった。(第3回　第5課)
- 笑いがあり、アットホームに進みよかった。(第5回　第9課)
- 出席をとるとき、目を見たのはよい。(第2回　第1課)
- 一々Sの名前を呼んでやるのがよい。(第2回　第3課)
- 一方的でなくてよかった。(第3回　第5課)
- Tが誘導しすぎて、Sがあまり考えない授業。(第4回　第6課)
- 全体的に落ち着いていて、コミュニケーションの多い授業。

(第5回　第9課)

4　記述の姿勢

表6　記述の姿勢から見た分類

	好意的	批判的	計
1.練習のさせ方に言及したもの	205 (35.5)	372 (64.5)	577
1-1.個々の技術に言及したもの	119 (39.3)	184 (60.7)	303
1-2.教材に言及したもの	49 (56.3)	38 (43.7)	87

1-3.練習の内容に言及したもの	27 (31.4)	59 (68.6)	86
1-4.説明から練習への移行に言及したもの	1 (2.5)	39 (97.5)	40
1-5.活動のテンポ・リズムに言及したもの	2 (8.7)	21 (91.3)	23
1-6.活動の量に言及したもの	3 (13.6)	19 (86.4)	22
1-7.練習の有無そのものに言及したもの	2 (15.4)	11 (84.6)	13
1-8.活動の雰囲気に言及したもの	2 (66.7)	1 (33.3)	3
2.指導項目の説明に言及したもの	197 (34.2)	379 (65.8)	576
2-1.教材に言及したもの	129 (49.8)	130 (50.2)	259
2-2.個々の技術に言及したもの	65 (34.2)	125 (65.8)	190
2-3.説明の内容に言及したもの	3 (2.4)	124 (97.6)	127
3.授業の進行・流れに言及したもの	77 (43.3)	101 (56.7)	178
3-1.授業全体の流れに言及したもの	28 (31.5)	61 (68.5)	89
3-2.導入部分に言及したもの	42 (54.5)	35 (45.5)	77
3-3.しめくくり部分に言及したもの	7 (58.3)	5 (41.7)	12
4.ティーチャー・トークに言及したもの	3 (1.9)	155 (98.1)	158
4-1.未習語・未知語の使用に言及したもの	2 (1.6)	126 (98.4)	128
4-2.関西弁を中心とした方言に言及したもの	1 (3.3)	29 (96.7)	30
5.教師の態度や雰囲気などに言及したもの	28 (59.6)	19 (40.4)	47
総計	510 (33.2)	1026 (66.8)	1536

　今回の記録を観察すると、およそ全記述の2/3強が指導を批判的に見ている。ほぼ同数で数の最も多かった1.「練習のさせ方」・2.「指導項目の説明」においても同様の割合で批判的である。5区分のうち、好意的が上回ったのは5.「教師の態度や雰囲気」のみで、他はいずれも批判的な記述が上回っている。やや値が接近しているのは3.「授業の進行・流れ」で、これは導入部分・しめくくり部分に好意的な見方をしたのがその理由である。

　5.は、教師の口調や基本的なコミュニケーションの取りかたに言及したものである。また、3.の「導入部分」は出欠確認・話題・前回の復習の取り上げについて述べており、「しめくくり部分」ではその有無に関して記述したものがほとんどである。これらは、純粋な技術的なことがらというより、その周辺に位置するものと考えられる。それに対して、技術そのものである1.・2.、さらに具体的にいえば1–1.～1–6.並びに2–2.・

2–3.の項目においてはいずれも6～9割、批判的な姿勢を取っている。すなわち、技術的なことがらに関しては批判的であり、そこを離れると好意的な見方もするといえる。

　こうして考えると、受講生は、ほとんど実際の日本語指導を経験していないにもかかわらず、そのあるべき理想の姿を技術面からかなり具体的に形成しており、それに照らして批判的に今回の模擬授業を観察していたと推測される。もちろん、そうした批判が指導現場においてどれだけ妥当なものか、また、それが体系をなしているかなどは検討する必要があるが、少なくとも、だれかが日本語を指導している様子を見れば、その技術の中核をなすいくつかのことがらについて論評するだけの基本的能力を備えているといえよう。

　批判が多くを占める中にあって、1–2.および2–1.の教材に関する言及は好意的が上回るかあるいはほぼ同数である。これには二つの理由が考えられ、一つは教師役の受講生が作成に当たって工夫を凝らしさらにそれを有効的に使いそれを観察者が認めたこと、もう一つは絵や図・パネルなどが練習・説明においてきわめて重要な役割を果たすことにあらためて観察者が気づいたことである。実際、各グループの教材作成は試行錯誤を重ねながら数日に及び、また、「○／×／?」のペーパーサートを使っての肯定・否定・疑問文の説明・練習などはきわめてわかりやすく有効であった。

　3.は、前述の通り、純粋な技術とは異なる導入としめくくり部分において好意的な記述が批判的記述を上回ったが、全体構造に言及した3–1.においては7割近くが批判的であった。

　4.のTTについては、ほぼすべてが批判的であった項目である。不注意から不適切な表現を用いたケース、導入・説明・練習に未知・未習語を挿入したケースには忌憚のない記述がなされていた。また、方言使用に対する批判は決定的で、いかなる方言も認めようとはしない。受講生の大半が関西を中心とする西日本出身者であることを考えると、方言を指摘できる能力に驚くが、東京地方出身の受講生がいればさらに批判的な記述が増したであろうと思われる。

　5.は教師のあるべき姿に照らしての記述であるが、もともと、こうした模擬教師になる受講生には基本的な社交性と意志疎通能力が備わって

いる者が多く、そうした個人の好ましい性格が好意的記述が多かった理由だと思われる。

5 まとめ

5.1 観察の観点とその軽重

今回の分析で明らかにした観察の観点は表2～表5で示したが、あらためて確認しておく。

表7 記述の姿勢から見た分類

順位	観点	計	対総計
1	2-1-1.説明の教材・教具そのもの	148	9.6%
2	2-2-1.新情報の導入のしかた	125	8.1%
3	2-3-1.その指導項目に関して提供した情報内容の適否、過不足	124	8.1%
4	2-1-2.説明時の教材・教具利用のしかた	111	7.2%
5	1-1-1.リピート練習のさせかた	72	4.7%
6	1-2-2.練習時の教材の扱い方	57	3.7%
6	1-1-2.指名のしかた・ペアの組ませ方	57	3.7%
8	1-3-1.練習のあり方・手順	55	3.6%
9	5.教師の態度や雰囲気など	47	3.1%
10	4-1-1.指導項目に関する教師の未知・未習語の不注意	43	2.8%
11	2-2-2.新情報導入の際の例・例文	41	2.7%
12	1-4. 説明から練習への移行	40	2.6%
13	1-1-3.口頭練習の状況設定・キュー	33	2.1%
13	4-1-2.説明時の未習語・未知語	33	2.1%
15	1-3-2.練習時に扱ったことがら	31	2.0%
16	4-2. 関西弁を中心とした方言	30	2.0%
16	1-2-1.練習時の教材そのもの	30	2.0%
18	1-1-4.練習時の教師の指示	29	1.9%
19	1-1-8.練習の際の教師・学習者の位置関係・動き	28	1.8%
19	1-1-6.問答練習のさせかた	28	1.8%
19	1-1-5.練習時の教師のモデル提示	28	1.8%
22	1-1-7.練習時の学習者の活動に対する教師の評価・反応	28	1.8%

23	3-1-1. 活動のつながり	23	1.5%
23	2-2-3. 説明時の媒介語	23	1.5%
23	1-5. 練習のテンポ・リズム	23	1.5%
26	3-1-2. 具体的なことがらの提出順序	22	1.4%
26	1-6. 練習の量	22	1.4%
28	3-1-3. 授業全体のスピード・テンポ	21	1.4%
29	4-1-3. 練習時の未習語・未知語	18	1.2%
29	3-2-1 導入部で. 取り上げた話題	18	1.2%
31	3-1-4. 情報提供全般・練習全般	17	1.1%
31	3-2-2. 授業本体への移行	17	1.1%
33	4-1-4. 全体的な印象	15	1.0%
33	3-2-6. その他（授業進行関連）	15	1.0%
35	3-2-3. 出席確認	14	0.9%
36	1-7. 練習の有無そのもの	13	0.8%
37	4-1-5. 教師の話すスピード	10	0.7%
38	3-2-4. 導入の有無そのもの	8	0.5%
39	3-3-1. まとめ作業の有無そのもの	7	0.5%
40	3-1-5. 時間配分	6	0.4%
41	3-2-5. 前回の復習	5	0.3%
41	3-3-2. まとめ作業の内容	5	0.3%
41	4-1-6. 導入時の未習語・未知語	5	0.3%
44	4-1-7. その他（TT関連）	4	0.3%
45	1-8. 練習の雰囲気	3	0.2%
45	2-3-2. 指導項目の選択そのもの	3	0.2%
47	2-2-4. その他（説明の個々の技術関連）	1	0.1%
	総計	1536	

　受講生が持っていた観点は、1.練習のさせ方、2.説明のしかた、3.授業の進行・流れ、4.TT、5.教師の態度や雰囲気の五つであった。記述の数から見ると、ほぼ、この順序で関心が高いといえるが、練習と説明の記述を合わせると全体の7割を超えた。練習においてはリピート練習・問答練習におけるペアの組ませ方、指名のしかた、状況設定、教師のモデル、指示の与え方などとそれら全体を含めた練習のあり方に観点を設定している。また、説明においては、指導項目に関する情報の選択、例・

例文を含めた概念導入のあり方に観点を設定している。さらに、双方において教材には大きな関心を持っており、教材そのものの良し悪し、それらの使用法に観点を設けている。

また、授業の一連の流れの中でまとまりを持った最も小さな活動の単位である部分構造においても、手順・教材・キュー・板書の観点から観察を行っている。ただし、部分構造の観察は当初は徹底されておらず、3回目の模擬授業以降、これらの観点を設け記述がなされるようになった。しかしながら、授業の骨格をなす全体構造に関しては、導入・しめくくりの作業の適否、その時々に扱っている項目に関心を払うことはあるが、あまり明確な観点を持ち合わせてはいない。すなわち、他の項も含め、行われた日本語指導の個別の局面を取り出して子細に検討する能力は備えているものの、それらが連続して形成するものを分析・評価する能力は不十分であるものと推測される。

その他に観点となったものは、TTである。未習語・方言の使用に関しては、基本的に認めない。さらに、教師の態度や雰囲気も重要だと考え、そのために、友好的雰囲気があるか、教師は前向きか、教師と学習者相互で十分なコミュニケーションが成り立っているかといった観点を設けている。

今回の模擬授業は『みんなの日本語』の冒頭部10課のみであったが、さらに課が進み文法概念の抽象度が高まり扱う場面・状況・人物関係も複雑多様化して取り扱う機能もより広範になってくれば、今回の説明・練習の観点が細分化し、また一方で新たな観点も設けられるものと思われる。しかし、3.授業の進行・流れ、4.TT、5.教師の態度や雰囲気の観点はその課の性格によって大きく左右されるとは認めがたく、今回のものが大幅に変わるとは考えにくい。

5.2　観察の鋭さと実践能力との乖離

今回の、練習における学習者の発話は教師への働きかけととらえ、その都度、答えてやるべきといった記述や説明した情報内容の適否・過不足に関する細かい記述を見ると、受講生が技術に対する高い評価能力とすぐれた語感を持っている様子がうかがえる。また、練習のあり方の項で、教師主導ではなく学習者に自由を与えてその発想を汲むべきといっ

た記述や学習者を随所で取りたて積極的にコミュニケーションを図るべきといった記述を見ると、観察の目の健全さが認められる。日本語指導経験をほとんど持たない今回の受講生がいついかなる方法でこうした能力・価値観を身に付けたかの追跡調査は今後の課題であるが、それが大学までの学校教育・大学に入ってからの日本語教育関連授業を中心になされたとしても、驚きに値する部分が多々ある。こうした驚きは、小笠原他（2000）の、指導教師よりも見学者の方が評価の観点の数・内容が豊かである、に通ずるものと思われる。

　ところが、そうした高い分析能力を用い7割近くの記述において指導を批判しておきながら、自分たちがその立場になると同じような批判を受ける。すなわち、他者の指導に見る課題を自らの課題として受けとめそこから学習しようとしてはいるものの、それが教材以外のほとんどの観点において果たせていない。分析能力が予想以上に高いがゆえに、かえって、実践能力との隔たりが目立つ。

　記述の内容から見ると、1–3–1.「練習の内容」において最も基本的な留意点が押さえられていない、2–3–1.「説明の内容」において情報が不十分、4–1–1.「指導項目に関する不注意」で未習語で説明している・複数の表現を混同して用いているなどといった、基本的な技能にそれが顕著である。また、評価能力が高いといっても、2–2–1.「新情報の導入のし方」・上記2–3–1.・3–1.「授業の流れ」などの観点においては記述が印象評に終始している。

5.3　今後の課題

　以上、授業を連続する流れを持った構造として見る眼の欠如、高い評価能力を備えていながらそれにそぐわない実践能力の低さの2点を指摘したが、いくら初めての実習体験とはいえそれらの問題のありかを学生に求めるのは理不尽で、指導教師側に帰すべきであろう。

　まず、前者に関しては、そうした観点に立ちそれを強調して指導してきたつもりながら、与えた知識・情報が実際の授業準備に生かされず、それとは別個のものとして教案が作成されそれに基づき実習がなされたものと考えられる。教案作成では時系列に虫瞰的に授業を組み立てていく作業が求められ、授業全体を見渡す方向に関心がいかない。したがっ

て、「木を見て森を見ず」の状態が容易に形成されてしまうことは想像に難くない。もちろんそこにも授業構造が現出するが、それは、結果的に浮かび上がった構造でしかない。とすれば、指導課に即して全体構造それのみを取り出し練る活動を、教案作成に先だって設けるべきだと思われる。それにはフローチャートを描くなど構造を視覚化する作業が不可欠になるが、可視化されることによって第三者の検討を仰ぐ機会を得ることができるようになる。そうした相互の検討の場を通してこそ、指導項目群から有機的つながりを見出す眼・作り出す眼、さらにその有機的つながりとは何に基づいているのかを見極める眼が育成できるといえよう。

　一方、基礎的な指導能力が備わっていない問題に関しては、有機的に並べた項目を一つずつ順に取り上げ、どのような情報を提供しなければならないか、新しい文法概念・意味を提供するとすれば何をどう使っていかに導入を図ればよいか、さらにその練習には何を使ってどんな活動をさせるべきかを、まさに虫瞰的にシミュレーションしながら具体的に検討する学びのプロセスを設ける必要がある。こうした部分構造的な指導は従来からも行ってはきたが、初級の代表的な項目を個別に取り上げる形で行われてきた。それは、初級段階全般に共通する一般的な教授法の習得をと考えたからでありそうした考え方が妥当性を欠いていたとは思わないが、個別の教科書から切り離されている分、説明・練習ともにそれ自体で完結し、授業の流れをたどっていく・授業を構成するという要素に乏しかったといわざるを得ない。

　さらに、指導経験のない学生にその基礎を教えるという姿勢が指導教師に顕著で、学生の高い評価能力を認め利用し、教える者・教わる者・その様子を観察する者三者で検討しあうという発想は希薄であった。今後は、部分構造の基礎的知識・技術を与えた上で指導課に即したマイクロ・ティーチングを行い、それを互いに評価・検討しあい、その結果を踏まえてさらにもう一度同じ項目のマイクロ・ティーチングを試みるといった演習的な学びの場を提供する必要があろう。

　加えていえば、こうした一連の活動は一つの教科書の課を順に追っていく形でなされるべきだと考えられる。そうすることによって、指導項目間の有機的つながりのいくつかのパターンすなわち課ごとの全体構造

のタイプが明らかになると同時に、個々の項目の特性による説明と練習のあり方すなわち項目間の部分構造の違いが把握されていくものと考えられる。

注		
[1]		本授業では、下に示した授業構造例のうち、上段の流れに沿って各下段の中で移行していく授業全体のプロセスを「全体構造」(網掛け部分)、下段の「小情報1→小運用1」のように全体構造内の活動の中におけるプロセスを「部分構造」とした。また、「情報の提供」でいくつかの小情報の運用をすませたところでそれらを合わせて行う運用活動のことを「小パフォーマンス」、「運用」で行うロールプレイやゲームなどのことを「パフォーマンス」と呼んだ。 　さらに、筆者は、各小情報の提供においてはさらに小さな提供→運用という構造をいくつもいれこ（入れ籠）のように持っているという点で重要と考え、受講生に、教案作成の際、留意するよう伝えた。

```
    導入       →    情報の提供    →   運用（パフォーマンス）  →   しめくくり
a.事務的な連絡    情報1   情報2   情報3      ・ロールプレイ           a.学習のまとめ
b.雰囲気づくり                                ・ゲームなど             b.学習上の連絡
c.学習への導入    小提供1  小提供2  小提供3                            c.事務的な連絡
                    ↓      ↓      ↓
                 小運用1  小運用2  小運用3
                    └──────┴──────┘
                           ↓
                       小パフォーマンス
```

[2]	ちなみに、扱った主要指導項目は以下の通りである。なお、進行の関係で、1回目の模擬授業で第2課を、2回目の授業で第1・3課を扱い、また、6回目の授業で二つのグループに第10課を割り当てた。 第1課　〜は〜です。NのN　「も」　職業名、国名 第2課　これ／それ／あれ、この／その／あの、身の回りのものの名 第3課　ここ／そこ／あそこ、場所の名 第4課　〜時〜分、〜／まで、自動詞 第5課　場所「へ」・手段「で」　行く／来る／帰る 第6課　他動詞、場所「で」、〜ませんか。／〜ましょう。 第7課　道具「で」、〜に〜を他動詞 第8課　〜は、Aな／Aいです。Aな／Aい＋Nです。 第9課　好き／嫌い・上手／下手 第10課　〜に、〜があります。／います。

第1章　学部学生の日本語授業観察の観点

第2章 フィッシュ・ボーンに見る実習生の授業構造意識

1 はじめに

　第1章では、ほとんど日本語指導を経験していない学部学生でも、初級段階のレベルにおいてはそのあるべき理想の姿を技術面からかなり具体的に形成しており、授業の中核をなすいくつかのことがらについて論評するだけの基本的能力を備えている反面、授業の全体像を構造としてとらえ項目間を有機的なつながりとして見るという発想は希薄であることを指摘した[1]。

　こうした分析力の偏りは、自らが指導をするときにも色濃く反映されるものと思われる。すなわち、授業のある部分を取り出してみれば非常によく練られた技術を駆使しているが、授業の流れをどう組み立てていけばよいかに意識がいかない、その結果、指導項目が体系的に積み上げられていかない、項目間で情報量の過不足があるあるいはある項目が指導されないままで授業が進行していく、そうしたことが原因で予期せぬ事態に遭遇して立ち往生してしまう、といった可能性である。いわゆるベテランと呼ばれる教師は、個々の指導技術に長けているのはもちろんであるが、長年の経験を経てこうした全体を見通す目を備えるようになっており、それを授業準備の段階で盛り込むのみならず、授業が進行しているまさにその最中でも学習者の理解過程を把握して授業構造を修正したり補ったりする能力を持ち合わせているものと思われる[2]。

　ところが、こうした授業構造をとらえる目は日本語指導の重要な鍵の一つであると思われるのにもかかわらず、教師志望者にはなかなか情報が提供されない。個々の文法項目とその指導方法に関しては教科書に付

属する指導マニュアルや教師用参考書などが多数出版され詳細に述べられるようになったが、同じ単元に盛られる項目の組み合わせやその関係性についてはほとんどといっていいくらい触れられていない。本章は、そうした中にあって授業全体の流れを意識化させる指導の一端として筆者が実習生に書かせた「フィッシュ・ボーン」図を分析し、もって授業構成能力の育成の一助にしようというものである。

2 フィッシュ・ボーン

「フィッシュ・ボーン」(以下、FB)とは、初級段階の実習授業に臨むにあたって、1単元の授業全体の進行予定を図に書き表したもの[3]である。できあがりがちょうど魚の骨のようであることからこのように名付けたが、こうして図示することによって実習生本人の授業構造の意識化を図るとともに、それを可視化することで実習前・実習中・実習後に第三者の意見・評価を得やすくしようというものである。管見の限り、少なくとも実習指導において授業構造を図示する試みは皆無である

2.1 FBの基本的考え方

次に、『Japanese for Busy People I』(Revised Edition 講談社インターナショナル)の第3課を例にFBの基本的考え方を概説するとともに、実習生に事前に与えた情報を具体的に確認しておく。

2.1.1 指導項目の洗い出しと項目の提出順序

『Japanese for Busy People I』第3課の本文は次の通りである。そして、第1・2課で「〜は、〜です。」・20までの数字などが既習であることを考えてこの課の指導項目を洗い出したのが、後の4項目である。

  スミス：すみません。いま　なんじですか。
  おんなのひと：9じ50ぷんです。
  スミス：デパートは　なんじからですか。
  おんなのひと：10じからです。
  スミス：なんじまでですか。

おんなのひと：ごご　6じまでです。
スミス：どうも　ありがとう。
おんなのひと：どういたしまして。

> ・すみません　どういたしまして
> ・今、何時／〇時、何分／〇分
> ・〜から／まで
> ・場所の名前（デパート、…）

　さらに、これらの指導項目をどのような順序で教えれば学習者にわかりやすいかを考えると、次のような順序が考えられる。
　すなわち左から順に、まず第2課の復習を兼ねて20までの数字を確認する。それをもとに二桁の数字を導入し、「〜時」「〜分」の導入、さらに場所の指導を行う。以上を受けて、「〜から／まで」の導入、最後にあいさつ表現を指導して、総合練習である営業時間問いの問答に移行するという手順である。

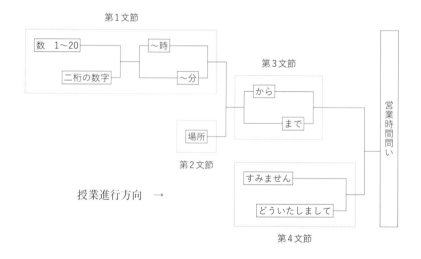

図1

2.1.2 分節と積み上げ構造

ここで重要なのは、数と「〜時」「〜分」、「〜から／まで」、さらにあいさつ表現が一つのまとまりを形成していることである。それぞれ、時刻の表現、時間の起点・終点さらに文字通りあいさつの表現というまとまりである。場所の表現はそれらとは異なり、孤立している。こうしたまとまりをここでは「分節」と呼ぶことにするが、そうすると、第3課の指導に当たっては、第1から第4まで四つの分節が認められる。ただし、ここでいう分節はそれほど厳密に構成要素を特定して集合体としたものではなく、たとえば数と「〜時」「〜分」をそれぞれ独立した分節とすることも可能である。したがって、分節とは指導項目を意味ごとに大まかにくくったかたまりである。

場所の表現は、「〜から／まで」に係るという点で時刻の表現と合わせて大きなまとまりを作る。さらに、それらに「〜から／まで」を加えれば、営業時間を問う核になる表現を表す一層大きなまとまりを作ることができる。すなわち、数を受けて「〜時」「〜分」、それらと場所を受けて「〜から／まで」という段階的な流れを作る。これがこの課の指導項目の提出順のわかりやすさの本質だと思われるが、丸山（2004a）ではこれを授業の「積み上げ構造」とした[4]。この積み上げ構造の中には、あいさつ表現を入れないほうが自然である。入れれば、この積み上げ構造を損なってしまう。

すなわち、初級の授業準備において指導項目の提出順を決定するには、指導項目を分節化するとともにそれを積み上げ構造化すること、さらにそこに組み入れられないともすればそれを阻害してしまうような項目をその前か後ろに置く作業を行わなければならない。

2.2 FBの書き方及び見方

こうした作業を自ら意識化しさらに可視化して実習の前後に第三者の評価を仰ごうというのがFBである。ここで、その書き方（＝見方）を確認しておく。

　①授業は、左から右へと進行する。
　②尾ひれは復習を表す。いわゆるお頭（かしら）は総合的な練習（＝パフォーマ

ンス[5]）である。
　③小骨は分節を表す。枝分かれする小骨は、背骨から遠いものほど先に導入する。
　④必要に応じ分節のまとまりごとにまとめの練習（＝小パフォーマンス）を置き、切り身で示す。

　このルールにのっとって先の図をFB化したのが下である。学ぶ項目が多いことを考え第一分節を数と「〜時」「〜分」とに分け、さらに1〜20の数は尾ひれに入れた。その後に、そこまでのまとめの練習として時間の言い方の問答（＝小パフォーマンス1）を設けた。すなわち、先の第一分節を受けた確認の練習である。さらに、場所・「〜から／まで」を受けて、同様に営業時間の問答（＝小パフォーマンス2）を設けた。最後にあいさつ表現を導入して、総合練習である営業時間問い（＝パフォーマンス）に移行する。

FB例

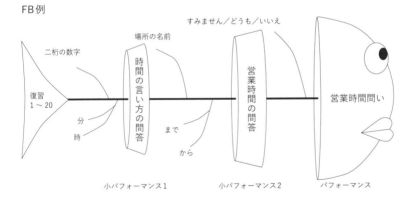

3 ｜ FBに見る実習生の授業構造意識

　筆者は、2003年から2009年にかけて関西地方の複数の大学及び日本語教育機関において初級日本語教科書『みんなの日本語Ⅰ』（以下、書名を省略し課名のみ記載）を使った実習を指導する機会を得、その一環として実

習生全員にFBを書かせた。実習生の背景などは機関によって異なり均一ではなかったものの、いずれも3〜4時間程度ほぼ同様に以上のような解説を行い、教壇実習に当たっては原則としてまずFBを書きそれに基づいて教案を書くこと、そしておのおののコピーを見学者に配布することとした。すなわち、筆者を含め、実習を見学する者は実習生が授業をどう組み立てようとしているかを事前にあるいは同時並行的に確認しながら見学を行った。

こうして作成されたFBは全25課計約90枚であったが、FB作成に当たっては時間の都合で事前に筆者が個別に指導したり受講生同士で検討したりすることができず実習当日に持参しその場で配布されるのが普通で、結果的に実習生の授業構造意識にじかに触れる[6]こととなった。以下に、その分析の結果を記す。

3.1 全体構造の分析

実習に臨むにあたってFBの作成を課したことで、実習生にしてみれば否応なしに授業の全体構造を意識させられることとなった。実習生一人ひとりのFBに対する理解度・その重要性の認識は一様ではなく、教案作成の下準備として十分な労力をかけて練ったと思われるFBがある一方で、不慣れな分を差し引いてもそそくさと書きなぐったとしか思われないようなFBもあった。こうしたFBでは積み上げ構造を検討した気配が希薄で、主要指導項目の欠落が複数見られる上に全体として情報量が少なかった。

たとえば、FB–1は第6課のもので、この課では他動詞・動作の場所を表す「で」・誘いの表現「〜ませんか」・「〜ませんか」に対する肯定の答えとしての「〜ましょう」を主要指導項目とする。しかしながら、FB–1はこれらを単に順に並べただけで、10近く導入しなければならない他動詞とおのおのに伴う目的語をどこで提出するか、目的語の全否定を表す「何も〜ません」、動作の場所を問う「どこで〜ますか」などに関しては記載されておらず、意味のかたまりを作って分節を構成しようという意識が見られない。しかも主要指導項目の一つである「〜ましょう」は欠落している。その結果、他動詞 (a.) →疑問文「何を〜ますか」(b.) →動作の場所「で」(c.) の3項目間で一定の提出順序がうかがわれるものの

積み上げ構造の構築という姿勢は極めて弱く、全体を通しても一つの流れが認めにくい。

FB-1

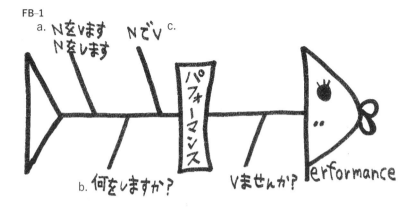

しかしながら、たとえFBがこのように粗雑であってもそれと全く異なる進行を持った実習は皆無であり、そういう意味では実習生は自らの実習の授業構造を自覚しそれを書き表す能力を備えているといえる。また、臨機応変に変わりうる教案よりもむしろFBのほうが授業の流れのおおもとの設計図としての機能を果たしたものと考えられる。

3.1.1 積み上げ構造を意識したFB

次に、積み上げ構造をよく意識したと思われる例を示す。

FB-2は、第18課の授業構造を書き表したものである。第18課における最も重要な指導項目は可能を表す「できます」であるが、文法的には動詞の「辞書形」の導入課として位置づけられている。このため、「できます」は「Nができます」と「V-辞書 ことができます」に分けられ、さらに趣味のことを述べる「趣味は、N／V-辞書 ことです」が付加され、同じく動作の順序を表す「時間／Nの／V-辞書 まえに、〜ます」が取り上げられている。FB-2は、「〜まえに」の記載がないものの、可能から趣味への流れがそれぞれ名詞を対象にしたものから辞書形を対象にしたものへと無理なく構成されており、妥当な積み上げ構造を持っている。

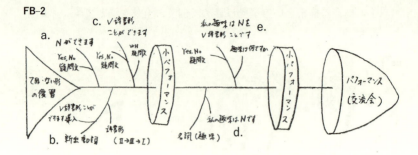

FB-2

　まず、復習で既習の動詞の「て形」・「ない形」を取り上げている。「ない形」は直前の17課の指導項目であるものの、「て形」は第14課提出でこの課とは離れているが、一連の活用形としてあえて取り上げ、「辞書形」導入への足がかりとしようとしたものと思われる。そして「できます」表現に移行するが、これは構文の単純な「Nができます」(a.)から「辞書形」(b.)をブリッジにして「V–辞書 ことができます」(c.)へと構成されており、学習者の理解に無理がない。b.に「V–辞書 ことができます導入」とあるが、それ自体をc.に譲っているのは明らかで、この分節では新出動詞と「辞書形」の導入を目的としている。
　同じ流れは趣味の言い方でも見られ、「私の趣味はNです」(d.)から「私の趣味はNをV–辞書 ことです」(e.)へ形の単純な名詞から新出項目である「辞書形」へと述部が移行する大きな流れを持っている。「できます」表現a.〜c.を受けて小パフォーマンス、趣味の言い方d.・e.を受けて小パフォーマンスを置いたのも適切であり、最後のパフォーマンスを「交流会」としたのも両表現を用いて互いのことを語り合うことを想定したものと思われ、妥当である。

　FB-3は第24課で、あげもらい表現本動詞の「くれます」及び補助動詞の「Vてあげます／もらいます／くれます」を扱ったものである。
　あげもらい表現には七つの形があり、それぞれが本動詞と補助動詞の用法を持つ。数が多いことに加え個々の表現が用法上の留意点を持ち、初級の学習者には極めて習得の難しい項目の一つとなっている。『みんなの日本語』ではその点を考慮し指導課を分散させており、「あげる／も

らう」を第7課、「くれる」と補助動詞的用法の「Ｖてあげる／もらう／くれる」を第24課、「やる／いただく／くださる」「Ｖてやる／いただく／くださる」を第41課で提出している。「あげる／もらう」と「くれる」を離したのは、前者は単純に主格が与える行為と受け取る行為を表すのに対して、後者は受け手が「私」に限られるという特殊な点を考慮したものと思われる。

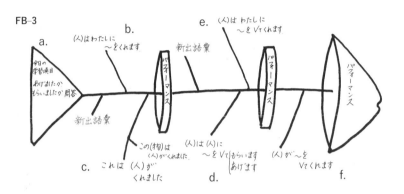

　FB-3はそうした点をよく踏まえた積み上げ構造を形作っている。まず尾ひれの復習の部分で「あげる／もらう」の復習を行っている (a.)。そして新出語彙を押さえ、「くれる」を導入している (b.)。さらに「ものは、人がくれた」という対象物を主語にした特殊な文型を提出し (c.)、最初の小パフォーマンスに移行している。既習事項の確認から新しい項目の導入へ、新しい項目もよりなじみのある形からなじみの薄い形へと、理解に無理のない流れが考慮されている。補助動詞の指導においても「くれる」を冒頭で学習したからと既習扱いせず、まず「Ｖてあげる／もらう」(d.)、その後に「Ｖてくれる」(e.) と両者を分けて提出している。「くれる／Ｖてくれる」の特殊性[7]を踏まえて不必要な混乱を避けようという実習生の意図が読み取れる。「人が、Ｖてくれる」の文型を二番目の小パフォーマンスの後 (f.) に出していて全体の流れから見るとやや唐突で浮いている感じがするが、実習生としては、負担の多い補助動詞は基本的な3表現だけで一つのまとまりを作ったほうがより確実な定着につながると判断したものと思われる。

3.1.2 積み上げ構造を分断するおそれのある FB

一方で、積み上げ構造から見て課題を持ったFBもあった。次は、「行く／来る／帰る」、交通手段「で」、相手「と」、月日の表現を指導する第5課のFBであるが、月日の提出によって授業の流れが分断されている。

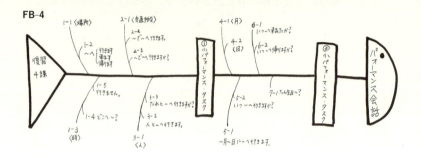

ここでは示されていないが、教案では復習として「（場所）は、〜時から／までです。」を行うものとしている。すなわち、前課の場所名称の復習をした上でそれを「行く／来る／帰る」の行先（1.1）として応用しており、導入という点から無理がない。

さらに、「で／と」分節も提出順が妥当で、いずれも乗り物（2–1）・人（3–1）の表現をまず導入し、次にそれを助詞とともに構文で示している（2–2／3–2）。そして最後に、「〜で（2–3）／だれと（3–3）」で問う形を提出している。ここに見られるのは、「行く／来る／帰る」を指導の根幹に据え、それに手段・相手を付加する形で「で／と」を指導していこうとする姿勢である。焦点がしぼられているという意味で学習者の理解に無理がなく、よく練られたFBであるといえよう。

ところが、時を付加する際にも同様の発想で、まず月日を導入し（4–1／4–2）、次に助詞「に」を使った構文で示し（5–1）、最後に問う形として「いつ」を出している（5–2・6–1／6–2）。けれども、月日の表現ことに日にちは「ツイタチ／フツカ／ミッカ…／トオカ、ジュウヨッカ／ハツカ／ニジュウヨッカ」と複雑に音が変わって定着に相当の時間を要し、それだけで一大学習項目をなす。したがって、意図して中心に据えた「行く／来る／帰る」から学習者の関心を離してしまい、積み上げ構造を分断してしまう可能性が極めて高い。

それは、同じ第5課を扱ったFB-5の構成を見れば明らかである。

FB-5

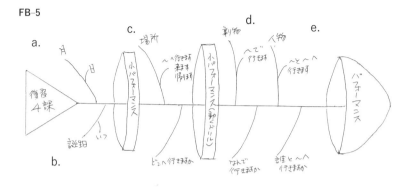

　FB-5においては、月日を冒頭に持ってき (a.)、さらに誕生日と「いつ」を合わせてその次の分節 (b.) としている。次に配置した小パフォーマンスはこれらを受けた問答[8]を想定したものと思われるが、日にちの言い方としての大きなまとまりが認められ極めて妥当である。c.～e.はFB-4と同じ構造である。c.の後に小パフォーマンスを持ってきているが、「動くドリル」とあり、学習者を動かして「行く／来る／帰る」の定着を図ろうとしたもので、FB-4同様、これら移動動詞を指導の根幹に据えて手段・相手の「で／と」を付加しており積み上げ構造として無理がない。
　すなわち、日にち表現を冒頭に置いたことによって、双方が干渉を受けず十分な導入がなされかつ積み上げ構造の分断が認められない。
　ただ、結果としてFB-4の日にちと移動動詞が組み合わさった形（FB-4の5/6）が欠落している。本来ならば、両表現が定着した後、d.の前に置くべきであったろうと思われる。そうしたとしても積み上げ構造の分断は起きず、むしろ移動動詞を中心とした積み上げ構造を構成する要素が一つ加わったものと考えられる。

　続くFB-6は第7課のものであるが、孤立した分節を設けた例である。第7課の主要指導項目は、手段を表す助詞「で」、「人に、ものを、～ます。」の文型である。

FB-6

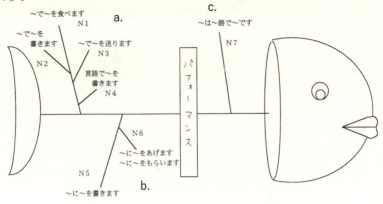

　FB-6においては、a.が「～で、～を～ます」の形で「で」の導入を、b.が「人に、ものを、～ます。」の導入を意図したものと思われる。ところが、a.の最後に「言語で～を書きます」（N4）としているのにもかかわらず、同じ言語という手段を用いた「～は～語で～です」（c./N7）の表現はそれだけで分節とし、b.及び（小）パフォーマンスを隔てて置かれている。

　確かに「○○で～を書きます」と「××は○○語で～です」は構文的には異なり、意味的にも前者は「○○語という手段を使って～する」という意味合いでより動作をなす手段を明確に表しているのに対し、後者は「○○語でいえば」といった意味合いで前者と同じ機能でもって手段・方法を表すとはいいがたい。けれども、そうだとしても、学習者はN4の時点で「外国語を用いる／話す／書く…」という場合には「で」で表すと理解するものと考えられ、a.とc.を離して置く積極的な理由が認められない。a.の「言語で～を書きます」の後に置くか、「言語で～を書きます」と合わせて2番目の分節a'.を設けるほうが妥当である。その上で、a.の後かa'.の後、あるいは双方に小パフォーマンスを置くべきであると考えられる。

　FB-7は、FB-1と同じ第6課のものである。
　a.は他動詞の導入であるが、記述が逆で、本来ならば背骨から遠い順に「を」の導入／「～を～ます」→「～を～ますか?」→「何を～ます

か?」とすべきである。ただし、この順序自体は妥当である。

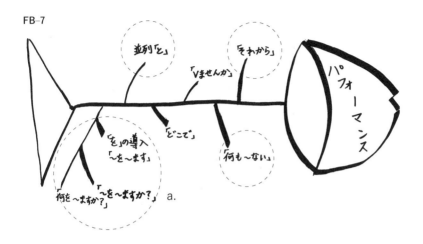

FB-7

　問題は並列を表す助詞「と」・「何も〜ない」・「それから」で、これらの項目にはおのおのそこに置くべき理由が認められない。この課での「と」の意味は他動詞の目的語の並列とみなすのが自然で、したがってa.の後ではなくa.の中の「〜を〜ます」の提示か「何を〜ますか?」において提出すべきであるが、「〜を〜ます」の提示で他動詞が初出となることを考慮すれば、「何を〜ますか?」において提出するほうが学習者の理解に負担が少ないと考えられる。「何も〜ない」もこの課では他動詞の表現において何ら目的語を取らない全否定を表すとするのが自然で、「何を〜ますか?」に対する答えの一つとして提出するのが適切である。さらに、「それから」は動作の連続を示す接続詞として取り上げられているが、「Vませんか」の後に置いて誘いの連続を表すよりも、a.の後あるいは「どこで」の後に置いて単純な他動詞的動作が続くことを示したほうが、より日常的で理解が容易である。

　こうした検討を加えたと思われるのが、FB-8である。
　まず、a.で目的語となる語句を導入した後、「Nを〜ます。」で他動詞とその疑問形を導入することとしている。次いでb.では、「何を〜ますか?」の分節を設け、その中で並列の「と」及び「何も〜ません。」を出

している。そして、それらを受けて「何を〜ますか?/Nを〜ます。/何も〜ません。」の(小)パフォーマンスを行っている。学習項目の質と量から見てこの(小)パフォーマンスは適切な配置といえよう。c.では、他動詞と「昨日／今日／明日」・曜日の表現と合わせて、過去の行動やこれからの予定・習慣をいわせるものと考えられる。FB–7同様「それから」が記載されていないが、本来ならばこの分節で提出すべきであったと思われる。それを後の(小)パフォーマンスに盛り込み、そして、動作の場所「で」・「〜ませんか」(d.)に移行する。

「それから」が漏れているものの、a.とb.で積み上げ構造を意識しながら他動詞関連の表現を必要十分提出していること、それを受けてc.・d.に発展させていること、以上a.〜d.が無理のない流れをしているという点で、FB–8は全体として高い妥当性を持っているといえる。

FB–8

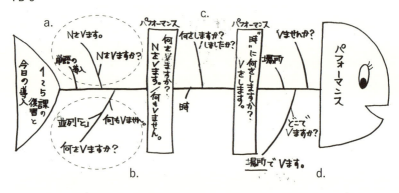

3.1.3 複数の積み上げ構造の可能性を示唆するFB

同じ指導課でありながら部分的に提出順が異なっており、そのいずれにも積み上げ構造から見て妥当性が認められるFBがあった。

次にあげたのは、第7課のFBである。この課の指導項目の一つに「人に、ものを、〜ます。」の文型があり、「あげる／もらう」「貸す／借りる」「教える／習う」の三つのペアの動詞が取り上げられている。これらの動詞は与え手と受け手双方から表した表現で、「あげる／貸す／教える」は行為の与え手から見た表現であり、「もらう／借りる／習う」は行

為の受け手から見た表現である。

FB-9

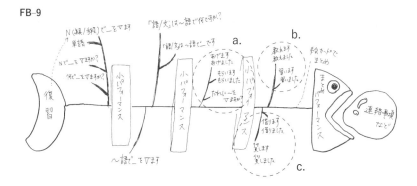

FB-10

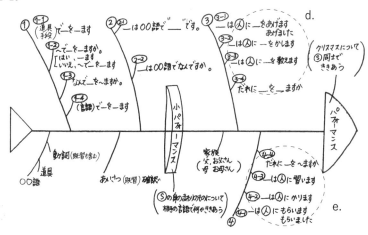

ところが、今回分析対象としたFBでは、FB-9のようにおのおののペアで出して（a./b./c.）結果的に3ペア提出する「ペア型」を取るものと、FB-10のようにまず与え手表現をまとめて提出し（d.）その後受け手表現をまとめて提出する（e.）という「まとめ型」を取るものとに分かれ、同課のFB計7編のうちペア型4、まとめ型3であった[9]。

実習生がペア型を取ろうとした理由は、一つの動詞が典型的に使われる場面・状況を想定しようとすれば必然的にそれとペアになる動詞も導

入できるようになるからだと思われる。たとえばFB-9の実際の指導では、「あげる／もらう」の導入には誕生日にプレゼントを贈る、「貸す／借りる」には学校で教科書を忘れて困っている、「教える／習う」には他の学習者の母国を旅するのでその母語を教えてもらうという設定を設け、その中で与え手・受け手双方の表現を導入していた。

　それに対して、他の実習生がまとめ型を取ろうとした理由は、与えるか受けるか二つしかないという立場の単純さに注目したためだと考えられる。ペア型は場面依存度が高い分、場面ごとにある程度細かな状況設定が必要になり、しかもおのおのの場面での話の完結性が求められる。FB-9の「あげる／もらう」の後に「だれに〜を〜ますか?」とあるのも、誕生日にプレゼントを贈るという状況においてこの課で出すべき指導項目をすべてと出そうとした結果だと考えられる。しかも、そうした細かな状況設定に学習項目を盛り込んだ分だけ、他のペアの動詞の場面・状況に移行する際にはどうしても授業の流れが中断しがちになる。その点、まとめ型は、それほど具体的な場面性を持たず単にものと情報・技術の移動に注目させればよく、説明を単純に済ますことができる。こうした明快さに思い至った実習生がまとめ型に向かったものと推測される。

　参与観察をしていると、ペア型を取った実習生間には状況設定の適不適が見受けられ、巧みな場合には確かに学習者の理解・定着に大きく寄与するだろうと思われたが、そうでないときにはかえって迂遠であいまいな説明といわざるを得ないことがあった。総じて適切な状況設定をするには実習生としてかなりの技術が求められ、またそれには実習生によって向き不向きがあるように見受けられた。一方、まとめ型は、大きな逸脱はないもののやや強引な感じが否めず、一つ与えの動詞を学べばその受けの動詞は何というのだろうと学習者は疑問を持たないのだろうかと感じられることが多かった。ただ、おのおのの動詞が個別に取り上げられても最終的にペアとして再提示されれば、そうした学習者の疑問は解消されたものと思われた。

　すなわち、ペア型の場合には状況設定に十分な検討を加えること、まとめ型の場合にはある程度の具体的な状況設定を目指す一方で最終的にペアの形で示すことが求められたといえる。これをFBの解釈からいえば、個々の分節内ではあるいはいくつかの分節間ではある観点によるま

とまり（ペア型における場面・まとめ型における与え手／受け手）が求められる、そしてそうしたまとまりが集合してさらに大きな意味的まとまり（ペア型における与え手／受け手的整理・まとめ形におけるペア提示）が形作られる、実際の指導に当たって教師は、小さなまとまり・大きなまとまりが学習者に意識できるよう、その事前に途中にそして最後に示す必要がある、といえよう。

同様に、部分的に提出順が異なっているFBが第8課を扱ったFB–11・FB–12である。

FB–11

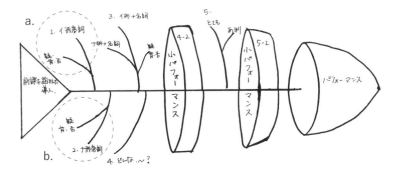

FB–12

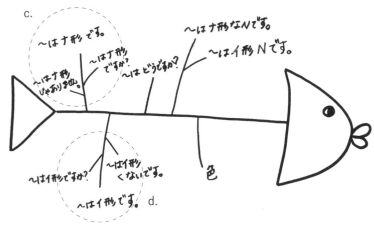

この課は形容詞の初出課で、どちらのFBも形容詞が述部に来る「～は、Aです。」を名詞修飾「A＋N」よりも先に出すとしているが、「～は、Aです。」においてイ形容詞とナ形容詞のいずれを先に導入するかに関しては、FB–11はイ形容詞先行 (a.)、FB–12はナ形容詞先行 (c.) と分かれている。
　今回分析対象とした第8課のFBは8編あり、そのうちの6編がイ形容詞先行であった[10]。
　イ形容詞先行組が多数派を占めたのは、その導入と意味理解の容易さを考慮したためと考えられる。すなわち、イ形容詞は「大きい／小さい」「新しい／古い」「高い／安い」のように同じイ形容詞の反対語を持ったものが多く、しかも、おおむね、概念が単純でペアで絵で示すなどすれば容易にその双方の意味が理解できる。こうした導入・理解の容易さは授業の進行を想定する実習生にとって大きな魅力と映ったものと思われる。それに対して、初級段階でよく出されるナ形容詞である「きれい／有名／元気／親切」などはこのレベルにふさわしい同じナ形容詞の反対語を持たない。その上、もともとイ形容詞に比べると絵に表しにくくそうとわかりにくいものが少なくない。そうした導入のしにくさが実習生の敬遠を生んだものと考えられる。
　一方、ナ形容詞先行組は、ナ形容詞の活用のとっかかりやすさを考慮したものと思われる。すなわち、イ形容詞の否定形は「A-くないです」で語尾を活用させなければならない[11]のに対して、ナ形容詞は「～じゃありません」で初級段階の冒頭で提出され学習者が最もなじんでいる名詞文の否定形と同じで、学習者には新たな負担とはならない。そう考えてナ形容詞の提出を先に持ってきたものと考えられる。
　以上、意味のわかりやすさか形の容易さによって順序が分かれたとしたが、今回の一連の実習に関する限り、どちらを先にしたにしろ両形容詞を導入した後では学習者の理解・定着に大きな差はないように思われた。けれども、ナ形容詞の意味説明の困難さ・不十分さの問題はいずれにも課題として残り、母語や媒介語を用いた説明の必要性があった。それを最初に持ってくる分、ナ形容詞先行は学習者には負担があるものと思われる。
　しかしながら、以上見たように、ある指導課における妥当な積み上げ

構造は必ずしも一つとは限らずいくつかの可能性があるが、指導経験を持たない実習生であっても、そうした可能性の一つに思い当たるだけの能力と柔軟性を備えていることは注目に値するといえる。

3.2 分節構造の分析

全体構造の検討では意味のまとまりである分節を理解の容易さに鑑みて順に並べ積み上げ構造とする作業が求められたのに対し、各分節の中の構造を検討するにはさらに高度な作業が求められる。すなわち、個々の指導項目の特性と項目間の関係性を検討し、授業進行をシミュレーションしながらその結果に基づいて分節構造として構成していかなければならない。作業の本質自体は全体構造の検討と同じであるが、個々の指導項目を対象とする分、分節の配列より細かな検討を要す。いきおい、全体構造よりも顕著に妥当な部分とそうではない部分が表れてしまいがちである。

たとえば、FB–13は第2課のFBで主要指導項目は現場指示の指示詞「これ／それ／あれ」・「この／その／あの」と内容と所有の属性を示す「NのN」であるが、各分節を見ると、いずれも指示詞の慣用的呼び方をなぞった「こ→そ→あ」の提出順ではなく、「こ→あ→そ」の提出順になっている。

FB–13

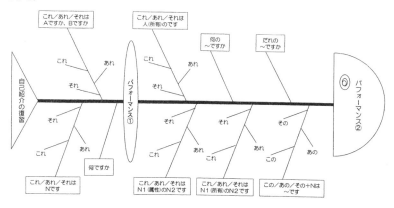

これは、話し手と聞き手が領域を共有し同じ表現を取る「こ」⇔「こ」・「あ」⇔「あ」をまず導入し、その上で領域が異なり非対称となる「こ」⇔「そ」表現を提出したほうが学習者の混乱を招かないだろうと考慮した結果だと思われる。すなわち、規則的な等近距離・等遠距離表現→不規則な領域異なり表現という構成を構築し、それを最初から最後まで貫いたものと考えられる。確かに、「こ→そ→あ」の順では規則的な等近距離表現→不規則な領域異なり表現→規則的な等遠距離表現の分節構造になり近距離から遠距離へという流れは構成されるものの、FB-13に示された「こ→あ→そ」の単純な規則表現二つから別の不規則表現へという移行の明快さには劣るように思われる[12]。顧慮するだけの十分の妥当性があるといえよう。

　FB-14は、動詞の活用形「て形」の導入課、第14課のものである。

　動詞の活用形は、まずこの前の課　第13課の「〜たい」・「(場所)へ／に行きます」で「ます形」が出され、それに続く2番目の活用形としてこの課の「て形」の導入となる。文法項目としては、⑧の「〜てください」と⑨の「〜ています」が提出される。「て形」の導入の前に③として動詞のグループ分けがあるが、これもこの課の指導項目である。

FB-14

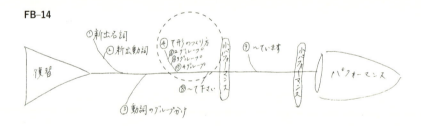

　ところが、「て形」の作り方の導入そのものは、2グループ（⑤）→3グループ（⑥）→1グループ（⑦）の順になっている。これは、2グループの動詞が学習者が最もなじんでいる「〜ます」の形からその「ます」を取って「て」をつけるだけの単純な作り方なのに対して、1グループの動詞は「〜います／ちます／ります」→「〜って」・「〜にます／びます／みます」→「〜んで」・「〜きます／ぎます」→「〜いて／いで」などと作り方が複雑でそのルールも多いことを考慮したものと思われる。その

上で、まず最も単純な2グループの定着を図り、次に二つしかない3グループ、最後に複雑な1グループの導入という、易から難へというステップを設けたものと考えられる[13]。

このような活用形導入に際しての動詞の提出順は現役の教師であれば同様に工夫していると思われるが、指導経験を持たない実習生であってもFB作成に当たって思い至ることは注目に値するといってよかろう。

こうした妥当性を持った気づきがうかがわれる反面、注意がいきわたっていないと思われるFBもあった。

FB–15は「ここ／そこ／あそこ」と「100～10,000」を主要指導項目とする第3課のFBであるが、a.・b.・c.の各分節を見てみるといずれも疑問の表現が最初に来ている。

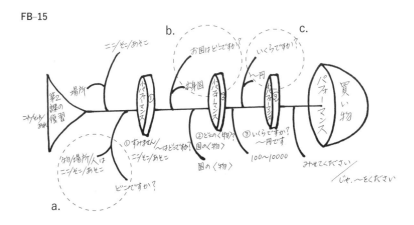

FB–15

すなわち、「どこですか」を導入してから「(物／場所／人)は、ここ／そこ／あそこ」(a.)、「お国はどこですか」を導入してから出身国 (b.)、「いくらですか」を導入してから「～円」(c.) を提示するように記載されている。

けれども、今回の一連の実習のように日本語のみで指導を行う場合、こうした手順は極めて非現実的であることが推測される。たとえば、b.において、国名より先に「お国はどこですか」をどう導入するのか。たとえ地図なりクエスチョン・ペープサート[14]なりを駆使したとして

も、それが出身国を問う表現であることを学習者にわからせるのは実習生には技術的に無理だと思われる。母語なり媒介語なりでその意味を説明し、学習者が「お国はどこですか」を使って別の学習者に問い、その国名を教師が日本語で導入するというならば、むしろ望ましい指導といえるかもしれない。けれども、日本語のみで指導を行うには、まず地図上で国を示しその日本語名を導入し、その後で教師自身を例に「お国はどこですか」の意味を示し、最後に学習者一人ひとりと出身国の問答をするほうが理解に沿うであろう。同様に、「(物／場所／人) は、ここ／そこ／あそこ」→「どこですか」、「〜円」→「いくらですか」の順に構成すべきである。

3.2.1 wh疑問文へと発展していく分節構造

以上のように分節内の構造で個々に妥当なものとそうでないものは他にも何編かあったが、おおよそFB全体に共通する分節の妥当性を見極める一つの材料として、FB-16に見られる①〜④の流れの存在が認められた。

FB-16

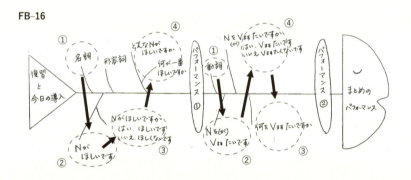

FB-16は、希望・願望の表現「ほしい／Vたい」を扱った第13課のFBである。ここでは「ほしい」と「Vたい」を分け形が単純で理解も容易な「ほしい」から導入するよう授業を構成しているが、注目すべきは次のような流れを持っていることである。

①構文で使う語彙→②構文→③疑問形と肯定・否定形→④wh疑問文

「ほしい」では、まず①「ほしい」の対象となる新出名詞を導入し、②それらを使って「Nがほしいです」の文型導入、次いで③その疑問形と肯定・否定形、最後に④wh疑問文の「どんな／何が一番ほしいですか」が導入されている[15]。さらに、それらを受けた（小）パフォーマンスがその後にひかえている。「Vたい」においても、「ほしい」の名詞が動詞に変わっただけで①から④へと発展していく構造は全く同じである。

こうした分節構造は、FB-2のb.～c.・d.～e.、FB-4の2./3.、FB-5のc./d./e.、FB-8のa.～b.・d.にも認められる。また、ここで取り上げなかった異なる単元・異なる作成者のFB間でも共通していくつも見られた。

この構造自体は特に目新しいものではなく、指導の現場において経験的に幅広く取り上げられているものと思われる。そこでは、項目の特性によって、①を極めて軽い扱いですませたり③あるいは④を割愛したりする場合もあろう。また、③・④が単に情報をやり取りする質問の文にとどまらず相手に働きかける表現・それを受け入れる表現／受け入れない表現になる場合もあろう。

いずれにしろ、本章の分析対象とした『みんなの日本語Ⅰ』の範囲すなわち初級の初期段階から中期段階にかけての文型導入においては、この①から④に至る構造が基本的合理性[16]を持ち、分節構造の妥当性を検討する際に極めて有効な手がかりとなるものと思われる。以下にその例を示す。

3.2.2 wh疑問文へと発展していく分節構造のバリエーション

FB-17は第7課のものであるが、①→②→④の構造を持っている。

FB-17

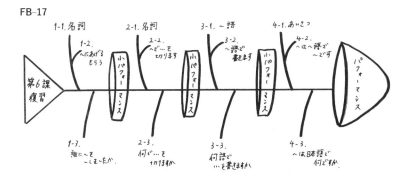

FB-17の1.～3.は、いずれも上下二つの分節[17]で「名詞→構文→誰／何／何語を使った疑問文」の流れを構成している。1-1.／2-1.／3-1.で取り上げられる名詞は、1-2.の「あげる／もらう」の目的語・2-2.のはさみやナイフなど「～で…を切ります」の手段となる道具・3-2.の「～語で書きます」の外国語[18]であるが、この1-1.／2-1.／3-1.～1-2.／2-2.／3-2.の流れの妥当性は、この流れが逆転した場合を考えれば明らかである。未習か定着不十分な語彙で新出文型の定着を図らねばならず、その後再度その語彙の導入を図らねばならない。また、1-1.／2-1.／3-1.を欠けば、教案作成と実際の指導、特に後者において実習生自身の大きな戸惑いを招くものと思われる。

　そして、その流れを受けて③疑問形・肯定／否定形を導入せず1-3.／2-3.／3-3.の④wh疑問文へと移行しているが、これら三つの文型において疑問形・肯定／否定形を説明・練習する積極的な理由が見出せず、wh疑問文のみの導入としたものと思われる。それはそれで一つの判断と考えてよかろう[19]。

　FB-18は第4課、動詞の初出課のものであるが、①②→③→④の分節構造を持っている。

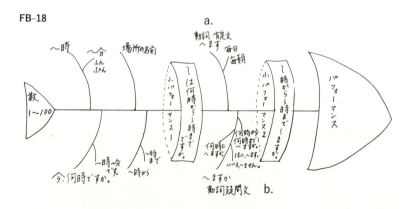

FB-18

　まず、a.で動詞が導入されるが、自動詞性の動詞のため構文で使う語彙（＝目的語）はなく、①と②が同時に成立した形になっている[20]。それ

に、「毎日／毎朝」が加えられる。そして、b.で「〜ますか」の疑問形と「はい、〜ます／いいえ、〜ません」の肯定・否定形が提示される（③）。さらに、前半で導入した時の表現を受けた「何時に〜ますか」、同じく「何時から何時まで〜ますか」へと移行する（④）。

　動詞の初出ということを考えると、動詞そのものの導入→疑問形と肯定・否定形→wh疑問文と着実にステップを踏んでいること、そのステップ自体が先に導入された時の表現を踏まえていることの2点においてa.・b.の分節構造は妥当であるといえる。

　FB–19は、FB–1同様、他動詞・動作の場所を表す「で」などを主要指導項目とする第6課のFBであるが、①⇔②→③→④の構造をしている。

FB–19

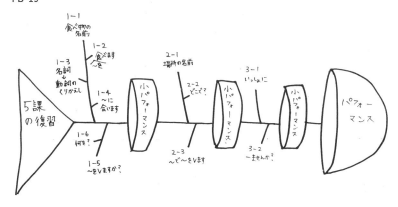

　1–3に「名詞→動詞の繰り返し」とあるのは、1–1・1–2の新出動詞ごとの目的語→動詞という導入を指しているものと思われる。この課で出される動詞は「食べる／飲む／見る／聞く」など極めて基本的なものながら、数は10を超える。そして、そのそれぞれが他とあまり重ならない目的語を取り、学習者にはかなりの負担となることが予想される。

　そこで、この実習生は、まず目的語と合わせて動詞ごとに確実な定着を図り、その上で、それらをまとめて③疑問形・肯／否定形（1–5）[21]、④wh疑問文（1–6）へと展開しようとしたものと考えられる。動詞ごとに①

→②→③→④と進む導入も考えられるが、そうすると③④が10回以上繰り返されることになり、定着が確実になされるというよりかえっていい意味での緊張感を欠くおそれがある。それよりも、①→②の繰り返しを受けて③・④と導入したほうが目先の大きな転換として印象が強く、定着にはより効果的であるといえる。そうした点で、1–1〜1–6は妥当である。

一方、①〜④の構造に照らして、妥当性を欠くものがあった。

FB–20は、FB–13同様、第2課のFBで、「こ／そ／あ」と属性を示す「NのN」を主要指導項目とするものである。

FB–20

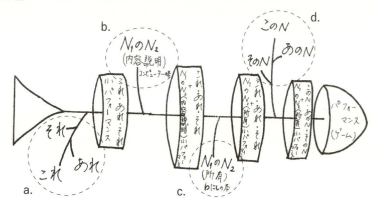

a.はFB–13と同じように「こ→あ→そ」の提出順を踏んでいるが、かなりの数にのぼる身の回りのものの名前がどこで取り上げられるのか記載がない。また、ここで取り上げなければならない「何ですか」の提出が「これ／あれ／それ」の前か冒頭の「これ」でか、あるいは「これ／あれ／それ」を三つとも定着させた後かが記されていない。すなわち、②構文のみが記載され、①構文で使う語彙、③疑問形と肯定・否定形、④wh疑問文を欠いている。③は第1課で導入済みであるが、ものの名前が多いことを考慮すればその定着を図ることを考慮しやはり分節構造に加えるべきであると考えられる。以上を踏まえて改めてa.の分節を検討すると、たとえば次のような構造が考えられる。

①ものの名前　→　②「これは、〜です」　→　「あれは、〜です」　→　「それは、〜です」　→　③「こ／そ／あれは、〜ですか」「はい、〜です／いいえ、〜じゃありません」　→　④「こ／そ／あれは、何ですか」「〜です」

　まず、構文で使う語彙としてものの名前を導入する。次いで、②「こ／そ／あ」の導入、さらに疑問形と肯定・否定形の導入と名前の定着を意図した③の総合練習、そして最後に「何」を用いた④wh疑問文の導入を行う。
　また、FB–20 b.・c.の「の」の分節では、内容を表す表現とそれを問う「何のNですか」、所有者を表す表現とそれを問う「だれのNですか」の提出が考慮されていない。すなわち、ここでも②構文のみの記載で、①③④が盛られていない。③の疑問形と肯定・否定形についてはあえて導入する必要はないと思われるが、①の構文で使う語彙、特に内容を表す表現は「コンピュータ／自動車／日本語／英語」などa.で導入するものの名称とは異質で、明確に示しておく必要がある。以上を考慮して検討した内容の「の」の分節例が次である。

　　①内容を示す表現　→　②「〜は、内容のNです」
　　→　④「〜は、何のNですか」

　最後に、『みんなの日本語』では「だれのNですか」においては「〜は、人のです。」の名詞省略も指導するとされているが、それがc.でなされるのかd.でなされるのか記載されておらずその道筋を明らかにしていない。それを、仮にc.で行うとして検討したのが次である。

　　②「〜は、人のNです」　→　④「〜は、だれのNですか」
　　→　②「〜は、だれのNですか」「〜は、〇さんのです」

　上段が内容の「の」を受けた所有の「の」の分節、それを受けて下段の名詞省略を導入する。所有者については学習者及び教師のみで十分で①がなく、②→④のみの流れである。名詞省略はその④を受ける形で、

質問の名詞と答えの名詞が重複することを指摘した上で導入するが、これに関しては学習者同士の問答が中心で、①の語彙の導入・③の疑問形と肯定・否定形は必要ないであろう。

　以上の分節構造を図示したのが、次のFB–21である。

FB–21

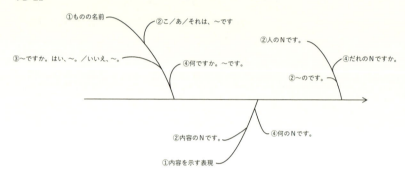

　FB–20の問題点の直接の原因は記述が粗雑であるからであるものの、根本的な理由は、FB–16で見たような①から④へと発展する発想を欠いたところにあったものと考えられる。

4　FBの簡略化

　今回分析対象にしたFBでは、『みんなの日本語I』の終盤に近づくにつれて記述が簡略化していくという特徴的な傾向が一部で見られた。主要指導項目を無理のない形で並べてはいるものの、盛られた情報は当初ほど多くなく小骨の枝分かれの度合いも少ない極めてシンプルな分節構造しか記されていない。また、前述の①から④に至る構造も、その形が不明確になったりそうした形を取らなくなったりする。

　たとえば、FB–22は、動詞の「ない」形を導入しそれに関連して「ないでください／なければなりません／なくてもいいです」を指導する第17課のものである。初級初期のFBに比べると細かい情報が書かれておらず、全体的に大づかみの印象がぬぐえない。

FB–22

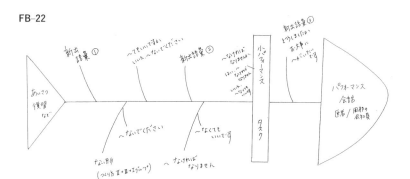

　「ない」形の導入は、FB–14同様、動詞のグループ「II→III→I」と記され配慮がうかがえるが、他は主要指導項目をそのまま置いただけでそこに至る段階的なプロセスや取り立ての「は」・期限を示す「までに」・理由を述べる「から」など他の指導項目が一切記されておらず、いずれも分節と呼べるほどの内容を持っていない。
　①〜④構造の点から見ても、それほど明確な流れをなしていない。最初の3分節は「〜ないでください」の導入を行うものだが、新出語彙→「〜ないでください」→「〜てもいいですか／いいえ、〜ないでください」と①〜③と並んでいるものの、④wh疑問文が欠如している。また、新出語彙がどのような性格のものかここからはわからない。
　続く「〜なければなりません」「〜なくてもいいです」の導入を行う4・5分節は①構文で使う語彙を「新出語彙」として冒頭に持ってきてはいるが、「〜なければなりません」／「〜なくてもいいです」は単に羅列しただけのように見える。この羅列自体が③疑問形と肯定・否定形であるとも考えられるが、それにしては記述が不完全といえる。また、ここでも④wh疑問文が欠如している。さらに、「〜ないでください」分節同様、新出語彙の性格がわからず、むしろここに記載されているのが奇異にさえ思われる。
　けれども、全体としてみると、一つの積み上げ構造として認めることができる。三つ目の分節に「〜てもいいですか／いいえ、〜ないでください」とある[22]が、これは「〜ないでください」の小パフォーマンスとみなすべきで、後の「小パフォーマンス」と対になっているものと考え

られる。また、パフォーマンス直前の「どうしましたか／お大事に」などの分節はそれまでの積み上げ構造を阻害しておらず、配置を考慮したことがうかがわれる。このように、記述は雑だが一応の積み上げ構造がうかがえる点が、簡略化されたFBの特徴である。

　こうした簡略化はFB–1で見たようなFBの軽視によるものではなく、以下の理由によるものと考えられる。

- 初級の中期以降になると学習者側の蓄積が多くなり、こと細かな指導のステップを踏む必要があまりなくなってくること。
- 構文や活用など形に関する指導よりもその語句・表現の意味そのものの指導が重要になってきて、状況設定や絵教材の選択・よく似た表現との違いなどの検討はされてもFB自体に盛り込む情報はむしろ少なくなること。
- 実習生が授業構造を形作ることに慣れてきて、ことさら重要ではない言わずもがなのことは分節として設けなくなるようになること。それが理由で、①の構文で使う語彙が記載なされなくなってくること。
- この時期の学習項目は相手に強く働きかける表現が多く、それらは④wh疑問文にはなじみにくく、③の疑問形で問うてそれを肯定・否定形で返す形を取りやすいこと。
- 初級の中期以降の単元になれば複雑な人間関係や状況描写が求められ、文型の定着に主眼を置いた③疑問形と肯定・否定形から④wh疑問文へという流れが現実的な意味を持ち得ないこと。

　逆に、簡略化がなされていないためにかえって全体として妥当性を持ち得ていないのがFB–23である。FB–23は『みんなの日本語I』の最終課第25課のFBで、この課では条件の「〜たら」、逆接の「〜ても」を主要指導項目とする。

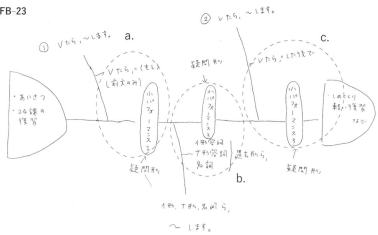

　FB-23では、「〜たら」を仮定条件（a.・b.）と確定条件（c.）とに分け、最初に仮定条件を導入しようと意図し、「たら」で構成する前件を動詞（a.）・イ／ナ形容詞・名詞（b.）ごとに提出するものとしている。そして、その定着を図るために動詞提出の後と形容詞・名詞提出の後に小パフォーマンス1・2を置いている。それぞれ「疑問形」とあるのは、「もし〜たら、〜か。」で問答を行うものと思われる。一方、確定条件においては、そうした細かな提出を行わずすぐさま小パフォーマンス3に移行している。

　こうした構成のもとにあるのは、品詞の種類ごとの接続を追っていってFBを作り上げようという姿勢である。すなわち、［動詞→イ形容詞→ナ形容詞→名詞］（仮定条件）⇒動詞（確定条件）という枠を作り、それに沿って授業を組み立てたものと考えられる。確定条件で品詞ごとに確認されていないのは、仮定条件で十分定着したものとしているからであろう。

　確かに仮定条件の「たら」表現を指導するに当たっては品詞ごとに接続の形が確認されるのが普通であろうが、すでに第20課で四つの品詞の普通形の学習を終えており、形の上ではその過去の形に「ら」を付け加えるだけである。したがって、動詞と形容詞／名詞の二つの分節を立

てさらにそれぞれ小パフォーマンスを設けたのはむしろ些末で余剰なステップというべきであり、四つの品詞を一つの分節内ですませそれに対応する小パフォーマンスを一つ設けたほうが適切である。「～ても」が記載されていないのは、実習生が分量的に確定条件の導入までしか望めないと判断したものと思われるが、その判断のもとになったのも品詞ごとの接続に沿った授業構造という発想であろう。

　こうした発想を持たなければ、仮定条件を最初の分節、確定条件を2番目の分節、そして3番目の分節として「～ても」を加え、それぞれに小パフォーマンスを設けようと思い至ったのではないか。「～ても」は仮定・確定条件表現と意味的に対をなす表現といえ、両者を導入することによって微妙なニュアンスを表現することが可能になるが、そうした両表現の持つ豊かさ・その導入に至るまでの授業構造構築の必要性が意識にのぼったのではないか。

　こういったFB-23の課題は、正確には、FBを簡略化させなかったことではなく、細部に過度の配慮をし、その結果、全体を俯瞰する眼を持てなかったことにある。その逆が必ずしも成り立つとはいえないが、全体を俯瞰して見渡す目が育成されてくればそれがFB-22で指摘した形で簡略化として反映されてき、その分、教案が詳細になることがある程度推測される。

5 まとめ

　最後に、FB導入によって明らかになったことがらと今後の課題をまとめておく。

5.1　授業構造の意識化という観点から見たFB導入の成果

　実習準備の過程としてFBの作成・提出を義務付けたことで、実習生は否応なしに授業構造を考え記述することとなった。また、提出されたFBと異なる進行を持って行われた実習授業は皆無であった。この2点から考えるに、実習生は自らの実習に関して授業構造という発想を持つことができかつそれを書き表すことができること、FBはそうした意味で授業構造意識化のきっかけとして機能したものといえる。

授業構造が可視化されたことでそれを実習生間で共有することが可能になり、他の実習生が書いたFBを見ながら授業を観察したりまた観察後にそれを使って評価すべき点と改良すべき点を検討し合ったりすることができるようになったが、こうした活動も授業構造の意識化に大きく寄与したと考えられる。

5.2　FB上で明らかになった全体構造と分節構造の特性

FBには全体構造とその部分を構成する分節構造が記載されることとなるが、全体構造では以下のことが明らかになった。

a. 妥当な全体構造は積み上げ構造を持っているが、積み上げ構造を具体的にいえば、分節構造相互が前のものを前提として後のものが続く発展関係にあるかあるいはある文法概念があってそのいろいろな要素が並列的に並ぶ関係[23]にあることをいう。この発展関係・並列関係を分断する分節が挿入されると、積み上げ構造がくずれる。
b. 意味理解の容易さ・形の理解の容易さなどから見ると妥当な全体構造は必ずしも一つにしぼられるわけではないが、実習生もそうした可能性に思い至る能力を備えている。
c. 初級段階の中期以降、FBの記述が簡略化する傾向が表れる。簡略化されていない場合には、授業全体を見通す目がまだ育成されていない可能性がある。

一方、分節構造では以下のことが明らかになった。

d. 分節構造は、個々の指導項目の特性と項目間の関係性を検討し授業進行を構成していかなければならない分、全体構造よりも詳細な検討が必要である。
e. 一つの分節構造の中においても、全体構造同様、学習者の理解に沿った積み上げ構造を形成せねばならない。
f. 文型を指導項目とする分節は、以下のプロセスを踏まえた構造をなすとおおむね妥当である。

①構文で使う語彙→②構文→③疑問形と肯定・否定形→④wh疑問文
g. 上記の分節構造のうち、働きかけ表現を取り上げる初級段階の中期頃になると、①と④が記載されないことが多くなってくる。

5.3 今後の課題

　授業構造の意識化という点においてFBは一定の成果を上げたとはいえるが、授業構造を見通す目の育成という観点から見てどれだけ効果的であったかとなると疑問が残る。もとより育成状況の客観的な把握はきわめて困難であるが、進んだ段階になっても粗雑であたかも書きなぐったようなFBが一部で見られたのは事実で、少なくとも、FBの必要性ひいては授業構造検討の重要性の理解がどれだけ図られたか、そうした発想がどれだけ定着したかは実習生間で差があったと認められる。
　これはFB自体の問題というより、その活用方法の問題でなかったかと考えられる。
　一連の実習では、実習に先立って筆者が積み上げ構造とFBに関する基本的考え方・書き方を説明し、それを受けて毎回の実習におけるFBの事前提出→FB・教案を見ながらの実習見学→実習評価の話し合いというプロセスを踏んだが、このプロセス自体に大きな問題点があったとする積極的な理由は見出せない。しかしながら、現時点から振り返ってみれば、筆者の提供した情報内容とその提供のし方に改善すべき点があったと思われる。
　FB導入当初には筆者自身にそこから得られた知見の蓄積がなく、プロセス全体を通して実習生に与えた情報は前述の全体構造のa.が主で、分節構造に関してはそれに準じたe.のみに限られていたといわざるを得ない。そこで強調したのは、指導項目相互の関係性を分析し学習者の理解に鑑みて積み上げ構造を構築することの重要性であった。それ自体は授業構造の中心課題で的外れではないが、d.にあるように実際に教案を作成しそれに沿って授業を進めていくには分節構造の詳細な検討が必要であり、それにはf.・g.に関する情報が極めて重要な役割を果たす。それを欠いたFBの作成は、大まかに授業構造を見ることはできても具体的な授業準備に寄与せず、実習生にしてみれば、教案のほうこそまずもって傾注すべき対象であると映ったものと思われる。各実習後に筆者が

与えた授業構造に関する講評も当の実習生・見学者ともに雑駁に映り、それよりも今なされた実習の個別の技術に対する具体的な評価のほうが重要な関心事と取られた可能性がある。

　また、実習生は授業構造及びFBそのものになじみがなく、いきおい、筆者が一方的に説明するという形での指導になりがちであった。こうした受け身の姿勢では授業構造を検討すること・FBを作成することが自らの授業準備における重要なプロセスとして位置づけしにくく、実習を行うにあたって指導教師から課された課題とのみ見られていたおそれがある。ガイダンス的な全実習に先立つ情報提供の際はともかく、実習前に実習生同士でまた実習後には必要に応じて学習者をまじえて意見を述べ合い授業構造に言及する機会を設けるべきであった。そうした実習生の自主・自律的な活動を通して授業構造を見通す目を育成していくという発想が十分ではなかったものと考えられる。

　以上、全体構造の妥当性に気づかせる一方で教案作成に寄与する分節構造のあり方に関する情報を提供すること、そうした観点に立った検討においては実習生同士で話し合う機会を積極的に設けること、この2点が授業構造を見通す目を育成していくために明らかになった今後の課題と考える。

注　[1]　同じことを丸山(2004b)では、「1枚のマンガからアニメへ」として、一時点の一指導要素に傾注する姿勢から脱却して授業全体を流れで分析する眼の重要性を述べた。
　　[2]　こうした能力を朝倉他(2000)では、「(熟達教師には)大局的な視点が備わってい、(中略)その行為が授業の流れの中で後々どう影響するかを先読みする力がある」としている。
　　[3]　丸山（2004a: 53）。
　　[4]　丸山（2004a: 52）。積み上げ構造とは、やさしいものから難しいものへ、周辺的なものから中心的なものへなどといった要素に沿って、指導項目が提出されることをいう。
　　[5]　ここでいう「パフォーマンス」とはごく一般的な意味である。総合的な練習としてロール・プレイやインタビュー・タスク、ゲームなどを想定し、これらに共通する活動的なイメージが一般的な「パフォーマンス」という語句に通ずるとして用いている。「小パフォーマンス」

	もそれに準ずるが、パフォーマンスに比べ、的をしぼった短く単純なやり取りしかなされないのが普通である。
[6]	実習に際し、筆者は実習生に『みんなの日本語』には教師用指導解説書『教え方の手引き』があることを伝え、その参照を促した。その他にも実習生は授業準備に際してさまざまな参考書にあたったと推測されるが、1.「はじめに」で述べた通りそれらは授業構造に関する情報が乏しく、最終的に授業をどう組み立てるかは実習生自身が検討し決定したものと考えられる。
[7]	田中（2005: 69）は、「行為者が主語に立つ文」のほうが習得が容易だとして別の見解を示しているが、ここでは取り上げない。
[8]	この小パフォーマンスでは、「誕生日」のみならず「クリスマス／国の誕生日（建国記念日）」などの他、学習者の出身国に合わせて記念日・祭日についての問答が可能で、そうすると、なお一層、日にち分節としてのまとまりの充実がはかられるであろう。
[9]	ちなみに、前述『教え方の手引き』（p.90）では「まとめ型」を採用している。
[10]	『教え方の手引き』ではナ形容詞先行(p.99)、教師用指導書『教授法マニュアル70例　上』ではイ形容詞先行ベース(p.39)、同じく『日本語の教え方ABC』では「A + N」が先でイ形容詞先行(p.51)、としている。
[11]	『みんなの日本語』では扱っていないが、「A-くありません」を指導するとしている教科書においても同様の困難点が浮上する。
[12]	『教え方の手引き』・『教授法マニュアル70例　上』・『日本語の教え方ABC』いずれも、「こ→そ→あ」の順である（順に、p.46、pp.12-15、pp.27-28）。こうしたことから考えても、FB-13はユニークである。
[13]	同様の分節構造は、FB-2のb.にも見受けられる。
[14]	第3章注7参照。ここでは、クエスチョン・マークを書いた丸い紙を割り箸状の棒の先に挟んだもの。
[15]	途中に「形容詞」とあるのはこの課の新出項目で「広い／狭い」などで、これらの提出でこの積み上げ構造がやや損なわれているように思われるが、「どんな」を導くためにここに置いたものと考えられる。
[16]	実際の指導においては、たとえば①においてやみくもに名詞を羅列するのではなくある状況を設けてその話の流れの中で提出していくなどそれぞれそれなりの導入の工夫が求められるが、それは教案作成の作業にゆだねられる。
[17]	本章2.1で、分節は厳密に構成要素を特定して集合体としたものではなく意味ごとに大まかにくくったかたまりとしたが、①〜④あるいはそれに準ずる構造は、FBによって単一の分節で表記された場合も複数の分節で表記された場合もあった。けれども、本質的にはいずれも

[18]	同じである。 『教え方の手引き』によると「○○語」の導入は第2課となっているが、第2課は他に指導する語句が多く、実質的に「○○語」が学習されるのは第7課になるものと思われる。
[19]	ただ、1-3.の「誰に〜を〜しましたか」は3-3.の「何語で…を書きますか」に比べると、やや一般性を欠くように思われる。また、各項の①→②→④の流れ自体は妥当であるが、FB-6/9/10にあるように第7課の主要指導項目は他にもあり、FB-17にその記載がないのは別の問題として指摘すべきである。
[20]	導入する動詞は「起きる／寝る／働く／休む／勉強する／終わる」。なお、他動詞において目的語の名詞の導入を図りFB-16と同じ①〜④の構造を持つのが、前述FB-8のa.からb.への流れである。
[21]	③の疑問形と肯・否定形自体は第4課で導入済みである。けれども、実習生は、復習を兼ねると同時に、この課で導入する「〜ませんか」(3-2)の布石として否定形を出したものと考えられる。
[22]	「〜てもいいですか」は15課で既習。
[23]	発展関係にあるのは、FB-2の「Nができます→V-辞書 ことができます→趣味はNです→趣味はV-辞書 ことです」への流れなど。並列関係にあるのは、FB-4の「場所→交通手段→人」への流れなど。しかし、実際には、これらが合わさった形が多い。

第3章 初級段階における指導項目の説明方法

1 はじめに

　筆者は、'90年代より今日に至るまで大学及び民間の日本語教育機関において数多くの実習授業に参与観察しビデオ収録する機会を得ているが、いずれの実習においてもきわめて妥当で適切な指導と思われる部分と、これで学習者の理解が図られるだろうか、もっと別の指導の方法があったのではないか、と思わされる部分がある。初級段階の場合、こうした感想のほとんどが説明や練習のし方に向けられたものであるが、それは実習指導者であればだれでも等しくいだくものであろうし、実習の指導とはそう思った部分を取り上げ評価・分析しその考察をもとによりよい指導のあり方を追求するという形が取られるのが一般的であろう[1]。
　ところが、そうした現場立脚の指導の実態はほとんど明らかにされることがない。その背景には、市嶋（2009）が指摘するようにもともと実践研究がいまだ十分な領域を形成していない[2]という日本語教育の現状があり、また、細川（2008）のいうように日本語教育の研究データの中で教室活動そのものの記録データが少ない[3]といった事情がある。さらに、そうして実践研究が立ち上がらないうちに教師養成がTeacher TrainingからTeacher Developmentへとパラダイム・シフトし自己内省の重要性がうたわれ出したことによって、あるべき指導技術を指導教師が具体的に示してはいけない[4]、実習生自らがよりよい指導を探る機会を提供すべきという考え方が一般化しつつある。認知主義から見れば当然の趨勢ではあるが、結果的に指導技術の分析・検討は一歩後退することになった。加えて、定住外国人の急増によって、指導技術云々以前にことばの指導

よりもむしろ生活権や学習権といった側面から外国人をとらえようという動きも起こっている。

けれども、問題は指導技術の提示そのものではなく、広い視野を持って自ら検討して授業を組み立てていく能力がいかに育成されたかであり、実習指導ことに石井（1997）のいう「学校型日本語指導」[5]に携わろうという教師志望者に対して行われる実習指導においては、当人によってなされた指導を材料によりよい指導を論ずる方法が即時性・具体性・当事者性において最も妥当であることには議論の余地がないものと思われる。

本章は、初級段階の実習授業における新しい項目の説明部分を文字化したデータを分析し、より望ましい指導項目の説明技術とはどのようなものかの一端を実習指導の立場から明らかにしようというものである。

2 望ましい新出項目の説明だと評価する[6]要因

分析対象とした実習授業は約80であるが、これらは、筆者が2003年から2008年にかけて主体的に携わり参与観察しVTR収録した、関西地方の複数の大学・大学院及び複数の民間の日本語教育機関において行われた実習である。

分析に当たり、より望ましい新出項目の説明だと評価した要因を、意味の説明と構文の説明に分けて概説しておく。ただし、これらは筆者が分析対象の実習から得た限りの知見を列記したもので他の要素を排除するものではなく、その意味で開かれたリストである。また、ここにあげたものでも指導項目・学習者・指導教師・実習生などによって要因間に軽重が生じたり取捨選択がなされたりするものと思われる。

2.1 意味の導入における要素

2.1.1 ビジュアル・エイド選択の適切さ・状況設定の適切さ

望ましいと思われた指導では、導入しようという語句や概念を最も端的にわかりやすく示そうと、市販の教材のみならず、インターネットからダウン・ロードしたもの、自分で描いたもの・新聞や雑誌から切り抜いてきたものなどのビジュアル・エイド（Visual Aids以下、VA）が使われて

いた。こうした絵・イラストは全体としては不揃いながらも市販の教材をそのまま用いる指導に比べると、誤解なく意図するものに見えるという示すものの的確さ・明確さにおいてすぐれているといえた。また、初級の初期を終え個々の語句よりも文法的意味概念の導入が重要になってくると絵・イラストに加えて実習生自らが「語り」で状況を設定することが多くなったが、望ましいと思われる指導ではそれが巧みで、なるほどそうして設けられた状況においては導入しようとする概念が生まれ指導しようとする文型が用いられるだろうと評価できた。けれどもその一方で、状況設定が不十分なため新しい文型がそこから浮いてしまい、突飛で強引な導入との印象をいだく指導もあった。

2.1.2 教材の多様さ

指導項目に応じ、絵・イラストを補う形で地図や図表・レアリアを用い、教材が多様であった。また、疑問・肯定・否定の概念を表すのにペープサート（以下、PS）[7]を使い、これらの文の導入ならびに口頭練習でその意味を表すキューとしていた。加えて、指導項目によっては、手足や体を使って日常の動作や人・ものの移動を表したり顔の表情で好き嫌いなどの感情を表したりして意味の導入を補おうとするのが観察された。こうしたジェスチャーや表情はいずれの実習生も意図せず自然に出るものであるが、望ましい指導ではそれらがより頻繁でありまた表す内容がより豊かであった。

2.1.3 頻繁な繰り返しとパターン化

たとえば、ある文法的意味概念を表すのにまったく異なる状況を描いた複数の絵・イラストを用い、その都度そこに描かれたものを読み取り共通するものをあぶり出し目的とする意味概念を提示しようとする、新しい語句ごとに絵・イラストを示した上にさらにジェスチャーをしてみせる、すでに新しい意味概念を導入したにもかかわらず名詞・動詞を換えるごとに活用形や文型を口頭でいうばかりではなくそれを確認する、というように作業の繰り返しが多い。そうした繰り返しの多さは時には「しつこい」という印象さえいだかせたが、学習者の立場に立って見れば、強固な印象と明確な意味概念が与えられたものと考えられる。

さらに、そうした繰り返しはパターン化されており、それにのっとって同じ作業がなされるのが一般的であった。たとえば、新しい動詞を導入する場合に、絵・イラストを提示する→口頭でいう→ジェスチャーをする→口頭でいう→板書する→学習者にいわせる、また新しい文法概念と文型を導入する場合に、絵・イラストを提示する→場所・人物を確認する→状況を確認する→導入する文型でいう、といったパターンである。こうして同じパターンを踏むことによって、結果的に、視覚的イメージ・意味概念を構成する要素・音声／文字などが、その都度、遺漏なく取り上げられることとなる。

2.2 構文の導入における要素

2.2.1 板書における情報の多さ・多彩さ

構文の導入は、文法概念を導入した後、口頭練習に移る直前に導入されるのが一般的で、それを中心的に担ったのは板書であった。黒板に直接書く場合もあったが、あらかじめ短冊状に切ったカードを書いておきそれを黒板に貼る場合もあった。ほとんどの実習においてこうした導入がなされたが、より望ましいと思われる指導では取り上げる情報が多くまた多彩であった。

たとえば、新しい動詞を導入する場合には、その動詞とそれが取る助詞も示す、新しい文型を導入する場合には、その文型を構成する主語を含めた必要最小限の助詞と述語となる動詞の活用形の主要な部分をすべて記す、といった具合である。さらに、特に初級の初期においては、助詞の色を変えたり助詞を四角く囲んだり下線を施したりする、必要に応じて疑問詞を後から当該の語句の位置に書き加える・終助詞「か」を文末に沿えるなどの作業がなされることもあった。一方で、動詞のみ記す・動詞の活用形とその直前の助詞のみ記すといった導入もあった。

こうした違いは、教材にも通ずることであるが、実習生の板書情報に対する評価の違いによるものと思われる。構文が導入されるまでにその文が何度も発話されるのが普通であるが、それでもあらためて文字での確認が必要と感じた実習生は黒板にできるだけ多くの情報を提示するのに対して、それまでにすでに学習者の理解が進んでいると思った実習生は確認程度の情報しか示さないものと考えられる。

2.2.2　指導プロセスと教材とのマッチング

　望ましい指導では、主語なり目的語なりが何度も口頭で示され、そうしたほのめかしを経た後に文字で構文が示される。こうした指導では構文の導入を見据えて指導のプロセスが組み立てられ、その各々において絵・イラストなどが的確に用いられている。その結果、学習者は、人物関係や状況を理解した上で、それを表現する手段として最後に構文が与えられるという形になる。さらに、一旦、構文を導入した後もそれを意識化させるために、板書を示し繰り返し確認する。複数の絵・イラストを示し、その都度板書の助詞と述語を指で追いながら自らが発話してみせるまた学習者に発話させる、口頭練習に入っても同様に板書を指で追う作業を繰り返す、といった確認である。

　それに対して、確かに説明部分の最後に板書がなされ構文が示されたがそこに注意が払われていないと思われる構文の示し方もあった。そうした示し方では、それまでに何度か発話された目標とする文型を視覚化するという役割が板書に与えられておらず、具体的な主格と対象との関係や状況を提示しない文字列化した形で構文が記されるという印象をいだかせられた。また、なされた板書は次の指導の区切りまで残されてはいるが、そこに学習者の注目を集めて振り返るということは少なかった。

3　事例分析

3.1　望ましい意味の導入分析

　次に、事例をあげて2.の要素を分析しておく。新出項目の説明を意味と構文に分けてみるとより重要なのは意味の説明で、いかに明確にその語彙なり概念が表すものを示せるかで指導の成否が決定づけられたといって過言でなかった。以下、その例を示す。

3.1.1　絵が効果的に用いられている例：場所の名前の導入[8]

　場所の名前の指導であるが、まず時刻の表現を指導し、場所の名前、さらに両者を受けて営業時間を述べる「（場所）は、～時から／までです。」の指導に移行する。

その場所に関連するものをまずおさえその後で名前を提示していること、またその提示のし方がパターン化していることにおいて特徴的である。

No.	T／S		10:15
1	T	（銀行の絵、持って）見てください。 （銀行の絵の紙幣を指しながら、S4に向かって）何ですか？	
2	S4	（無言）	
3	T	（Sに向かって、紙幣の部分を指しながら）円です。ドルです。ウォンです。 （S4に向かって）何ですか？	
4	S4	お金。	
5	T	お金です。（紙幣の部分を指しながら）お金です。お金です。 （絵全体を指でなぞって）「銀行」です。	
6	TS	C「銀行」	
7	T	（デパートの絵の中の本売り場のフロア指しながら、S1に向かって）何ですか？	
8	S1	本。	
9	T	（本売り場のフロア、指しながら）そうです。本です。 （時計売り場のフロア指しながら、S4に向かって）何ですか？	
10	S4	時計です。	
11	T	（絵、指して）時計です。 （靴売り場のフロア指しながら、S2に向かって）何ですか？	
12	S2	靴です。	
13	T	（絵、指して）靴です。 （絵全体を指でなぞって）「デパート」です。	
14	TS	C「デパート」	
15	T	（図書館の絵の中の本棚を指しながら、S2に向かって）何ですか？	
16	S2	本です。	
17	T	はい。（絵、指して）本です。 （絵全体を指でなぞって）「図書館」です。	
18	TS	C「図書館」	
19	T	（美術館の絵の絵画1を指して）ピカソです。（絵画2を指して）ダヴィンチです。（絵画3を指して）ゴッホです。（絵全体を示して）「美術館」です。 C「美術館」	
20	T	（郵便局の絵の中の手紙を指しながら、S3に向かって）何ですか？	

21	S3	手紙。
22	T	手紙です。（絵指して）手紙です。 （別の絵の中のポストを指しながら、S3に向かって）何ですか？
23	S4	ポスト。
24	T	ポストです。 （絵全体を指でなぞって）「郵便局」です。
25	TS	C「郵便局」

12:10

以上の流れをさらに細かく分析したのが次の作業図である。

No.		T/S	実習生と学習者の発話	実習生が行った作業
1	1	T		［銀行］
	2	T	見てください。	
	3	T	何ですか。	(◁♪S4) ☞円／ドル／ウォンの紙幣
2		S4	（無言）	
3	1	T	円です。ドルです。ウォンです。	
	2	T	何ですか。	(◁♪S4) ☞円／ドル／ウォンの紙幣
4		S4	お金。	
5	1	T	お金です。	
	2	T	お金です。お金です。	☞円／ドル／ウォンの紙幣
	3	T		☞銀行
	4	T	「銀行」です。	
6		TS	C「銀行」	
7		T	何ですか。	(◁♪S1) ☞本売り場
8		S1	本。	
9	1	T	そうです。本です。	☞本売り場
	2	T	何ですか。	(◁♪S4) ☞時計売り場
10		S4	時計です。	
11	1	T	時計です。	☞時計売り場
	2	T	何ですか。	(◁♪S2) ☞靴売り場
12		S2	靴です。	
13	1	T	靴です。	☞靴売り場
	2	T		☞デパート
	3	T	「デパート」です。	
14		TS	C「デパート」	

最初に導入される銀行を見てみると、No.1-1で銀行の絵を示しているにもかかわらずこの時点ではその名前を出していない。No.1-3・3-1／3-2で同じ絵に描かれた紙幣を示してS4から「お金」ということばを引き出した（No.4）上で、No.5-3／5-4になってようやく「銀行」を導入している。同様に、デパートでは三つの売り場で売っているもの、図書館では本、美術館では三つの絵画、郵便局では手紙とポストを確認してから、絵全体をなぞりそれぞれのものが関わる所という意味を持たせ、各々の場の名前を導入している。すなわち、関連するものをおさえることによってそれがその場所であることを誤解なく伝えようという実習生の意図がうかがえる。デパートなど成人の学習者にはかえって過剰で迂遠な説明と映った可能性があるが、それでもなお、関連するものを押さえそれがその場所であることを明確にしその上で日本語名称が与えられるというプロセスを踏むことによって誤解を防ごうとしている。たとえばNo.22のポストの説得力は決定的で、No.20の郵便局の絵は局内を上方から描いていたが、それをオフィス・役所・職員室などと誤解した学習者があったとしても、赤いポストを指されれば即座にその示すところを修正して理解する。

　関連するものを追うことによって場所を浮かび上がらせるために、ここでは、市販のもの・市販のものを実習生が補ったもの・実習生が描いたものの3種の絵が用いられていた。すなわち、市販のもので関連するものが複数見出せるものはそのまま使う、足りないものは補う、場所の絵そのものがないものは関連するものを加えて自ら描いていた。こうすることによって不揃いではあっても情報量を確保しより確実な定着を目指そうとしたものと思われるが、その意図は達成されているとしてよかろう。

　さらにここでは、各々の場所の導入において次のような共通パターンを持っている。

　　　　①関連事項の確認→②場所の名前の導入→③コーラス練習

　最初にその場所に関わるものをいくつか指差し指名した学習者にその名称をいわせる、次に絵全体をなぞって教師が場所の名前を導入する、

最後に学習者全員でコーラス練習する、というパターンである。関連するものから場所の名前へというプロセスが、学習者との問答から教師のまとめへというパターンに乗っている。

　語句の数が多い場合に意味の導入をパターン化すると単調さを招きかえって学習者の集中力をそぐ結果になることがあるが、ここに見るようにたとえば場所という同じ属性を持つ語句を並列的に導入する場合、あるいは反意語などペアやグループを作る語句を導入する場合などには、指導の安定性を保証し、それが学習者の理解と定着に大きく寄与すると考えられる。

　3.1.2　ジェスチャーや絵が印象的に用いられている例：動作動詞の導入[9]
　動作動詞の導入は、表現が多彩になりさまざまな機能を学習していくその後の学習の礎となるものできわめて重要であるが、この実習生の指導を分析すると、ジェスチャーが積極的に取り入れられていること、各動詞を導入するに当たってそれぞれに関係性を持たせていること、また絵・イラストの数が多いことにおいて特徴的であり、それによってより印象的な導入を図ろうという意図がうかがわれる。

No.　T／S　　　　　　　　　　　　　　　　　　　　　　　　51:20

No.	T／S	
1	T	はい、見てください。（太陽・月／星が描いてある朝5時から夜12時までの表を貼りながら） おはよう。こんにちは。こんにちは。お休みなさい。お休み。 はい、見てください。（「起きる」の絵を掲げ）はい、「起きます」。（背伸びをしてみせる。さらに表の朝日を指す）「起きます」。（あくびのしぐさして、表の朝日を指す）「起きます」。（「起きる」の絵、表の朝の部分に貼る）
2	TS	（背伸びをして）C「起きます」
3	TS	S「起きます」
4	T	（「起きる」の絵を指して）はい、「起きます」。
5	T	（夜に「寝る」の絵を貼り、両手を合わせて枕に見立てそこに頭をうずめるしぐさを、2度、してみせる）はい、「寝ます」。
6	TS	CS「寝ます」はい。

7	T	(表の9時あたりを指し、午前中の部分に、教室で勉強している絵と家で机に向かって勉強している絵の2種の「勉強する」を貼る。2種の絵と9時から12時ごろを指し、再び「教室で勉強する」の絵を指す。手で文字を書くしぐさをしてみせる。次に「家で勉強する」の絵を指す。同じく、手で書くしぐさをしてみせる) はい、「勉強します」。
8	TS	CS「勉強します」
9	T	(2種の「勉強する」の絵を指し、溜息をはいて首をかしげ疲れたような表情をしてみせる。さらに、やりきれないという表情をする。ハイキングの途中で休んでいる絵とソファでくつろいでいる絵の2種の「休む」を描いた絵を貼り) 「休みます」、「休みます」。 (ハイキングの途中で休んでいる絵、示して)「休みます」。 (ソファでくつろいでいる絵、示して)「休みます」、「休みます」。 (2種の「休む」の絵を指し)、「休みます」。
10	TS	CS「休みます」、はい。
11	T	(「勉強する」と「休む」の絵を示し、手を振って「さよなら」のしぐさをする) (黒板に「さようなら」と書いた教室で教師と生徒がお辞儀している絵示し、次に生徒が校門から出ていく絵示し) 「終わります」。
12	S3	C「終わります」。
13	T	(扉が閉まる絵を示し、唇をぐっと閉じ両手で左右からドアが閉まるしぐさをし)「終わります」。
14	S	「終わります」。
15	T	(シャッターが閉まる絵を示し、唇をぐっと閉じ両手で上からシャッター閉めるしぐさをし) 「終わります」。 (お辞儀と下校の絵、示し)「終わります」。(絵、貼る)
16	TS	(お辞儀と下校の絵、指し) C「終わります」
17	T	(店員がレジを打っている絵を示し)「スーパー」。 (レストランでウェートレスが料理を運んでいる絵を示し、Sに向かって) どうぞ。
18	S	(無言)
19	T	(デパートの店員が客にお辞儀している絵を示し)「いらっしゃいませ」。
20	T	(レジの絵を示し) C「働きます」

| 21 | T | (3種の「働く」の絵を貼り指し示し)、CS「働きます」 |

55:55

以上の流れをさらに細かく分析したのが次の作業図である。

表1 「起きます」の導入

1	1	はい、見てください。	
	2	はい、「起きます」。	☞[起きます]
	3		👐背伸び
	4		☞朝日
	5	「起きます」。	
	6		👐あくび
	7		☞朝日
	8	「起きます」。	
	9		(表の朝の部分に)[起きます]

表2 「寝ます」の導入

5	1		(表の夜の部分に)[寝ます]
	2		👐枕に、頭、うずめる。
	3		👐枕に、頭、うずめる。
	4	はい、「寝ます」。	

　初級の初期で初出となる動詞はおおむね概念が単純で対応する母語もほぼあり、数が多いことで覚えにくかったり発音が紛らわしかったりすることはあっても、意味的な誤解はほとんど生じないといっても過言ではない。したがって、No.1にあるように、時刻をきざんだ表をあらかじめ貼った上で、背伸びをして朝日を指す並びにあくびをして朝日を指すことによって「起きる」を、またNo.5にあるように、両手を枕に見立てそれに顔をうずめるしぐさをしてみせることによって「寝る」の意味を理解させるのは困難なことではない。けれども、こうしたジェスチャーを普通の実習生が行おうとしても羞恥心や気おくれが先に立ちなかなか

実行に移すことができず、代わりに絵の中に描かれた手足や顔を示して導入しようとするのが普通である。

ところがこの実習生には躊躇する様子がまったくなく、後述する「休む」「終わる」においても同様、動詞の導入ごとに説明の流れの中の一部としてごく自然に体を動かしている。実習生それぞれの個性もあり一概にこうすべきとはいえないが、少なくともこの実習生は指導における「表現の豊かさ」を個性として持ち合わせており、それがこの意味導入において大きな働きを果たしたことは間違いないといえる。

さらにもう一点この指導において指摘すべきことは、基本的には時系列にのっとって導入を図りながら、「起きる」から次の「勉強する」に移行しようとせず、「起きる」の反意語として「寝る」を出したところである。結びつきという点では、「起きる」から「勉強する」へという関連性の薄い流れよりも「起きる／寝る」の反意語のペアのほうが強固なのは明らかである。結びつきを与えるのは、次の三つの動詞の導入においても同様である。

表3 「勉強します」の導入

7	1		☞9時
	2		［教室での勉強／家での勉強］
	3		☞［教室での勉強／家での勉強］
	4		☞9時～12時
	5		☞［教室での勉強］
	6		🖐文字、書く
	7		☞［家での勉強］
	8		🖐文字、書く
	9	はい、「勉強します」。	

表4 「休みます」の導入

9	1		☞[教室での勉強／家での勉強]
	2		🖼疲れ
	3		🖼(やりきれない表情)
	4		[ハイキング／ソファ]
	5	「休みます」、「休みます」。	
	6		☞[ハイキング]
	7	「休みます」。	
	8		☞[ソファ]
	9	「休みます」、「休みます」。	
	10	「休みます」。	☞[ハイキング／ソファ]

表5 「終わります」の導入

11	1		☞[教室での勉強／家での勉強]、[ハイキング／ソファ]
	2		🖼手を振って、「さようなら」
	3		☞[お辞儀／下校]
	4	「終わります」。	
13	1		☞[扉]
	2		🖼唇をぐっと閉じ、扉を閉める
	3	「終わります」。	
15	1		☞[シャッター]
	2		🖼唇をぐっと閉じ、シャッターを閉める
	3	「終わります」。	
	4		☞[お辞儀／下校]
	5	「終わります」。	
	6		[お辞儀／下校]

　以上においてもジェスチャーが用いられているが、ここではジェスチャーと絵を併用することによって三つの動詞に積極的な関係性を持たせて導入しようとしている。勉強する（No.7）→勉強したから疲れた（No.9-1〜9-3）→疲れたから休む（No.9-4〜9-10）→けれども勉強も休み時

間も終了（No.11-1〜11-3）という流れを作って、その中でNo.7-6／7-8・9-2／9-3・11-2を効果的に使っている。中でも、No.9とNo.11のジェスチャーは因果関係を持たせるのに重要な役割を果たしている。すなわち、この課では六つの動詞が初出となるが、「起きる／寝る」では意味的な組み合わせ、「勉強する／休む／終わる」では物事の因果・連続性を持たせるによって、より印象的な導入を図ろうとしていることがわかる。

　また、ここでは一つの動詞に複数の絵が使われていることも特徴的である。作業図の［　］でくくられたものは1枚の紙に並んで描かれていることを表しているが、いずれもB5判程度の手書きのものである。「勉強する」では教室と自室で本を広げ鉛筆を握る図柄が描かれている。これらの絵とNo.7-1／7-4の時を指すしぐさ、No.7-6／7-8の文字を書くしぐさで「勉強する」という意味は明確である。「休む」はハイキング姿の男性が道に座り岩の上に足を投げ出している絵とソファの上でくつろいでいる絵の2種であるが、後者はややわかりにくいとしても前者でその意味するところは容易に理解できよう。「終わる」はこれらの中でも最も抽象度が高いと判断したため4種の絵が用いられているが、「勉強」関連の「さようなら」と板書がなされた教室・学校を去っていく生徒の絵が授業の終了を示すことは明確であり、さらに扉／シャッターが閉まる絵で一般的な物事の終わりを表そうとしている。二つの閉めるしぐさで唇をぐっと噛んだのも終わりを示すには効果的であったと思われる。また、この後に続く「働く」もやや大きな概念を持ち一つの絵では表しにくいとして、レジを打つ店員（No.17）・料理を運ぶウェートレス（No.17）・客にお辞儀をしているデパートの店員（No.19）の3種の絵を提示し、そこに共通するものとして労働という概念を浮かび上がらせようとしている。いずれも接客業で、たとえば工事現場の絵などをも加えるべきだったかとも考えられるが、かえって動作そのものや職業名に学習者の関心が行ってしまうおそれがある。

　こうして見ると、動詞に提出順を考慮した上でよく吟味された複数の絵がジェスチャーと連動して用いられ学習者の理解に寄与しているものと考えられる。

3.1.3 状況設定が巧みな例:「~は、~にあります。」の導入[10]

「(もの)は、(場所)に、ある。」は、「(場所)に、(もの)が、ある。」と同じ課でしかもその後に提出されるのが一般的で、初級段階の初期における学習者の混乱を招きやすい項目の一つである。けれども次は、通常の提出順で進行しているにもかかわらず、状況設定が巧みで導入に無理がない。

指導は、めいめいの誕生日(既習)を言い合い次にその日にもらったプレゼントを実習生が問うところから始まる。

No.	T/S		51:20
16	T	S4さん。誕生日、プレゼント、何をもらいましたか。	
17	S4	かばんをもらいました。	
18	T	ああ、いいですね。かばんをもらいました。S2さんは。	
19	S2	ネックレスをもらいました。	
20	T	ああ、そうですか、いいですね。S1さんは。	
21	S1	同じです。(S、笑い)ネックレスをもらいました。	
22	T	ああ、そうですか。(二人を指して)同じですね。そうですか。(両手を胸にあてて)私は、えっと、夫にプレゼントをもらいました。	
23	S	ひゅうっ。へええ。いいー。	
24	T	(両手の指を胸の前で組んで)はい。いい夫ですよ。はい。	
25	S	ふふん。ほっほー。	
26	T	(笑う)時計をもらいました。	
27	S	ふーっ。ほーっ。	
28	T	赤い時計をもらいました。(組んだ手首をちょっと傾けて)素敵な時計をもらいました。 (左手首に目を落とし、右手人差し指で指しながら)あっ、(教卓、右手下方を見る)(かすれたような声で)時計が…、ありません。(教卓の左右を、2度、見回す)	
29	S	ああー。(笑い)	
30	T	(S見て、笑い)(両手を頭にあてて、教卓の左右を見る)ええと…。(もう1度、教卓の左右を見て)時計は、どこにありますか。(両手を胸にあてて、教卓の左右を見て)私の時計は、どこにありますか。(Sを見回す)	
31	S	(一斉に、教卓左端を指差す)	

32	T	（教卓左端の時計を指差して）ああっ。 （S5に向かって）S5さん。時計はどこにありますか。
33	S5	時計は…。
34	T	（うなずいて）うん。
35	S5	時計は、机の、上にあります。
36	T	ああ、（拍手する）そうです。（時計を手にとって）これです、（Sに見せて）これです。（S5に向かって）S5さん、ありがとう。これですね。 私は聞きました。「私の（右手で左手に持った時計を指して）時計は、どこにありますか」。（右手で自分を指して）「私の時計は、どこにありますか」。（S5を指して）S5さんは、いいました。（時計を元の場所に置いて、指差し）「時計は、机の上にあります」。「時計は、机の上にあります」。 （「は、に、あります」のパネル、貼る。さらに、「に」のブランクの上に「どこ」、「あります」の後に「か」のパネル、貼る） はい。（声に合わせて、パネルなぞりながら）「時計は、どこにありますか」。（声に合わせて、パネルなぞりながら）「時計は、机の上にあります」。いいですか。 皆さん。あっ、（S1に向かって）S1さん、いってください。「机の上にあります」。
37	S1	「机の上にあります」。
38	T	時計は、机の上にあります。

（以下、ソロで、拡大練習）　　　　　　　　　　　　　　　　　　　33:25

　「〜は、〜に、ある。」の文が導入されるのは次の作業図No.30-5であるが、そこに行くまでに確実に腕時計に焦点がしぼられ主題化していく。

　No.16に至るまでに、たまたま誕生日が同じ学習者がいたこと・実習生自身も同じ月の生まれであったことなどが明らかになって歓声が出るほどの盛り上がりになっていた。次に、その時にもらったプレゼントのことを話題にしたが、誕生日でもそうであったように、実習生自身のことを最後に出し（No.22）、しかも、それが夫から贈られたものであったことを披露して盛り上がった雰囲気を一気に自分に向けるのに成功している（No.22／24／28における手のしぐさ、No.23／25）。それ以降の作業を図示し

たのが次である。

26	T		(笑い）時計をもらいました。	
27	S		ふーっ！ほーっ！	
28	T	1	赤い時計をもらいました。	
		2		👉組んだ手首をちょっと傾ける
		3	素敵な時計をもらいました。	
		4		👉左手首に目を落とす
		5	あっ。	👉右手人差し指で指す
		6		👉教卓、右手下方を見る
		7	（かすれ声）時計が…、ありません。	
		8		👉教壇の左右を、2度、見回す
29	S	1	あぁー。	
		2	（笑い）	
30	T	1	（笑い）	◁S
		2		👉両手を頭にあてて、教卓の左右を見る
		3	ええと…。	
		4		👉教卓の左右を見る
		5	時計は、どこにありますか。	
		6		👉両手を胸にあてて、教卓の左右を見る
		7	私の時計は、どこにありますか。	
		8		◁S
31	S		（一斉に、教卓左端を指差す）	
32	T	1		☞時計
		2	あぁっ。	
		3		◁S5
		4	S5さん。時計はどこにありますか。	
33	S5		時計は、…。	
34	T		うん。	👉うなずく
35	S5		時計は、机の、上にあります。	

36	T	1	ああ。	
		2		拍手する
		3	そうです。	
		4	これです、	時計を手にとる
		5	これです。	Sに見せる
		6	S5さん、ありがとう。	S5
		7	これですね。	

　腕時計は時間を見るため当初から教卓に置かれていたものだが、ここでは4度触れられ、最初は「プレゼント」(No.22)、次いで「時計」(No.26)、「赤い時計」(No.28-1)と徐々に具体的になり、最後に組んだ手首を傾け喜びを表した上で「素敵な時計」(No.28-3)になる。こうして見ると、学習者の関心を巧みに実習生の腕時計に導いてしぼっていく様子、すなわち腕時計を主題として取り上げようという意図が明確にわかる。そして、学習者の盛り上がりが最高潮に達した(No.27)後に腕時計がなくなっていることに気付いたことで、腕時計に決定的なスポット・ライトがあてられる。

　それをまずNo.28-7で事実として表しているが、これは既習の文型「〜がある」である。それを、No.30-5で「〜はある」で疑問の表現として発話しているが、この疑問はすぐに学習者に問いかける形となり(No.30-7／30-8)、教卓左端に発見した学習者の代表としてS5に実習生が問う(No.32-4)。それに対して、S5はそのありかを答える(No.35)。以上、実習生のNo.30-5／30-7・32-4の三つの「時計は〜」の発話には状況的にまったく無理がない。加えて、S5のNo.33／35の「時計は〜」も話の流れに導かれたような発話となっている。巧みな状況設定をして腕時計の主題化を見事に成功させたからこそなされた自然な発話の中の指導項目の出現といえよう。しかも、「夫」以外にはほとんど未習語彙がない。

　さらに、以下に見るように、この後に続く構文の導入にも無理がない。

	8	私は聞きました。	
	9	「私の」	
	10		☞時計
	11	「時計は、どこにありますか」。	
	12		☞自分
	13	「私の時計は、どこにありますか」。	
	14		☞S5
	15	S5さんは、いいました。	
36	16		🖐時計を、もとの場所に置く
	17		☞時計
	18	「時計は、机の上にあります」。	
	19	「時計は、机の上にあります」。	
	20		[　　は、　　に、あります]
	21		[どこ]、[か]
	22	はい。	
	23	「時計は、どこにありますか」。	🖐パネル、なぞる
	24	「時計は、机の上にあります」。	🖐パネル、なぞる
	25	いいですか。	

　一連の状況をまとめる形で、まず腕時計を取り上げ再び主題化し（No.36-10）、実習生の問いかけを2度繰り返している（No.36-9〜36-13）。そして、もとの場所に戻した後で指差しさらに腕時計に焦点を当て（No.36-17）、それに答えたS5の発話を同じく2度繰り返している（No.36-18／36-19）。それを受けた構文の導入でも、貼ったパネルをなぞりながら同様の問答を再現している（No.36-23／36-24）。

　以上、意味の導入を通して作られた状況をそのまま受けて構文の導入を行っており、学習者の理解に無理がないプロセスで授業が構成されている。

3.2　不十分さが認められる意味の説明分析[11]

3.2.1　「会う」の導入

　以下は他動詞の初出の指導であるが、「会う」「写真を撮る」の二つの動詞、動作の場所を示す助詞「で」、誘いの表現「〜ませんか」の3項目

の意味の説明において情報が十分ではない。

No. T／S　　　　　　　　　　　　　　　　　　　　25:55

No.	T/S	
1	T	（ディズニーランドの写真を持ち）ディズニーランドです。「ディズニーランド」。（祇園を歩く舞子の写真を持ち）京都です。「京都」。（沖縄首里城の写真を持ち）沖縄です。「沖縄」。（3枚の写真を貼る） （「会う」の絵を持ち）「会います」。（絵の中の二人の人物、指で指す。S1に向かって手のひら上に手を伸ばし、指を内側に曲げながら素早く自分に寄せる）「会います」。（S2に向かい、同）「会います」。 （3ヶ所の絵を指し）「どこ」、（「会う」の絵を軽く持ち上げ）「で」、「会いますか」。（3ヶ所の絵を指し）「どこで、会いますか」。 （「会う」絵を貼って、その下に）「どこで、あいますか」板書。
2	TS	CS「どこで、会いますか？」
3	T	（ディズニーランドの写真を指し）ディズニーランド、で、会います。（舞子の写真を指し）京都、で、会います。（首里城の写真を指し）沖縄、で、会います。 （「どこで、あいますか」の下に、「ディズニーランドで、あいます」、「きょうと」、「おきなわ」、板書）
4	TS	（「ディズニーランドで、あいます」の板書とディズニーランドの写真を指し） C「ディズニーランド、で、会います。」
5	TS	（「きょうと」の板書と舞子の写真を指し）C「京都、で、会います。」
6	TS	（首里城の写真を指し）C「沖縄、で、会います。」
7	T	（「写真を撮る」絵を持ち）「写真を撮ります」。 （絵を貼って指差し）「どこ」、（シャッターを押すジェスチャーをし）「で」、「撮りますか」。 （「ディズニーランドで、あいます」の板書とディズニーランドの写真を指し）「ディズニーランド」、（シャッターを押すジェスチャーをし）「で、撮ります」。（「写真を撮る」絵と京都の写真を指し）「京都」、（シャッターを押すジェスチャーをし）「で、撮ります」。（首里城の写真を指し）「沖縄」、（シャッターを押すジェスチャーをし）「で、撮ります」。 （舞子の写真を示し、S1に向かって）S1さん、答えてください。どこ、（「写真を撮る」絵、指差し）で、撮りますか。
8	S1	京都で撮ります。

9	T	(S2に向かってディズニーランドの写真を示し)S2さん、答えてください。 どこ、(「写真を撮る」絵、指差し)で、撮りますか。
10	S2	ディズニーランド、で、撮ります。
11	T	(「写真を撮る」絵の下に、「どこで、とりますか」板書。「どこ」の下に「ディズニーランドでとります」、「きょうとで」板書) (S1に写真を渡し)S3さん、聞いてください。S1さん、答えてください。(「写真を撮る」絵示し)
12	S3	どこで撮りますか。
13	S1	ディズニーランドで撮ります。
14	T	(S2に写真を渡し)S2さん、聞いてください。S4さん、答えてください。
15	S2	どこで撮りますか。
16	S4	京都が、とります。
17	T	「京都」(PS「×」を持ち)「が、撮ります」じゃありません。「京都」(「きょうとで」の板書の「で」指差し、PS「○」をその上にあてて)「で、撮ります」。 (手で発話を促す)
18	S4	京都で撮ります。

33:40

　実習で使った教科書『みんなの日本語』では、第4課で自動詞、第5課で移動の動詞、そしてこの第6課で「食べる／飲む／見る」などの他動詞性の動詞が提出される。ここで取り上げたのは他動詞性の導入の最後に当たる部分で、「会う」「写真を撮る」の二つの動詞が指導されている。

1	1		☞「会う」	①
	2	「会います」。		
	3		☞(「会う」の中の) 二人の人物	②
	4		(◀S1) ✋手のひら上に、手を伸ばす	
	5		✋指を曲げながら、素早く自分に寄せる	
	6	「会います」。		
	7		(◀S2) ✋手のひら上に、手を伸ばす	③
	8		✋指を曲げながら、素早く自分に寄せる	
	9	「会います」。		

　「会う」の導入においてなされた発話及び作業は上記の九つであるが、実習生の意味の導入に当たっては三つの意図があったものと思われる。①の絵によるイントロ的な導入、②のジェスチャーによる中核的な導入、③の②の繰り返しによるだめ押し的な確認、の三つである。いずれも、最後に「会います」の発話を伴っている。

　①で用いられた絵は、左右に人物が向かい合って立ち片手をあげあいさつをしているイラストである。「おはよう／こんにちは」あるいは「さようなら」のあいさつを導入する際にも用いることができると思われる図柄である。実習生は①には重きを置かず即座に②に移行しているが、②を子細に見てさらにその意図を推し量ると、「二人の人物の存在があり（No.1-3）、たとえばS1さんと（No.1-4）、私（＝実習生）が顔を合わせる・対面する（No.1-5）」ことをもって「会う」を表そうとしたものと思われる。ところが、その中心的な働きをするNo.1-5の「指を曲げながら、差し出した手を素早く自分に寄せる」動作から受ける印象は、S1が実習生に向かってやってくる・急いで移動してくるという意味合いが強く、「会う」という動詞の持つ相互的な側面、互いに向かい合う・互いに歩み寄るといった意味合いが伝わりにくい。

　①の絵があいさつにも見え「会う」の導入としてはあまり有効的でない理由は描かれた二人の人物が立っていることにあり、二人が互いに近づくように歩いているあるいは両者が出会うような矢印を描くなどすれば、「会う」の絵としてもっと適切なものになったものと考えられる。そ

れと同じことが②においてもいえ、相互性を明確に示すジェスチャーや動作、たとえばNo.1–3の人物をS1と実習生になぞらえてそれが絵の上で互いに近づくように両手で示す、同様に左右の人差し指を近づけてくっつかせる、実際に二人の学習者を立たせて互いに歩み寄らせるなどが必要であったといえよう。

　一方、「写真を撮る」はNo.7での導入であるが、その意味の導入は最初に絵を提示したのみである。カメラのシャッターを押すジェスチャーは4回なされているが、いずれも助詞「で」の導入に際してなされたものである。ここで使われた絵は山の手前で並び立つ男女とそれに向けてカメラを構えている人物という図柄で、「会う」よりもずっと誤解なくその意味するところが理解できると思われるイラストであるが、それでも同時に「はい、チーズ！／1, 2, 3!」と声を発するなどした場合と比べると十分とはいえない。

　こうした絵・イラストを見せただけで意味の導入をすませてしまうのは、一連の実習で動詞のみならず名詞・形容詞・文法概念でも頻繁に観察された。もともと意味概念が単純で誤解なくそれとわかるもの、「写真を撮る」のようにその意味を表すのにほぼ適切な図柄が描かれていてすぐに理解できるものも多かったが、3–1–1.のNo.20の郵便局の絵のように、誤解を招くおそれがあるのではないかと思われるものを見せるだけですぐに次の作業に進んでいくことも少なくなかった。

　その理由としては実習生の準備が不十分であったことも一部認められるが、むしろ、実習生がその教材の持つ説得力を高く評価しすぎたことにあると思われる。すなわち、準備の段階で作成したり選択したりした教材がある意味概念を表すのに十分な要素を備えていると実習生が判断していることにある。けれども、「会う」におけるジェスチャーに見たように、その教材でもって学ぶ学習者の側から見れば読み取れる内容が乏しく、意味のメッセージが把握しきれないあるいは恣意的な判断をして誤った理解をしてしまう可能性がある。

3.2.2　動作の場所を表す「で」の指導

　動作の場所を示す助詞「で」は、No.1の最後に導入される。以下に作業図を示す。

1	10		☞ディズニーランド／京都／沖縄	←「どこで」
	11	「どこ」		
	12	「で」	☞「会う」（持ち上げ）	
	13	「会いますか」。		
	14		☞ディズニーランド／京都／沖縄	
	15	「どこで、会いますか」。		
	16		[「会う」]	
	17		[どこで、あいますか]	
2		CS「どこで、会いますか。」		
3	1		☞ディズニーランド	「(場所)」で」
	2	ディズニーランド、で、会います。		
	3		☞京都	
	4	京都、で、会います。		
	5		☞沖縄	
	6	沖縄、で、会います。		
	7		[ディズニーランドであいます]	
	8		[きょうと]	
	9		[おきなわ]	
4		CS「ディズニーランド、で、会います。」	☞[ディズニーランドであいます]、ディズニーランド	
5		CS「京都、で、会います。」	☞[きょうと]、京都	
6		CS「沖縄、で、会います。」	☞沖縄	

　No.1〜No.3を通してみると、実習生は、場所の名（No.1冒頭）→「会う」（No.1-1〜1-9）→「どこ」（No.1-10〜No.2）→「(場所)で」（No.3）という流れを設定していることがわかる。すなわち、動作の場所を表す助詞「で」の導入を中心に据えその流れの中に「会う」を挿入した形になっており、「会う」は動作を提供する役割を担っているだけで「会う」そのものの扱いは軽い。それが、不十分なジェスチャーになり、また、会う相手

を表す助詞として「に／と」を取るという構文情報が取り上げられていない理由でないかと思われる。同じことはNo.7の「写真を撮る」でもいえ、絵を示すだけの意味の導入、さらには「撮る」対象を示していないために学習者からしてみれば「(場所)で撮る」が「(場所の写真)を撮る」とも取れる進行となっている。

　「で」の意味を直接担うのはNo.1–12で、いくつかの場所があって(No.1–10)、そのいずれかを特定する(No.1–11)ものとしての「で」(No.1–12)という流れの中で提出されている。しかしながら、確かに示された三つの場所(No.1–10)・既習の疑問詞「どこ」(No.11)によって学習者には「で」が場所に関連する助詞であることが理解されようが、さらにそれが動作の場所を表すことの説明にはなっていない。実習生の意向としては、No.1–12で「で」の発話と同時に「会う」の絵を持ちあげることによって「会う」という行為が行われる場所を「で」が示しているとしようとしたと思われるものの、No.1–10〜1–12と「会う」との結びつきが弱く理屈として追っていくには無理がある。それは、「レストラン−食べる」「図書館−読む」「スーパー−買う」などの結びつきの強さと比べると明らかである。

　「で」の動作性の側面を示す説明には、a.一つの場所で複数の動作が行われることを示す、b.複数の場所で一つの動作が行われることを示す、c.a.＋b.の、3通りが考えられるが、この実習生の意向をなるべく生かす形を考えるならば、b.にのっとって、「会う」→場所→「で」→「どこ」とするのが適切ではなかったか。すなわち、No.1–1〜1–9(「会う」)→No.1の冒頭(場所)→No.3〜No.6(「で」)→No.1–10〜No.2(「どこ」)、という進行である。

3.2.3 「〜ませんか。」の指導

　「〜ませんか。」は動詞の初出の形「〜ます。／ません。」を受けたもので、それまでは名詞文・形容詞文を中心に叙述的な表現にとどまっていたのが、これによって働きかけ表現が初めて導入され、その後、一気に機能が豊かになっていく。ところが次では、意味と構文の説明が不十分である。

19	T	(S2を向いて) S2さん、「いっしょに」([写真を撮る] 絵を指して)「写真を」(自身の胸から、握っていた指を広げながらS2に手を差し伸べて)「撮りませんか」。(手のひらを上にして手招きするように腕を曲げ)「はい、撮ります」。 (写真を撮る絵の下に、「いっしょにとりませんか?」、その下に「はい、とります。」板書)
20	TS	CS「いっしょに撮りませんか?」
21	T	(PS「○」を示し)「はい、撮ります」。
22	TS	CS「はい、撮ります。」
23	T	(「テニスをする」の絵示し)「テニスをします」。「テニス」。(絵の中のラケット指し) ラケットです。(ボール指し) ボールです。(ラケットでボールを打つジェスチャーして)「テニスをします」。(絵を貼ってその下に、「いっしょにテニスをしませんか?」、さらにその下に「はい、_____。」「いいえ、_____。」、板書) S4さん、聞いてください。S3さん、答えてください。(「テニス」の絵、指差す)
24	S4	いっしょにテニスをしませんか?
25	T	(板書の「はい、_____。」を示す)
26	S3	はい、しません。
27	T	「はい、しません」じゃ、(PS「×」を持ち) ありません。「はい」。(板書の「はい、_____。」の下線部に「します」板書して、それを指差し)「はい、します」。
28	S3	「はい、します。」
29	T	(「テレビを見る」絵を貼って指差し)「テレビを見ます」。(絵の下に「いっしょにテレビをみませんか?」、さらにその下に「はい、みます。」「いいえ、みません。」、板書) S3さん、(絵指差し) 聞いてください。S1さん、答えてください。
30	S3	いっしょにテレビを見ませんか?
31	S1	はい、見ます。
32	T	(PS「○」を持ち、S1に) はい、見ます。 S5さん、聞いてください。S2さん、答えてください。(「テレビを見る」絵、指差し)
33	S5	いっしょにテレビを見ませんか?
34	T	(板書の「いいえ」、指差す)

35	S2	いいえ、見ません。
36	T	(PS「×」持つ)

33:55

上記の授業は、以下のように進行している。

① 誘い　　「〜ませんか。」　　No.19
　　承諾　　「はい、〜ます。」　No.19

② 断り　　「いいえ、＿＿＿。」　No.23
　　　　　　「いいえ、〜ません。」No.29

③ 問答練習　　　　　　　　　　No.23〜36

　最初に①誘い「〜ませんか。」とその承諾の「はい、〜ます。」(No.19)、次いで新出動詞「テニスをする」をはさんで②断りの「いいえ」だが、これは「いいえ、＿＿＿。」(No.23)と「いいえ、〜ません。」(No.29)に分かれている。そして最後に、③学習者同士の問答へと続く。全体としては妥当な流れのように見えるが、No.19〜No.36を通してみてもその流れは非常につかみにくい。それは、意味と活用などの形に関する情報が3機能とも不足していること、3機能それぞれの練習が十分でないことの2点により、各部分の性格づけがしにくいためと思われる。

	1		◁S2
	2	S2さん、「いっしょに」	
	3		☞[写真を撮る]
19	4	「写真を」	
	5	「撮りませんか」。	指を広げながら、S2に手を差し伸べる
	6	「はい、撮ります」。	手のひらを上にして、手招き

　「〜ませんか。」はNo.19-5で導入されるが、発話と同時に「自身の胸から指を広げながら手を差し伸べる」ジェスチャーが伴う。これは、自らの心を開き(=「自身の胸から指を広げ」)それが相手に向かっていく(=

「指を広げながら手を差し伸べる」）様子を表しているものと考えられるが、学習者がそれだけで誘いの機能を理解するには抽象的すぎ不十分である。それが誘いであることを明確に表すには、誘う人物と誘われる人物二人を設定すること、誘う人物は相手の腕を引くなりある場所を指で指す・体をその場所に向けるなりしてその気持ちが誘っている場所に向かう様子を動作として示すことの2点が最低限求められよう。そのためには、絵であるいは教師と学習者・学習者同士で状況を設定し視覚化して示さなければならない。

また、「写真を撮る」で導入を図ったのは直前のNo.7～No.18で取り上げたからで既習の項目を使って新しいことがらを提示しようと意図したものと思われるが、何かの写真を撮ろうと相手を誘うこと自体、不自然である。誘う行為としては、この課で指導する「食べる／飲む／見る」などのほうがずっと状況設定しやすく、しかも単純でわかりやすい。

「～ませんか」という形は、No.20でコーラス・ソロの練習がされる前にNo.19で板書されてはいるが、特に表記上の工夫などなされておらず口頭でも説明がなされない。学習者の中には動詞やそれに準ずる品詞の否定形が誘いの機能を持ちうる言語を母語とする学習者もいようが、「～ません」に「か」がついてもこの場合には否定の意味はまったく持たずむしろ強い肯定的な誘いの表現になることを明確に指摘しておかなければ誤解を招くおそれがあろう。

一方、誘いの表現に対して承諾（No.19）・断り（No.23／29）双方の応答表現を導入したのは、「～ませんか。」が強い働きかけの機能を持っていることを考えるときわめて妥当である。ことに、『みんなの日本語』には断りの表現が提出されていない[12]のにもかかわらず導入しようとしたのは、この実習生の評価すべき点である。しかしながら、承諾の表現としては、やはり、「はい、～ます。」よりも指導項目とされている「～ましょう。」に「ええ／いいですね／いいですよ」などを加えた形[13]のほうが座りがよいであろう。同様に、断りの「いいえ、～ません。」はこのレベルとしては致し方ないが、生硬な感じが否めない。学習者に負担にならずかつある程度自然さを備えた「すみません。ちょっと／ううん、ちょっと」などといった表現を提示したほうが適切なのではないかと思われる。

No.19の承諾の応答の導入では、「手のひらを上にして手招きするように」すると同時に「はい、〜ます。」と発話しているが、「〜ませんか。」同様、抽象的すぎてわかりにくい。No.21のPS「○」の提示をここでするか、できれば誘われた人物が微笑みながら首を縦に振っているあるいは誘った人物についていくといった誘いの受け入れを表す絵を示すべきであったろう。動詞の「ます／ません」は既習のためNo.23では空欄を描いて下線を施すのみになっているが、学習者の側から見れば、否定の「〜ませんか。」で問うて、肯定の場合は「はい、〜ます。」、否定の場合は「いいえ、〜ません。」で、問いの形と答えの形がねじれている。そのねじれがNo.26の「はい、しません。」という誤りになって表れる。S3にしてみれば、肯定で答えるために「はい」と述べ、問いと同じ形の「しません」をそれに続けたものと考えられる。こういう考え方のほうがそれまでの名詞文・形容詞文の問答の形と矛盾がない。こうした誤解を避けるためにも形の情報としてNo.19の段階で板書に工夫するなどして明確に示すべきであったろう。断りの答え「いいえ、〜ません。」に関しては、意味・形ともに触れられていないといわざるを得ない。
　以上を踏まえて「〜ませんか。」の指導過程を再検討したのが次である。

①誘い	「〜ませんか。」	導入	絵、ジェスチャー	板書
		練習		
②承諾	「いいですね。〜ましょう。」	導入	絵	板書
		問答練習		
③断り	「すみません。ちょっと。」	導入	絵	板書
		問答練習		
④まとめの練習			絵	

　この実習の進行が把握しづらい理由として、意味と活形の情報が不足しさらに練習が十分でないために各部分の性格づけがしにくいことをあげたが、そのために承諾と断りの応えの導入を明確にする四つのプロセスを設けた。
　①は「〜ませんか。」の導入であるが、レストランで食事をする／ビー

ルを飲む／映画を見るなどといった誘いの場面をいくつか設定し、それを絵で示すあるいは教師－学習者・学習者同士のジェスチャーで意味を導入すると同時に板書する。それを受けて、既習の動詞及びこの課で提出した動詞の絵を使って「～ませんか。」だけの形の練習を行う。②は「～ましょう。」を使った承諾表現の導入であるが、PS「〇」と笑顔でうなずくあるいは誘われてついていく絵を同時に示して誘いを受け入れたことを表す。さらに、「いいですね。～ましょう。」を板書した上で、①で用いた動詞の絵を使い「～ませんか。」－「いいですね。～ましょう。」の問答練習を行う。③の断り表現では、PS「×」と困った顔をするあるいは誘った者と反対の方向に歩もうとする絵を同時に示した上で、②と同様の問答練習を行う。最後に、動詞の絵を使って、教師－学習者・学習者同士で教師がPS「〇／×」で答えを指示するなり学習者が自由に答えるなりして④まとめの問答練習とする。

3.3 意味と構文の導入比較分析

最後に、「～が好きです。」[14]の二つの指導を、意味と構文の点から対比して示す。

3.3.1 望ましいと思われる指導例その①：「～が好きです。」の導入

0:42

7	T	（S2に向かって）ええ、S2さん。日本でテレビを見ますか。
8	S2	はい、見ます。
9	T	見ますか。日本のドラマを見ますか。
10	S2	はい、見ます。
11	T	見ますか。はい。 （タレント木村拓哉のグラビア切り抜きを示し、全員に）知ってますか。
12	S2	はい、知ってます。
13	T	（S3に向かって）知ってますか。
14	S3	知っています。
15	T	（S4に向かって）知ってますか。
16	S4	知っています。
17	T	（S1に向かって）知っていますか。
18	S1	知りません。

19	T	知りませんか。
20	S2	(S1に向かって)知りませんか。だれ。
21	T	日本の歌手です。日本の歌手です。 はい。(グラビア、黒板に貼って、S2に)だれですか。
22	S2	はい、知っています。
23	T	名前は。
24	S2	知っていません。
25	S3	読み方は…。
26	T	(グラビア指し)木村拓哉です。
27	S	キムラタ…
28	T	(グラビア指し)キムラタクヤです。(グラビア指し)かっこいいですね。
29	S	(笑い)
30	T	はい。(黒板に、人型を描く。自身の胸指して)私です。(人型を指して)私です。(さらに、その人型にハートの形をした赤い目と、人型からグラビアに向かう矢印を描く) (自身の胸と人型指し)私です。(グラビア指し)木村拓哉。(人型とグラビアの間に赤いハート・マーク貼って、それを指し)好きです。(ハート・マーク指し)好きです。 (「が、すきです。」板書) (自身の胸と人型指し)私です。(グラビア指し)木村拓哉。(ハート・マーク指し)好きです。(自身の胸を指し)私は、(グラビア指し)木村拓哉が、(ハート・マーク指し)好きです。
31	TS	CS「好きです。」
32	T	(サッカーの写真、見せて)はい、何ですか。
33	S	サッカー。
34	T	はい。サッカー。サッカーです。
35	TS	CS「サッカー」
36	T	(黒板にサッカーの写真貼って) (自身の胸を指し)私は、(自身の胸を指し)私は、(写真指し)サッカーが、(ハート・マーク貼り)好きです。(自身の胸を指し)私は、(写真指し)サッカーが、(ハート・マーク貼り)好きです。 (「が、すきです。」の板書指して) (自身の胸を指し)私は、(写真指し)サッカーが、(ハート・マーク指し)好きです。
37	TS	C「好きです。」

| 38 | TS | C「サッカーが好きです。」 |
| 39 | TS | CS「私は、サッカーが好きです。」 |

意味の説明の分析

「好き」の意味と構文が指導されるのはNo.7～31、疑問形・肯定形／否定形が導入されるのは後述No.40～No.53であるが、No.32～No.39は「～が好きです。」の意味と構文を理解した上での口頭練習であると同時

		実習生の発話	実習生が行った作業
30	1	はい。	
	2		［人型］
	3	私です。	☞自身の胸
	4	私です。	☞人型
	5		（［人型］）＋［ハートの目］
	6		（人型からグラビアへ）［→］
	7	私です。	☞自身の胸・人型
	8	木村拓哉。	☞グラビア
	9		（人型とグラビアの間に）［♥］
	10	好きです。	☞♥
	11	好きです。	☞♥
	12		［　　が、すきです。］
	13	私です。	☞自身の胸・人型
	14	木村拓哉。	☞グラビア
	15	好きです。	☞♥
	16	私は、	☞自身の胸
	17	木村拓哉が、	☞グラビア
	18	好きです。	☞♥
31		CS「好きです。」	

36			
37		C「好きです。」	
38		C「サッカーが好きです。」	
39		CS「私は、サッカーが好きです。」	

にその文を使って疑問形・肯定形・否定形の指導に移行する、いわばブリッジの役割を果たしている。

「好き」の意味と構文が直接導入されるのはNo.30である。これをさらに細かく分析すると、以下のような流れを持っている（下記表参照）。

No.30は計18の短い発話と作業とに分けられるが、これらを通して実習生が何を意図したかを考察すると、右に示したように、1.「好き」の意味の導入、2.構文の導入の二つだったものと考えられる。そして、それを受けてNo.31・No.37〜No.39の3.口頭練習が続く。

推測される実習生の意図

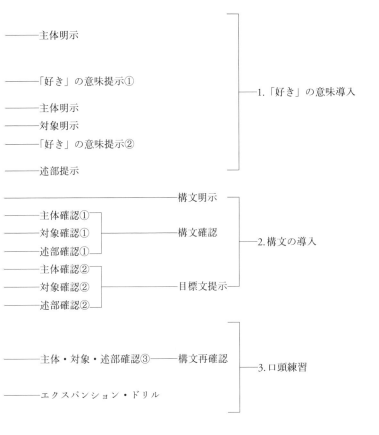

第3章　初級段階における指導項目の説明方法

1.の内、意味の導入を担うのはNo.30-5／30-6／30-9である。すなわち、No.30-5で人型に赤いハートの目を描きたすことで好意を持っていることを表し、さらにNo.30-6で矢印を描くことでその気持ちがグラビアのタレントに向かっていることを示す。その布石となっているのがNo.30-3／30-4で、単に「好き」の主体を示すだけでなく描いた人型に実習生自身を仮託させることによって学習者の興味を引こうとしている。若い実習生が外国人でも知っている人気タレントのファンであるというのは、学習者にとって非常にわかりやすい状況設定でありかつ身近でなじみやすく、たとえばまったく人格のない「Aさん／Bさん」などとし説明を進めていくよりもずっと学習者の気持ちを引きつけたことが容易に想像できよう。そうして、その好意をさらにはっきりと示したのがNo.30-9である。赤いハート型に切った紙を黒板に貼ることで「好き」の意味を明確にし、続くNo.30-10／30-11でそれを2度指し示して決定的にしている。
　これら一連の流れに見る意味の説明はきわめて明解で、理解に何の無理もない。「好き」が男女間の感情を示すと誤解する学習者もいるかもしれないが、すぐ後にNo.32～No.39でサッカーの例をあげることで、それが広く一般に「気に入ること／好むこと」であると意味の修正がなされる。

　構文の説明の分析
　一方、構文が明確に示されるのはNo.30-12における板書であるが、それ以前の意味導入の段階において「好き」の主体（No.30-3／30-4／30-7）・対象（No.30-8）・述部（No.30-10／30-11）が「～は、～が好きです」の構文に沿った形で明らかにされている。しかも、人型・グラビア・ハートがその都度指し示され、なおかつ主体と述部は繰り返して確認されている。すなわち、これらの作業は意味の導入と後で提示する構文をあらかじめそれとなく示すという重要な役割を負った作業といえる。さらに、板書の後にももう一度確認を行い（No.30-13～30-15）その上で、No.30-16～30-18で初めて助詞を補って目標となる構文が提示されている。加えて、No.37～No.39のエクスパンション・ドリルに行く前のNo.36においても3度にわたって主体・対象・述部を確認している。

以上をまとめると、「好きです」の導入は次のような流れで構成されている。

構文のほのめかし　→　構文明示1　→　　構文明示2　　→　　構文確認
（主体・対象・述部示し）　　（板書）　　（主体・対象・述部確認）　　（〃再確認）

　こうした4度にわたる繰り返し・さらにそれを上回る各構成部分確認の繰り返しによって、学習者の構文の理解・定着は確実なものになっていると考えられる。この繰り返しは他の部分でも頻繁に見られこの実習生の一つの特徴といえるが、ことに初級の初期を指導するに当たってはより望ましい説明の重要な要素といってよかろう。

　加えてもう一つ重要なのは、VA利用のタイミングの適切さである。たとえば、No.30-10／30-11における意味の導入あるいはNo.30-13～30-18における主体・対象・述部の明示に当たっては、発話と同時に各々その内容を示すVAを指差している。すなわち、音声と視覚双方を同時に与えることによって、より効果的な学習者の理解と定着を図ろうとしている。また、上図の「構文明示1」の際の板書はNo.30-3～30-11の「構文のほのめかし」をした直後になされたもので、あらかじめ口頭で構文を与えておいてさらにそれを明確にするために文字化し学習者に示したものとなっている。こうした学習者の理解の過程を踏まえた板書のタイミングも、学習者の理解に重要な役割を果たしているものと考えられる。

3.3.2　望ましいと思われる指導例その②：「～が好きです。」の疑問形・肯否定形の導入

4:55

40	T	(PS「?」掲げ) サッカーが好きですか。サッカーが好きですか。 (サッカーの写真の横にハート・マークを貼り、それにPS「?」を重ねて) サッカーが好きですか。 (板書した「　　が、すきです。」に「か?」を書き加え、さら「か」に下線を施す)

41	T	（PS「?」掲げ）サッカーが好きですか。 （○マークをハート・マークの横に貼り、「　　が、すきですか。」の下に、「はい、すきです。」板書） サッカーが好きですか。（○マークを指し）はい、好きです。サッカーが好きですか。（○マークを指し）はい、好きです。
42	TS	C「はい、すきです。」
43	T	（ハート・マークにPS「?」を重ねて）サッカーが好きですか。 （ハート・マークの上に重ねて×マークを貼り）サッカーが好きですか。（×マークを指し）いいえ、好きじゃありません。（ハート・マークにPS「?」を重ねて）サッカーが好きですか。（×マークを指し）いいえ、好きじゃありません。 （「はい、すきです。」の下に「すき」をそろえて、「いいえ、すきじゃありません。」板書） （ハート・マークにPS「?」を重ねて）サッカーが好きですか。（×マークを指し）いいえ、好きじゃありません。
44	TS	CS「いいえ、好きじゃありません。」
45	T	S4さん。（PS「?」を掲げ）サッカーが好きですか。
46	S4	はい、好きです。
47	T	好きですか。はい、S2さん。（PS「?」を掲げ）サッカーが好きですか。
48	S2	はい、好きです。
49	T	好きですか。はい。S1さん。（PS「?」を掲げ）サッカーが好きですか。
50	S1	はい、好きです。
51	T	ええ〜、S3さん。（PS「?」を掲げ）サッカーが好きですか。
52	S3	はい、好きです。
53	T	みなさん、サッカーが好きですね。はい。

7:35

疑問形と肯定形・否定形の導入の分析
　No.32〜No.39のブリッジの部分を受けてサッカーを話題に疑問形・肯定形／否定形が導入されるが、『みんなの日本語』では第1課で「〜です」が導入されさらに第8課がイ形容詞・ナ形容詞の提出課で、学習者

にとっては、「好きです」の疑問形・肯定形／否定形自体は既習の知識がそのまま応用できることからである。にもかかわらず、この指導では、VAを適切に活用して、それが何に対する疑問か肯定・否定かがきわめて明確に示されている。以下に、その過程を示す。

40	1	サッカーが好きですか。 サッカーが好きですか。	☞PS「?」	疑問形
	2		（サッカーの写真）＋［♥］＋［PS「?」］	
	3	サッカーが好きですか。		
	4		（「　　が、すきです。」）＋［か?］＋［か?］	
41	1	サッカーが好きですか。	☞PS「?」	肯定形
	2		（［♥］）＋［○］	
	3		［はい、すきです。］	
	4	サッカーが好きですか。		
	5	はい、好きです。	☞○	
	6	サッカーが好きですか。		
	7	はい、好きです。	☞○	
42		C「はい、好きです。」		
43	1	サッカーが好きですか。	（［♥］）＋［PS「?」］	否定形
	2		（［♥］）＋［×］	
	3	サッカーが好きですか。		
	4	いいえ、好きじゃありません。	☞×	
	5	サッカーが好きですか。	（［♥］）＋［PS「?」］	
	6	いいえ、好きじゃありません。	☞×	
	7		［いいえ、すきじゃありません。］	
	8	サッカーが好きですか。	（［♥］）＋［PS「?」］	
	9	いいえ、好きじゃありません。	☞×	
44		CS「いいえ、好きじゃありません。」		
45		S4さん。サッカーが好きですか。	☞PS「?」	
46		はい、好きです。		

第3章　初級段階における指導項目の説明方法

145

冒頭のNo.40-1でPS「?」を掲げて疑問形が出されるが、さらにNo.40-2を見ると、サッカーの写真にハート・マークを重ね、その上にPS「?」を置いている。すなわち、「サッカー」が「好きであること」を「問うている」ということがこの三つのVAで誤解を招くことなく的確に示されている。
　また、このハート・マークは肯定形・否定形の導入においても効果的に用いられ、No.41-2・43-2では、疑問文と同様に「(サッカーが)好きであること」を肯定すること／否定することが容易に理解できる。各々の答えにおいて「○／×」マークをその都度指し示している(「○(No.41-5／41-7)」／「×(No.43-4／43-6)」)のも、誤解を避け定着を確実にするのに効果的であろう。以上を受けてNo.45以下の教師−学習者の問答に移行するが、この問答においても質問のたびに実習生はPS「?」を掲げている。
　板書がNo.40-4・41-3・43-7にあるが、各々No.40-1〜40-3・41-1／41-2・43-1〜43-6において十分な意味の確認をしてからなされており、しかもNo.40-4で「か」に後から下線を施した点・「すき」を縦にそろえて三つを板書した点も学習者の理解と定着に視覚的効果をもたらしているものと推察されよう。
　繰り返しの多いことがこの実習生の特徴の一つでことに初級の初期ではそれが重要としたが、以上に見る指導のプロセスと板書をも含めたVAの連携にも学習者の確実な理解と定着を目指す明確な意図が読み取れる。

3.3.3　意味の導入から見て改善が必要と思われる指導例

　前述と同じ「〜が好き」の導入であるが、「好きです」とその否定文の意味の導入に不十分なところが認められる。

1:35

1	T	(黒板にカレンダーを貼る) (ケーキを食べている人物の描いたイラスト示し)田中さんです。 (カレンダーで実習当日を指し)田中さんは、今日、ケーキを食べます。 (前日指し)昨日も、ケーキを食べました。(後の日指し)明日も、ケーキを食べます。(実習当日をはさんだ3～4日指し)毎日、ケーキを食べます。 「田中さんは、ケーキが好きです」。
2	TS	C「田中さんは、ケーキが好きです。」
3	TS	CS「好きです。」
4	T	ケーキが好きです。
5	T	(「＿＿は＿＿がすきです。」、板書)
6	TS	(再びイラスト持って)C「ケーキが好きです。」
7	TS	CS「田中さんは、ケーキが好きです。」
8	T	(納豆を前にした人物描いたイラスト示し)これは、林さんです。林さんは、(箸で口に運ぶジェスチャーして)納豆を食べます。
9	TS	C「納豆が好きです。」
10	T	(イラスト持ったまま、自身の胸を指し)私は、納豆が…。私は、納豆を食べません。 (胸の前で手を交差させ、×を作る)(自身の胸を指し)「納豆が好きじゃありません」。
11	TS	C「納豆が好きじゃありません。」
12	S	(「納豆は好きじゃありません。」といったSがいる)
13	TS	(「が」を強調して)C「納豆が好きじゃありません。」
14	T	はい。(「＿＿は＿＿がすきです。」の「です。」の下に「じゃありません。」、板書)
15	TS	CS「納豆が好きじゃありません。」はい。
16	T	(焼き魚の皿を笑って見ている人物と嫌がっている人物を描いたイラスト持ち、魚を示し)魚です。 (笑っている人物指し)この人、佐藤さん。「佐藤さんは、魚が好きです」。
17	TS	C「佐藤さんは、魚が好きです。」
18	T	(嫌がっている人物指し)鈴木さんは、魚を食べません。「魚が好きじゃありません」。
19	TS	C「好きじゃありません。」C「好きじゃありません。」C「魚が好きじゃありません。」C「鈴木さんは、魚が好きじゃありません。」はい。

第3章　初級段階における指導項目の説明方法

20	T	では、「いいえ」で答えてください。魚が好きですか。
21	S3	いいえ、好きじゃありません。
22	TS	C「いいえ、好きじゃありません。」C「いいえ、好きじゃありません。」
23	T	(S2に向かって)納豆が好きですか。
24	S2	いいえ、好きじゃありません。
25	TS	C「いいえ、好きじゃありません。」C「いいえ、好きじゃありません。」
26	T	ケーキが好きですか。
27	S1	はい。
28	T	(笑い、手で制して)「いいえ」で答えてください。
29	S1	いいえ、好きじゃありません。
30	TS	C「いいえ、好きじゃありません。」
31	T	(S3に向かって)魚が好きですか。
32	S3	はい、好きです。
33	T	(笑い)「いいえ」で答えてください。
34	S3	いいえ、好きじゃありません。
35	T	(S3とS2指し、S3に)S2さんに聞いてください。
36	S3	魚が好きですか。
37	S2	いいえ、好きじゃありません。
38	T	(S2に)S1さんに聞いてください。
39	S2	魚が好きですか。
40	S1	いいえ、好きじゃ、ありません。
41	T	(自らの胸指し)私に聞いてください。
42	S1	魚は。
43	T	魚が。
44	S1	Oh、魚が、好き…。
45	T	好きですか。
46	S1	好きですか。魚が好きですか。
47	T	(自らの胸指し、首を横に振りながら)いいえ、好きじゃありません。

7:55

意味の導入の分析

「好きです」が導入されるのはNo.1である。

	1		[カレンダー]
1	2		☞ケーキを食べている人物
	3	田中さんです。	
	4		☞カレンダー（実習当日）
	5	田中さんは、今日、ケーキを食べます。	
	6		☞カレンダー（前日）
	7	昨日も、ケーキを食べました。	
	8		☞カレンダー（次の日）
	9	明日も、ケーキを食べます。	
	10		☞カレンダー（実習当日から翌日までの3～4日）
	11	毎日、ケーキを食べます。	
	12	田中さんは、ケーキが好きです。	
2		C「田中さんは、ケーキが好きです。」	

　あらかじめ貼っておいたカレンダーを利用してNo.1-4～1-11を示し、常にそうであることによって「好き」の意味を導こうとしている。けれども、No.1-11と「好きです」の直接の意味を担うNo.1-12との間には、いささかの飛躍がある。すなわち、何かが好きであればそれに接する頻度が高いことはいえても、習慣的な振る舞いが必ずしもあることに対する好みや好意を表しているとはいえない。学習者の若さに鑑みればケーキという題材が食べ物の嗜好を表すのにある程度の妥当性を持ちうることは認められるしそれを選んだところに実習生の配慮がうかがわれるが、それと、常にそうすることをもって「好き」とするには無理がある。実習生は、好むことをもって「毎日ケーキを食べる」ことと因果関係が成立するとして「ケーキが好き」を示したものと思われるが、好むことを前提とすること自体に強引さがあり、その分、説得力に欠けるということである。それは、3-3-1.のPS「♥」の持つ直接的メッセージと対比すれば明らかである。

　「毎日食べるのは好きだから／好きだから毎日食べる」という関係性

をより明確に示すには、No.1-5／1-7／1-9／1-11で単に「食べます」というだけではなく、日ごとに異なったケーキを提示し嬉々とした表情を作り「おいしいですねえ！／わあ、○○ケーキですね」などといって食べる真似をするなど、ケーキに対する積極的な態度を示す必要があったであろう。

　一方、否定文の導入はNo.10である。直接その意味が導入されるのはNo.10-2／10-3であるが、これも「好き」同様、説得力が貧弱である。すなわち、外国人が敬遠しがちな納豆を話題として持ち出した配慮は認められるが、納豆を食べないことと納豆が好きじゃないこと（No.10-5）とに因果関係を設けるのは強引である。同じことは、肯定文のNo.8-3～8-5・8-9にもいえる。やはり、No.10-3で単に×を作るだけではなく大げさに嫌がっている顔をする、あるいはPS「♥」があるならばそれにPS「×」を重ねることによって「好まないこと」を、同じく肯定文では大げさに喜んでいるジェスチャーをしたりPS「♥」を納豆に重ねるなどしたりすることによって「好むこと」明確にすべきであったろう。

8	1		☞納豆を前にした人物
	2	これは、林さんです。	
	3	林さんは、	
	4		☞箸で口に運ぶ
	5	納豆を食べます。	
9		C「納豆が好きです。」	
10	1		（☞納豆を前にした人物） ☞自身の胸
	2	私は、納豆が…。私は、納豆を食べません。	
	3		☞×
	4		☞自身の胸
	5	納豆が好きじゃありません。	
11		C「納豆が好きじゃありません。」	

　　構文の導入の分析
　3.3.3においては、構文が示されるのは板書のみといってよい。しか

も、その板書にあまり大きな意味を持たせていない。次の作業図No.2〜No.7は「好きです」の導入、No.11〜No.19は否定文の導入である。いずれも、直前のNo.1・No.10の最後に目標となる文が提示されている。

　板書は、目標となる文が導入されさらにその口慣らしの練習を行った後でなされている。No.2〜4／No.11〜13では、「好きです」が「〜は、〜が〜。」という構文を取り特に対象に「が」が来ることに明確に言及されていない。したがって、No.5／14-2の板書は口慣らしをした後の軽い確認のような作業となっている。No.12を受けてNo.13で「が」をことさら強調し注意を促しているが、そもそも、No.5の板書でそのことをはっきり確認する手段を講じておけば生じなかった誤りだといえよう。すなわち、No.5とNo.13の間で「行きつ戻りつ現象」[15]が起きている。No.42には肯定文で同じ「魚は」とする学習者の誤りがあるが、これも同様である。板書の後はNo.7〜9／No.15〜19に移行するが、特に「好きです／好きじゃありません」の対象をそれぞれ入れ替えて練習するというような意図はうかがえない。「納豆」と「魚」が加えられたのみで、まず構文の確実な理解・定着を目指しそれを踏まえ応用的な練習に移行するという意識が希薄である。

2		C「田中さんは、ケーキが好きです。」	
3		CS「好きです。」	
4		ケーキが好きです。	
5			[＿＿＿は＿＿＿がすきです。]
6		C「ケーキが好きです。」	☞ケーキを食べている人物
7		CS「田中さんは、ケーキが好きです。」	

11		C「納豆が好きじゃありません。」	
12		(「納豆は好きじゃありません。」といったSがいる)	
13		C「納豆が好きじゃありません。」	(「が」を強調)
14	1	はい。	
	2		[じゃありません。]

第3章　初級段階における指導項目の説明方法

15		CS「納豆が好きじゃありません。」はい。	
16	1		☞魚好む人物／好まない人物
	2	魚です。	☞魚
	3		☞魚好む人物
	4	この人、佐藤さん。佐藤さんは、魚が好きです。	
17		C「佐藤さんは、魚が好きです。」	
18	1		☞魚好まない人物
	2	鈴木さんは、魚を食べません。魚が好きじゃありません。	
19	1	C「好きじゃありません。」	
	2	C「好きじゃありません。」	
	3	C「魚が好きじゃありません。」	
	4	C「鈴木さんは、魚が好きじゃありません。」はい。	

説明部分と練習部分との乖離

　以上見たように、3.3.3では意味・構文ともに十分な説明がなされたとはいいがたいが、No.16〜No.47を子細に見ると、むしろ、口頭練習としては非常に成功しているといえる。
　No.16・17で「好きです」、それと対比させてNo.18・19でその否定文、No.19ではコーラスながらもエクスパンション・ドリルを行っている。No.21のS3の答えを受けて学習者全員でコーラスという形を取っているが、ソロ練習とコーラス練習の巧みな取り合わせということができよう。これは、No.24・25、No.29・30でも行われている。さらに、No.35以降は学習者同士の問答となっているが、No.20〜No.34が実習生と学習者とのやり取りであることを考えると、教師－学習者→学習者－学習者という実習生主導から学習者同士へという流れが観察できる。この部分が応用的な練習だとすると、No.20・28で否定の答えを要求するのではなく実習生のほうでPS「○／×」を活用するなり学習者の自由な発想に任せるなりすべきだと思われるが、大体の流れにおいて一応の妥当性を持った練習となっているといえる。No.15以前でも、時にはソロ練習を伴うコー

ラスが8度にわたって行われており、数としては十分である。

　けれども、これまで見たように一連の練習に先立つ意味と構文の導入においては不十分なところがある。すなわち、教師の説明が不十分なのにもかかわらず、事実として、学習者の練習は成り立っていると認められる。だとすれば逆に、練習が成り立っていてもそれは教師の説明が十分なされたことを保証しないということに他ならず、No.42のS1の誤りはそれが露呈したものと考えられる。

　こうした不十分な説明にもかかわらず成り立っている練習は他の初級段階の実習でもしばしば見受けられ、新出項目の導入時に、口慣らしの練習において、エクスパンション・ドリル的に段階を追って言わせる・ソロの練習とコーラスの練習を組み合わせるなどその手際がよく円滑に進行させている、また応用的な練習において、指導した項目を実際のコミュニケーションに即したやり取りの中に入れざるを得ないような状況を設定している、指導した項目をもとに学習者同士のやり取りが発展し非常に活気がある、といった練習が散見された。これらの練習は個々の技術から見てもまた全体の構成から見ても妥当なことが多く、実習生もそうした手ごたえを実感しているようであるし、学習者自身も楽しそうによく学んでいるように見た。すなわち、練習としてはきわめて望ましい形が生まれていたといえる。

　しかしながら、以上で見たように、練習部分の質と量とそこに至るまでの説明の部分の妥当性は分けて考えるべきで、おのおのの妥当性とそれらの関係の妥当性を検討しなければ望ましい指導かそうでないかの評価は下せないといわなければならない。

4　おわりに

　2.2.1・3.2.1で触れたように、説明で技術に巧拙が出るのは実習生の心構えや準備に対する姿勢などよりも、むしろ自己の伝え方に対する評価の違いに起因するものと思われる。すなわち、学習者が十分理解しただろうと思われる指導では、実習生が個々の教材教具の持つ情報量をあまり評価せずそれを補うためにより適切な教材を探そうとしたりその数を増やそうとしたりする。さらに、1度では不十分だと感じ同じ作業を

何度もパターン化して繰り返したり音声のみならず文字でも伝えようとして板書を工夫したりする。それに対して、疑問が残るとせざるを得ない指導では、そこにある数と種類の教材で十分情報が伝わるとし、それのみで完結しようとする。また、すでに指導の流れの中で与えるべき情報を与えてきたゆえポイント・ポイントで必要に応じて確認すればそれでよいとする。

　ここでは主に初級の初期の実習を取り上げたが、文法概念がより抽象化し機能が多様化する中後期においても、3.1.3であげた巧みな状況設定の重要性が増しはするものの、このような伝え方の評価の違いが説明技術に巧拙の差を生む大きな要因になることは基本的に変わりがないものと推察される。

　さらにいうと、こうした姿勢は実習生ごとにある程度の傾向があるように思われた。同じ実習中の異なる項目間でもあるいは時を隔てた別の実習間でも、個々の教材教具に低い評価しか与えないと思われる実習生は、教材の数・種類が多く繰り返しも多い。黒板やパネルの活用も頻繁で多彩である。一方、高い評価を与えていると思われる実習生は、市販の教材やインターネットで得たイラストなどの他に教材のバラエティがなくその数も少ない。繰り返しや板書も少なく、全体としてあっさりとした指導である。

　けれども、そうした印象を持ちはしたが、一連の実習で最初から最後までよく練られていて事前に得てきた情報が十分に伝わっていると思われされたものがなかった反面、終始、情報の伝わり方が不十分で課題が多いと思われたものもなかった。いずれの実習にも望ましい部分と改善が必要な部分があり、おのおのの濃淡の違いであるといえた。

注　[1]　国立国語研究所（2002: 29）では日本語教員養成を行っている全国の大学・大学院に実習後の指導としてどのような活動を行うか、その内容調査を行っているが、それによれば、第1位は「指導教官からの講評・助言」（回答のあった48機関のうち46機関＝96％）であった。
　　[2]　市嶋（2009: 14）は、日本語教育学会の学会誌『日本語教育』1～135号（1962年～2007年）の全論文1510を調査し、「実践の関わり

[3]	細川（2008: 225）は、日本語教育の研究データにはa.談話やコーパスなどの自然言語データ、b.会話場面などを文字化した場面資料、c.教室活動そのものの記録などのデータがあるが、その中でも最も少ないのがc.だとしている。その背景には、データの分析には文字化が避けられないがそれには膨大な時間を要すること、そうして得たデータを論文に引用しようとしても多くの紙数を取ってしまい発表の場が得にくいこと、だからといって紙数を削って発表すれば「これだけのデータで一般化できるかの」などといった批判を受けてしまいがちなことがあるものと思われる。
[4]	中村（1995）に、「最近「教え方」と称する「テクニック」を伝授する本を多く見かける。便利ではあろうが、そうした「教え方」をしっかり刷り込まれた柔軟性に欠けた教師ができなければいいが」とのことばがある。本来ならば、こうした批判・危惧が出る以前に、実践研究が日本語教育における一研究領域として成立し、しかるべき成果を収めておかねばならなかったものと思われる。
[5]	石井（1997: 6）は、'90年代に急増した定住型外国人対象の日本語教育をそれまでのものと区別するために「社会型日本語教育」とし、日本語学習を主目的とする日本語教育を「学校型日本語教育」としている。
[6]	2.以降の分析で「望ましい／望ましくない」などと評価したのはあくまでも筆者個人であり、主観そのものである。けれども、今日の日本語教育においては実践研究を遂行するには研究当事者自らが明確な教育観を持たなければならないとされ、たとえば舘岡（2008: 43）は、「自分がよいと信じる教育観にしたがって（内省的な指導を繰り返すことによって）現場の経験知が抽象化され」、「理論が立ち上がる」としている。そもそも、こうした立場に立たなければ、「実習指導」という活動そのものが成り立たない。
[7]	「○／×／？」などの記号を書いた丸い紙を割り箸状の棒の先に挟んだもの。この語自体は和製英語で、語源は「Paper Puppet Theater」とも「Paper Saucer Art」ともいわれるがはっきりしない。本書では「PS」と表記する。
[8]	『みんなの日本語』第4課。事例採取は、2007年7月。
[9]	『みんなの日本語』第4課。事例採取は、2006年10月。
[10]	『みんなの日本語』第10課。事例採取は、2006年7月。
[11]	『みんなの日本語』第6課。事例採取は、2006年6月。
[12]	『教え方の手引き』（p.89）には、留意点として、「誘いを断る場合は

のある論文」は総数で120、しかもそのうちの28は単なる報告に過ぎず、具体的な教育実践と関連付けて考察されている論文がきわめて少ないことを明らかにしている。

[13]	どう言うか、という質問には「すみません、ちょっと…」を紹介する。「(土曜日は)友だちに会います」などの理由を加えてもよい」とある。同『教え方の手引き』(p.88)には、練習Cの「語彙」として「いいですね…勧誘されたときの賛成の答え方。「ええ、〜ましょう」より会話的な応答」とある。
[14]	『みんなの日本語』第9課。事例採取は、前者が2002年6月、後者が2001年6月。
[15]	丸山 (1990) では、初級段階の実習における問題点を四つにまとめその中でも最も重要な問題点の一つを「段取りのまずさ」とし、説明部分で活用や接続の規則などに関する情報が不十分なために練習段階に入っているのにかかわらずまたその説明に戻ってしまうことを「行きつ戻りつ現象」として論じている。

第4章 初級段階の説明時における ティーチャー・トークの乱れ

1 事例を採取した実習授業の概要

　丸山（2004a）では、ティーチャー・トーク（以下、TT）を実習の良し悪しを分ける重要な要素として取り上げ、日本語のみで指導する初級段階でそれが特徴的に乱れるのは以下の三つだとしている。

　　a.導入などの、学習を離れた「地の文」
　　b.情報の提供における、特に意味の説明
　　c.練習などの指示

　a.は、授業冒頭で事務的な連絡をしたり週末の出来事を聞いたり、また途中で実習生や学習者の日常生活での見聞が話題になったりした際に起こるものである。学校運営上の用語・その場での話題に関連する語彙を使わざるを得ず、もしそれを使わなければその活動自体が成り立たない。b.は文法関連の専門用語よりも、むしろ、説明に用いる一般的な語句・表現を指す。意味を説明するために語句の定義をしたり例をあげたりする際にTTが乱れる。c.は、練習のし方や総合練習としてのゲームのルールを説明するときに既知・既習の範囲を逸脱してしまうものである。ここでは、このうちのb.について実際に行われた実習を分析しその実態を具体的に明らかにするとともに、それを踏まえてどのようにしてTTを適正に保持すべきだったかを検討しようというものである。
　今回、取り上げたのは社会経験のある成人が外国人学習者4名を対象に、『みんなの日本語I』の第6課を指導したものの一部である[1]。次に

示すように、「何も〜ません。」及び卵は「食べる」か「飲む」かの説明でTTの乱れを示す。

2 「何も〜ません。」におけるTTの乱れ

2.1 授業全体の進行

第6課は他動詞の初出課であり、それに関連した動作の場所を示す「で」、誘いの表現「〜ませんか」を主要指導項目とする。実習生本人が書いた教案によると、以下の授業進行を想定していた。

①他動詞の目的語と他動詞（飲む、食べる、見る…）　→　②疑問文・肯定文・否定文　→　③「何を」　→　④並列の「と」　⑤「何も〜ません」　→　⑥動作の連続「それから」　→　⑦動作の場所「で」　→　⑧誘い「〜ませんか」と応諾の表現「〜ましょう」

①〜③で他動詞の基本的文型、次いでその目的語が複数ある場合の表現として④、さらにまったくその動作を行わない場合の⑤で、他動詞の導入を終える。そしてそれを受けて、異なる動作が続く⑥、さらに動作の場所を表す⑦、最後に人に働きかける表現⑧を持ってきている。①から⑤に至る他動詞の導入の段階的な組み立て、⑥⑦を経て⑧へと展開する進行は学習者の理解の容易さから見てきわめて妥当である[2]と考えられる。

2.2 「何も〜ません。」におけるTTの乱れとその授業進行

ところが、上記③を導入し、その練習として学習者同士の「何を〜ますか。」「〜を〜ます。」の問答に移行したところ、学習者S1が⑤の「何も食べない」旨の発話をし、それをきっかけに、大きくTTが乱れる。

No.　T／S　　　　　　　　　　　　　　　　　　　　　　　　　　32:50

No.	T/S	
1	T	(S–Sで、「何を、Vますか」「〜を、Vます」の問答練習) (S4・S1を指して)　聞いてください。
2	S4	何を食べますか。

3	S1	食べません。
4	T	食べません？　食べませんか？
5	S1	いいえ、食べません。
6	T	(「なにをのみますか?」の板書を指して)何を飲みますか。 (ビールの絵、持ち)ビールを飲みます。
7	T	(「ビールをのみます。」の板書を指して)「ビールを飲みますか。」と聞いたときには、(「○　はい、のみます。」の板書を指し)「はい、飲みます。」か、(「×　いいえ、のみません。」の板書を指し)「いいえ、飲みません。」、答えてください。
8	S1	何を飲みますか。…飲みません。
9	T	はい。(「なにをのみますか?」の「なに」の下に「↓」引き、「ビール」と書く。さらにその後に、「をのみます。」板書) (「なに」と「ビール」指して)「何」がビール。「何」というのが、ビール。
10	T	S1さんは、何も飲みませんか？　ビールを飲みません。お茶も飲みません。ジュースも飲みませんか。 はい。そんなときは、…。(「なにも、のみません。」、板書) (「なにをのみますか?」の板書を指して)S1さんは、「何を飲みますか」と、今、S4さんに聞いてもらって、(順に指を折って)ビールも、ビールは飲みません、お茶は飲みません、水も飲みません、ジュースも飲みません。そのときは、「何も、飲みません」。
11	T/S	(T、手でキューを出し)C「何も、飲みません」
12	S4	(挙手)「いいえ、何も飲みません」？
13	T	(胸の前で手で「×」を作って)「いいえ」は要りません。 (PS「○」を示し)飲むか(PS「×」を示し)飲まないかを聞くときに、(「×　いいえ、のみません。」の板書を指し)飲まない場合は「いいえ」が要ります。
14	T	(「なにをのみますか?」の板書を指して)「何を飲みますか」のときは、飲むものが、…を、答えてください。 飲まない場合は、(「なにも、のみません。」の板書指して)「何も飲みません」。「いいえ、飲みません」とは、(「なにも、のみません。」の「なに」の下に「いいえ」を書き、さらにその頭に「×」を書いて)いいません。(「なにも、のみません。」の「なに」を指して)「何も」…。 (S4に向かって)わかりましたか。
15	S4	はい。

36:15

以上のやり取りを分析すると、次の(1)〜(9)の要素から構成され

ていることがわかる。

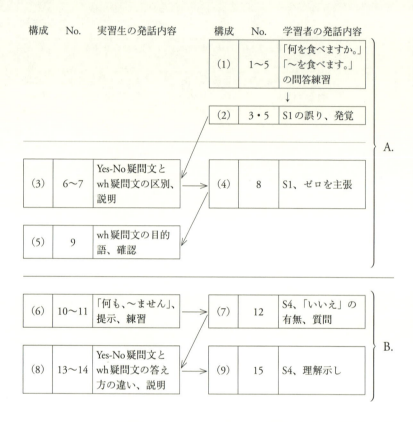

　(1)の「何を〜ますか。」「〜を〜ます。」の問答練習はそれ以前の練習を受けたもので、そこでは実習生によって「聞く」「見る」などの動詞とその目的語がキューとして示されていた。ところが、「食べる」に移行して最初のペアで答える側になったS1がパターン通りの「〜を〜ます。」ではなく、「食べません。(No.3)／いいえ、食べません。(No.5)」で答える(2)。実は、この発話は(4)で明白なようにゼロすなわち「何も食べない」旨述べたものだが、単なる誤りと取った実習生は、(3)で、Wh疑問文の問答のサンプルをあげ(No.6)、「はい／いいえ」はYes-No疑問文にのみ付与されることを確認している(No.7)。

自分の意が理解されていないと判断したS1は、(4) において明確に何も食べないことを主張する。それでも実習生はその意図に気づかず、(5) で、Wh疑問文で「何」が目的語を問う疑問詞で、答えは具体的な飲み物として「ビール」が来るとしている。

　その後、No.10でS1の真意に気づき、(6) で「何も、〜ません」を提示しコーラスをさせている。この時点で、実習生の関心B.は「何も〜ません。」に移っている。実習生の提示を受けてS4が「何も、〜ません」に「いいえ」がつくのか質問した (No.12) のに対し、実習生は (8) でYes-No疑問文とWh疑問文の否定の答え方を説明している。

　後述するように、やり取りが入り組んだのは (2) でS1の真意に気づかなかったことが原因で、(5) まで実習生の関心A.がWh疑問文の問答にあったことにある。結果論ではあるが、(3) 〜 (5) を経ずにb.「何も〜ません。」に関心を移し、(6) に移行すればより望ましい展開になったであろうといえる。

2.3　TTの分析

　以上の進行をもとにこの第6課では不適切と思われるTTを抜き出してみると、次の下線の通りである。

構成	No.	
(3)	7	「ビールを飲みますか。」と<u>聞いたときには</u>、「はい、飲みます。」<u>か</u>、「いいえ、飲みません。」、答えてください。
(5)	9	はい。「何」がビール。(板書)<u>「何」というのが、ビール。</u>
(6)	10	S1さんは、<u>何も飲みませんか？</u>　ビールを飲みません。お茶も飲みません。ジュースも飲みませんか。はい。<u>そんなときは</u>、S1さんは、「何を飲みますか」と、今、S4さんに聞いてもらって、ビールも、ビールは飲みません、お茶も飲みません、水も飲みません、ジュースも飲みません。そのときは、「何も、飲みません」。
(8)	13	「いいえ」は要りません。<u>飲むか飲まないかを聞くときに、飲まない場合は「いいえ」が要ります。</u>
(8)	14	<u>「何を飲みますか」のときは、飲むものが、を答えてください。飲まない場合は、「何も飲みません」。「いいえ、飲みません」とはいいません。「何も」…。</u>わかりましたか。

さらに、これらは以下のように分類可能である[3]。

①条件を取り立てるための表現に類するもの（「〜の場合、その場合は〜」といった意味）
　1.「ビールを飲みますか。」と聞いたときには、〜、答えてください。（No.7）
　2. そんなときは、〜。そのときは、「何も、飲みません」。（No.10）
　3. 飲むか飲まないかを聞くときに、〜。（No.13）
　4. 飲まない場合は「いいえ」が要ります。（No.13）
　5.「何を飲みますか」のときは、〜を答えてください。（No.14）
　6. 飲まない場合は、〜とはいいません。（No.14）

②二者択一の表現（①に付随するもの）
　7. 〜か、〜（かで）、答えてください。（No.7）　*「かで」は欠落
　8. 飲むか飲まないかを聞くときに（No.13）

③言い換えの表現（「〜が〜を表している」の説明に用いられている）
　9.「何」というのが、ビール。（No.9）

④名詞修飾の表現
　10. 飲むものが、を答えてください。（No.14）

⑤動詞
　11.「いいえ」は要りません。〜場合は「いいえ」が要ります。（No.13）
　12.「いいえ、飲みません」とはいいません。（No.14）

⑥それ以外
　13. 何も飲みませんか？（No.10）　*当該指導項目
　14. そんなときは、S1さんは、「何を飲みますか」と、今、S4さんに聞いてもらって、（No.10）

　①と②が多いのは、この時の話題に鑑みて実習生の意図を推測すれば当然のことといえる。

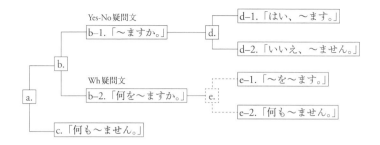

　図はこの課で扱う表現を整理して図示したものであるが、二つの対になった概念が三つの層を作っている。a.は、たとえば「飲む」であれば何かを飲む（b.）のかまったく飲まない（c.）のかの一番高い層の対概念である。b.は、飲むものを個々に取り上げてYes-No疑問文で問う（b-1.）か、何を飲むのかその飲み物をWh疑問文で問う（b-2.）かの対概念であるが、b-2.はその答えとして、飲み物名をあげる場合（e-1.）と飲むことそれ自体を否定する場合（e-2.）がある。この場合は、結果的にc.と同じ形になる[4]。d.は、Yes-No疑問文において個々に飲み物を取り上げそれを飲む（d-1.）か飲まない（d-2.）かを表す最も下の層の対概念である。TTが乱れた原因は、実習生がe-1.の導入・練習に傾注するあまり、S1がe-2.に言及した（No.3／No.5）のにその意図あるいはそうした意図を持つ可能性に気づかなかったことにあると考えられる。

　S1のこの発言に対して実習生は、(3)で、b-1.とb-2.を対比させ（No.6）さらにb-1.の答えとしてd-1.とd-2.をおのおの説明している（No.7）。S1がe-2.を主張した（No.8）のに気づかない実習生は、b-2.がわかっていないものとし、(5)で、目的語として「何」と「ビール」を取り上げ説明を試みている（No.9）。ここでは、対比してはいるもののその表現は用いていない。実習生がS1の意図がe-2.にあることに気づき言及するのは(6)であるが、ここではまったく飲み物を口にしないことを述べ「そんなとき／そのとき」といっている（No.10）。続く「何を飲むか」に対して「いいえ」で答えるのかというS4の質問（No.12）に、実習生は、まず、b-1.を取り上げ否定の場合の答えとしてd-2.を述べ（No.13）、次いでb-1.との対比でb-2.を取り上げe-1.を確認し、最後にe-2.に言及している（No.14）。

構成	No.	TT分類	表現	実習生の発話意図
(3)	7	①-1	b-1・d-1／d-2	b-1.の答えとして、d-1.・d-2.確認
(3)	7	②-7	d-1／d-2	d-1.・d-2.を「〜か〜かで」で提示
(6)	10	①-2	b-2・e-2	b-2.からe-2.への展開で、「何も〜ません。」提示
(8)	13	①-3	b-1	b-1.の質問でd-2.の場合には「いいえ」が要ること明示
(8)	13	②-8	b-1	
(8)	13	①-4	d-2	
(8)	14	①-5	b-2	b-2.とe-1.とのつながり確認
(8)	14	①-6	e-2	e-1.との対比でe-2.確認

　すなわち、実習生は、この課で取り上げられる表現が使われる状況を対の条件で設定し、その枠組みの中でおのおのの条件を対比させ指導項目を確認していくのを説明の基本に据えている。S1の「何も〜ません」に対する対応は、その一環として提示される。こうして対条件の対比を説明の基本としたがゆえに、①条件を取り立てる表現に類するもの・②二者択一の表現がTTの乱れの多くを占めたものと考えられる。それに対して、③言い換え・④名詞修飾・⑤動詞・⑥それ以外の語句・表現は①②の枠の中で用いられたものである。

　実習生のみならず現役の教師であっても、指導現場で求められるさまざまな物事の説明において、時系列、経緯、因果関係、分類、比較・対照などといった概念的枠組みを設け、それに沿って説明を組み立てていっていることは想像に難くない。その際に、その概念的枠組みを直接表す語句・表現を「一次的語句」、その枠組みの中で個々の具体的な事象に即して個別的に用いられる語句・表現を「二次的語句」とすると、一次的語句は機能語的性格を、二次的語句は実質語的性格を帯びるものと考えられる。上記でいえば①②が対比の機能を持った一次的語句、③〜⑧が各条件を説明した二次的語句である。

　一次的語句はその枠組みに拠って立つ限りどうしても使ってしまう・使わざるを得ない語句・表現であるが、問題はそれが未知・未習であった場合に学習者の混乱を招いてしまうことである。経験豊かな教師は、TTを巧みに操作するなり絵教材や板書を援用するなりして枠組みに沿

いながらも未知・未習語を用いずに説明を成り立たせることができるが、実習生の場合はそうした技術を身につけておらず、既知・既習の範囲を逸脱しTTの乱れを来してしまう。それに対して、二次的語句は依拠する枠組みから自由な分選択の幅が広く、たとえ実習生や経験の乏しい教師であったとしても、それが既知・既習か未知・未習か、未知・未習であればどのような方策を講ずれば既知・既習の範囲で済ますことができるか意識できるであろうと考えられる。その点において、指導する側の「不用意度」が高い語句群と考えることができる。「要る／要らない」(⑤-11)、今まさに説明している表現「何も飲みませんか」(⑥-13)はその典型であるといえる。

2.4 TTの再検討

以上に鑑みて、もとの進行構成のままにあるべきTTを再検討したのが次である。

構成	No.		T/S		実習生の作業	主な訂正
(1)	1		T	(S4・S1を指して)聞いてください。		
	2		S4	何を食べますか。		
(2)	3		S1	食べません。		
	4		T	食べません?食べませんか?		
	5		S1	いいえ、食べません。		
(3)	6	1	T	何を飲みますか。	☞[なにをのみますか?]	
		2	T	ビールを飲みます。	☞[ビール]	
	7	1	T	「ビールを飲みますか」。	☞[ビールをのみます。]	①-1 削除
		2	T	「はい、飲みます」。	☞[○はい、のみます。]	②-7 削除
		3	T	「いいえ、飲みません」。	☞[×いいえ、のみません。]	
		4	T	いいですか。		

(4)	8		S1	何を飲みますか。…飲みません。		
(5)	9	1	T	はい。		③-9　削除
		2	T		[↓]・[ビール]・[をのみます]	
		3	T	「何」、「ビール」。	☞[なに]・[ビール]	
		4	T	「何を飲みますか」。	☞[なに]・[のみますか]	
		5	T	「ビールを飲みます」。	☞[ビール]・[をのみます]	
(6)	10	1	T	S1さんは、ビールを飲みません。お茶も飲みません。ジュースも飲みませんか。はい。		⑥-13　削除
		2	T		[なにも、のみません。]	
		3	T	S1さん、「何を飲みますか」。	☞[なにをのみますか?]	
		4	T	S4さん、ビールを飲みません、お茶も飲みません、水も飲みません、ジュースも飲みません。	☞順に指を折る	①-2　削除 ⑥-14　削除
		5	T	「何も、飲みません」。	☞[なにも、のみません。]	
	11		T/S	C「何も、飲みません」		
(7)	12		S4	「いいえ、何も飲みません」?		

(8)	13	1	T	「いいえ、何も飲みません」ではありません。	☞胸の前で手で「×」を作る	⑤-11 代用
		2	T	「何を飲みますか」。	☞[なにをのみますか?]	
		3	T	「何も、飲みません」。	☞[なにをのみますか?]	
		4	T	「ビールを飲みますか」。	☞[ビールをのみます。]	
		5	T	「はい、飲みます」。	☞[○はい、のみます。]	
		6	T	「いいえ、飲みません」。	☞[×いいえ、のみません。]	⑤-11 代用
		7	T	いいですか。		
	14					全面削除（①-5/6、④-10、⑤-12削除）
(9)	15		S4	はい。		

　説明として対比の枠組みは用いたものの、結果的に①②の一次的語句、③〜⑥の二次的語句ともにすべて排除した。

　一次的語句が用いられたのはもとのNo.7／10／13／14であるが、①条件取り立て的機能・②二者択一表現的機能を、実習生が書いた板書に担わせた。すなわち、No.7ではYes-No疑問文における肯定・否定の答え方のパターンのみを板書で明確に指し示しながら発話することとした（No.7-2／7-3）。これによって、「「ビールを飲みますか。」と聞いたときには」（①-1）・「〜か、〜（かで）、答えてください。」（②-7）を削除した。No.10-1はS1の真意に気づいた実習生の発話、No.10-4は「何を飲むか／何も飲まない」の問答でそれを確認する発話であるが、どちらにも使われていた何も飲まない場合を表す「そんなときは、〜。／そのときは」（①-2）を削除した。その代わりに、No.10-2で「なにも、のみません」を板書し、状況を述べた（No.10-4）上でその板書を指し示す（No.10-5）こととした。No.12のS4の「何を飲むか／何も飲まない」の問答において答えに「いいえ」をつけないのかという質問に対しては、No.13-2／13-3

でWh疑問文の答え方、No.13-4～13-6でYes-No疑問文の答え方を、再度、確認することとした。

以上によって情報量としては十分としてNo.14は全面削除し、「何を飲みますか」のときは」(①-5)・「飲まない場合は」(①-6)の使用を回避した。これらの操作によって、結果的にNo.10／13がやや冗長になったが、①②の機能の補いとした。

一方、二次的語句であるが、もとのNo.9にあった言い換え表現「～というのが～」(③-9)については、No.9-2で書いた板書上で目的語と動詞をさらに明確に確認する(No.9-3～9-5)こととした。もとのNo.13にあった⑤-11の「要りません」は「「いいえ、～。」ではありません」で代用し(No.13-1)、「要ります」は板書で確認する(No.13-6)こととした。また、⑥-13当該指導項目の「何も飲みませんか」(もとのNo.10) は、「ビール／お茶／ジュース」の3種を飲まないことを述べるだけで十分とし(No.10-1)、削除した。

以上、対比の枠組みに沿いながらも板書の援用によって未習の一次的語句の使用を避け、さらに既習の表現を代用することで二次的語句の使用を回避した。

3 一次的語句・二次的語句から見た「食べます／飲みます」におけるTTの分析

3.1 「食べます／飲みます」をめぐるやり取り

同じ実習生の2.の「何も～ません。」の続き、その直後の指導である。「食べる」絵をキューとし「何を食べますか。」「～を食べます。」の問答練習を行っていたが、学習者が「食べる」と「飲む」を混同し、さらにそこから卵は「食べる／飲む」のどちらかとの質問が出て、TTが乱れる。

1	T	(S-Sで、「何を、～ますか」「～を、～ます」の問答練習、続き)(食べる絵とPS「?」持ち、S3・S2を指して) S3さん、聞いてください。「何」、「何を食べますか」
2	S3	何を食べますか。
3	S2	ううん…、ジュースを食べます。

4	T	「ジュースを食べます」？ ジュースは、(「のみます」の板書、指して)「飲みます」です。
5	S2	ああ、「飲みます」。ジュースを…、飲みます。
6	T	(ペットボトルをかばんから取り出して)「ジュースを飲みます」。水のもの、「液体」ってわかりますか。(ペットボトル、振ってみせる)(ペットボトルを口に寄せ飲むしぐさをしながら)ゴクゴクゴク、「飲みます」。 (反対の手で、何かをつまみ食べるしぐさをしながら)ムシャムシャ、「食べます」。(両手のひらを上下に合わせ、貝のように開け閉めし)カチカチ、噛む場合、カチカチのときは、(「たべます」の板書、指して)「食べます」です。 (コップを口に持っていくしぐさしながら)ゴクゴクゴクは、(「のみます」の板書指して)「飲みます」。
7	T	では、食べるものではどんなものがあるかというと、…。食べるもの…。 (パンの絵を示し)「パン」です。(C「パン」)パンは、食べます。「パン」です。(野菜の絵を示し)「野菜」です。(CS「野菜」)(「たべます」の板書指して)野菜も、食べます。 (卵の絵を示し)「卵」です。(CS「卵」)卵も、(「たべます」の板書指して)食べます。(「のみます」の板書指し手で×を描き、さらに顔の前で手を横に振って)「飲みます」とはいいません。
8	S3	(卵の絵を指差し)タマ…、ゴ。タマゴ。
9	T	「卵」です。
10	S3	(卵の絵を指差し)は、「飲みます」？
11	T	生卵。生のときは、(ほおの横で、親指を下あご・残り4本の指を上あごに見立て開け閉めし)カチカチ、噛まなくてもいいので「飲みます」ともいいますが、料理し、「料理」、わかりますか？ゆで卵、ボイルしたもの、「食べます」。
12	T	○○○○(S3の国)では、「飲みます」？
13	S3	○○○○では、「飲みます」OK。
14	T	「飲みます」もOK？ 日本では、「食べます」で使います。
15	S1	(S3に向かって)飲みますか？
16	S3	(S1を見るが、無言)
17	T	生のときは…。
18	S2	(S3に向かって、卵に指であなをあけて飲むしぐさしてみせる)
19	S3	(S2に向かって、軽く微笑む)

第4章 初級段階の説明時におけるティーチャー・トークの乱れ

| 20 | T | （S2を向いてうなずき）飲む人もいますけれども、普通、あまり、使いません。「卵を飲みます」は（手を横に振り）あまり…。（指を折って）何人かは、何人かというか、ま、（Sに向かって片手で円を描いて）この中でも何人かいるかもしれませんが、普通は、「食べます」、使います。 |

　以上のやり取りは、内容的にa.「食べる」と「飲む」の説明部分（No.1～No.7）と、b.卵は「食べる」か「飲む」かの説明部分（No.8～No.18）とに分けることができる。

3.2 「食べる」と「飲む」の説明部分のTTの乱れの分析

　「食べる」と「飲む」の説明部分のTTの乱れは、No.3のS2の「ジュースを食べます。」の発話をきっかけに起こったものであるが、構成を分析すると次の三つの要素からなっている。

構成	No.	実習生の発話意図
(1)	3〜5	「ジュースを食べる」の誤りとその訂正
(2)	6	「食べる」と「飲む」の対比
(3)	7	「食べる」の目的語の例示

　以上のうち、TTが乱れるのは(2)(3)であるが、(2)は全体として「飲む」と「食べる」を咀嚼せずにのどに流すか咀嚼するかの点から対比して説明しようとしている。さらにその上で、(3)は食べる物を例示している。
　(2)のTT上の問題と思われる部分を一次的語句・二次的語句に分けてみると、一次的語句は対比の概念といっても2-3.の3層の疑問文対比に比べるときわめて単純なのに対して、二次的語句は数が多くことにオノマトペとジェスチャーが意味的に大きな役割を担っていることがわかる。

	一次的語句	二次的語句			
		「飲む」関連		「食べる」関連	
		語句・表現	ジェスチャー	語句・表現	ジェスチャー
(2)	噛む場合 カチカチの <u>ときは</u> ゴクゴク<u>は</u>	水のもの	ペットボトル 振る		
		液体			
		ってわかりますか			
		ゴクゴクゴク	ペットボトル を口に寄せる	ムシャムシャ	何かをつまみ 食べる
		ゴクゴクゴク	コップを口に 持っていく	カチカチ 噛む	両手のひら 開け閉め

　「飲む」は液体であることと噛まずに飲み込むことの2点において特徴的であるとし、前者においては「水のもの／液体」と口頭でいいペットボトルを取り出し振って見せている。後者においては、ペットボトルを口に寄せるジェスチャーをしながら「ゴクゴクゴク」といっている。同じことは、最後にもう一度繰り返されている。一方の「食べる」は示すものが手元になかったためペットボトルのようなレアリアは持ち出されていないが、ペットボトルを持った手と反対の手で何かをつまむジェスチャーをして液体ではなく固体であることを示している。飲み込まず咀嚼する点に関しては、食べるジェスチャーをして「ムシャムシャ」、さらに両手のひらを開け閉めさせ「カチカチ、噛む」といっている。成人の実習生が成人の外国人学習者を相手にこうしたオノマトペとジェスチャーを使うには少なからず心理的な抵抗があったものと想像されるが、とっさの機転を利かして音声と視覚のイメージで対比説明しようとした意欲と積極性は高く評価すべきといえよう。

　けれども、学習者の理解という点から検証してみると、第6課というこの段階では学習者は仮に母語で日本語のオノマトペに関する知識を得ていたとしてもその現実的な使用に接したことがない可能性がきわめて高く「ゴクゴクゴク／ムシャムシャ／カチカチ」がどれだけ学習者の理解に寄与したかはなはだ疑問である。「噛む／とき／（取り立ての）は」の一次的語句・「水のもの／液体／って／わかる」の二次的語句も未知・未習で、学習者の理解の範囲を超えている[5]といわざるを得ない。結局、

学習者の理解は多分にペットボトルの提示とそれに関連するジェスチャーに負うものと考えるのが妥当である。そもそも、「食べる／飲む」はこの時に初出であっても人の日常活動の最も中心に位置する最基本語彙であり、両者の絵を並べて見せる・他の学習者に「ジュースを食べる」でいいか・ジュースはどういうかと問うなどしてS2に気づかせるなどするだけで十分でなかったか。

	第一次的語句	第二次的語句
(3)	〜ではどんなものがあるかというと （パン・野菜・卵）は／も、「食べます」。	食べるもの 〜とはいいません

一方、(3) は、(2) の説明をさらに強固なものにするために「食べる」の目的語を例示しようとしたものである[6]。けれども、例示の前置き表現「〜ではどんなものがあるかというと」はこの段階の学習者の理解を超えた表現といわざるを得ず、(2) 同様、食べ物を「は／も」で取り立てて述べる用法も未知・未習である。学習者は、「は／も」に人あるいは「こ／そ／あ」が来てその属性を述べる用法しか知らない。二次的語句の「食べるもの／とはいいません」も、ことさら使わずとも例示することが可能だったのではないかと思われる。

3.3 卵は「食べる」か「飲む」かの説明部分の TT の乱れの分析

卵は「食べる」か「飲む」かの説明部分は、「食べる」の例示を受けたものである。実習生が卵は「食べる」である、「飲む」ではないと明確に言い切ったのに対して、卵を飲む習慣のある国出身のS3が「飲む」ではないかと問うてやり取りが始まったものである。

構成は、以下の通りである。

構成	No.	実習生の発話意図
(4)	8〜10	卵は「飲む」ではないかの指摘
(5)	11	卵における「食べる」と「飲む」の使い分け説明
(6)	12〜16	S3の国と日本の事情確認
(7)	17〜20	日本では卵は「食べる」が一般的であることの説明

(4) はS3の指摘、(5) はそれを受けて「飲む」と「食べる」の使い分けへの言及、(6) はS3の国の事情を確認したもの、(7) は日本では「卵を飲む」ではなく「食べる」が一般的であることを述べたものである。

　(5) ～ (7) で実習生が用いた説明の枠組みはいずれも対比であるが、それが取り立ての「は」を用いてなされており、前期 (2)(3) と同様に、TTの乱れにおける一次的語句となっている。すなわち、(5) の液体か固体かを対比した「(とき) は」、(6) のS3の出身国と日本を対比した「(国で) は」、(7) の「卵を飲みます」と「卵を食べます」を対比した「(「卵を飲みます」) は」である。明示されてはいないが (7) のNo.18冒頭の「普通、あまり、使いません。」も、取り立てて述べているのは明らかである。

	一次的語句	二次的語句
(5)	〜ときは、〜と（も）いう	生卵 生 指の開け閉め（ジェスチャー） カチカチ 噛む 〜なくてもいい 〜ので〜 〜が、〜 料理 ゆで卵 ボイルする ボイルしたもの
(6)	（国）では、〜	〜で 使います
(7)	（「卵を飲みます」）は、〜	生 〜ときは、〜 普通、あまり、使いません 飲む人 〜人もいますけれども 何人かは 何人かというか この中でも何人かいるかもしれませんが 普通は、〜、使います

第4章　初級段階の説明時におけるティーチャー・トークの乱れ

二次的語句はその枠組みの中で用いられたもので、(5) の「生卵／生／指の開け閉めのジェスチャー／カチカチ嚙まなくてもいい」は液体であること、「料理／ゆで卵／ボイル」は固体であることを述べるものである。これは、3-2. の「食べる」と「飲む」の説明に沿った説明で、そのため理由の「ので」が用いられている。(6) の「～で使います」は「～で表す／を使う」の混同だと推測されるが、いずれにしろ、「「食べます」です。」などの既習・既知の範囲の表現で言い換えが可能である。(7) の対比で最も重要なのは「(「卵を飲みます」は) 普通、あまり、使いません。／普通は、「食べます」、使います。」であるが、すべての語彙が未知・未習である。特徴的なのはS3の立場及びS2のしぐさ (No.17) を慮った譲歩の表現が見られることであるが、「飲む人もいますけれども／何人かは／何人というか／この中でも何人かいるかもしれませんが」もほとんどすべての語彙が学習者の理解を超えているものといわざるを得ない。

　(5)〜(7) における二次的語句は、数が多くまた意味領域も広い。それだけTTの乱れが大きかったといえるが、そうなった理由として考えられるのは、まず取り立ての「は」で対比の枠組みを組んだこと、次に(5) で先の「食べる」と「飲む」の説明を踏襲したために液体・固体の観点から調理・未調理に言及してしまったこと、そして最後にNo.20でS3・S2の立場を尊重して譲歩したことだと考えられる。

3.4　TTの再検討

　以上の分析を踏まえてTTを再検討したのが、次である。もともとの実習生の意図、すなわち、(2) の「食べる／飲む」の対比、(3) の「食べる」における目的語の例示、(4) の卵における「食べる／飲む」の使い分け、(6) のS3の国と日本の事情確認、(7) の日本では卵は「食べる」が一般的であることの説明は、そのままの進行で生かした。

構成	No.		T/S		実習生の作業	主な訂正
	1	1	T		☞食べる絵 ☞PS「?」	
		2		S3さん、聞いてください。	◁♪S3・S2	
		3		「何」、「何を食べますか」		
	2		S3	何を食べますか。	◁♪S2	
(1)	3		S2	ジュースを食べます。	◁♪S3	
	4	1	T	「ジュースを食べます」？ ジュースは、		
		2			☞[のみます]	
		3		「飲みます」です。		
	5		S2	ああ、「飲みます」。ジュースを…、飲みます。		
(2)	6	1	T		☞飲む絵	液体と固体の対比 削除 オノマトペ 削除
		2			👤コップを口に持っていく	
		3		「飲みます」。		
		4			☞食べる絵	
		5			👤何かをつまみ口に持っていって噛む	
		6		「食べます」。		
		7		「ジュースを飲みます。」		

第4章　初級段階の説明時におけるティーチャー・トークの乱れ

(3)	7	1	T	「パン」です。	☞パン	例示の前置き表現削除 「は／も」削除
		2	TS	CS「パン」		
		3	T	S2さん、「食べます」?「飲みます」?		
		4	S2	「食べます」。		
		6	T	はい。「パンを」。		
		7	S2	「パンを食べます」。		
		8	T	「パンを食べます」。		
	8	1	T	「野菜」です。	☞野菜	
		2	TS	CS「野菜」		
		3	T	S2さん、「食べます」?「飲みます」?		
		4	S2	「食べます」。		
		6	T	はい、どうぞ。		
		7	S2	「野菜を食べます」。		
		8	T	「野菜を食べます」。		
	9	1	T	「卵」です。	☞卵	
		3	TS	CS「卵」		
		4	T	S2さん、「食べます」?「飲みます」?		
		5	S2	「卵を食べます」。		
(4)	10	1	S3	タマ…、ゴ。タマゴ。	☞卵	
	11		T	「卵」です。		
	12	1	S3		☞卵	
		2		は、「飲みます」?		

(5)	13	1	T		☞食べる絵 ☞飲む絵	
		2		「食べます」? 「飲みます」?	◁S	
	14		S	…、「飲みます」、 …、「食べます」、 …。		液体と固体の対比　削除 調理済みと未調理の対比　削除 ジェスチャー
	15	1	T	ああ。		
		2			☝卵を割りコップ様のものに入れて飲む	
		3		「飲みます」。		
		4			☝ナイフで何かを切ってフォークで口に運ぶ	
		5		「食べます」。		

第4章　初級段階の説明時におけるティーチャー・トークの乱れ

(6)	16		T	○○○○（S3の国）、「飲みます」？		
	17		S3	○○○○では、「飲みます」OK。		
	18		T	「飲みます」OK？日本、ううん…、「食べます」。「飲みません」。		
	19		S1	飲みますか？	◁S3	
	20		S3	（無言）	◁S1	
	21	1	S2		◁S3	
		2			卵にあなをあけて飲む	
	22		S3	（軽く微笑む）	◁S2	「は」削除
	23		T	卵を飲みますか？卵を食べますか？	◁S2	「で、使う」削除
	24		S2	卵を飲みます。卵を食べます。		
	25	1	T	「飲みます、食べます」。		
		2		卵を飲みますか？卵を食べますか？	◁S1	
	26		S1	卵を食べます。卵を飲みません。		
	27		T	卵を飲みますか？卵を食べますか？	◁S4	
	28		S4	卵を食べます。		
	29		T	「食べます」。		

(7)	30	1	T	（うなずく）	◁S	「は」 削除
	31	2			卵を割りコップ様のものに入れて飲む	
	32	3		ううん…。		
	33	4			首、かしげる	譲歩表現 削除
	34	5		飲みません。 日本、「食べます」。 「飲みません」。 うん。		

　まず、「食べる」と「飲む」を対比した（2）では、液体か固体か・咀嚼するかしないかの観点からの対比を避け、両者の絵を見せ（No.6-1／6-4）S2のNo.5の発話を追確認することとした。ただし、一連のオノマトペは削除するもののジェスチャーの有効性は認め、それをもって補う（No.6-2／6-3・6-5／6-6）。続く「食べる」の目的語を例示する（3）は、「食べるものではどんなものがあるかというと」という例示の前置き表現を削除して、「パン／野菜／卵」をあげて各々「食べる」か「飲む」かを問う形にし、食べ物を取り立てて「～は「食べます」」という説明形式を避けた。その際、（1）で間違えたS2を指名し、印象づけることとした（No.7〜9）。

　続く（5）は、「食べる」と「飲む」の説明を踏襲したために特に二次的語句で大きくTTが乱れた部分であるが、液体か固体かの対比をやめ「カチカチ噛まなくてもいい」・指の開け閉めのジェスチャーを排除し、調理済みか未調理かの対比をやめ「生／生卵／料理／ゆで卵／ボイルする／ボイルしたもの」を排除した。その上で、卵を割りコップ様のものに入れて飲むジェスチャーで未調理の液体状のものを咀嚼せずに飲み込む様子を表し（No.15-2）、同様に、オムレツのようなものを想定してそれをナイフで切りフォークで口に運ぶジェスチャーで調理済みの固体のものを咀嚼する様子を表し（No.15-4）、前者の場合は「飲む」（No.15-3）、後者の場合は「食べる」（No.15-5）といえる旨、示す。

　（6）では、S3の国と日本を「～では」で比べ「（日本では「食べます」）で使う」としていたが、多少生硬なものの助詞を割愛し「○○○（国名）、

「飲みます」。」とし、両者を削除した（No.16）。同様に、「日本、「食べます」。「飲みません」。」とした。そして、S3に対するS1とS3の働きかけ（No.19／21）を受け、学習者全員に卵を飲むか食べるかを問うた。それに際しては国名を取り立てる「～では」を使わず、単に「卵を飲みますか。卵を食べますか。」の形を使うようにした。

最後に、日本では「食べる」が一般的であることを述べる（7）であるが、ここの特徴はS3・S2を慮って「確かに日本でも飲む者もいるにはいるだろう」と譲歩して見せる点である。けれども、「ううん…」と考え込み（No.32）、首をかしげる（No.33）にとどめ、それをもって「飲む者もいるにはいるだろうが、大勢としては食べるであろう」という含みを持たせることとした。そうすることによって、「飲む人もいますけれども／何人かは／この中で何人いるかもしれませんが」などの譲歩表現を削除した。その上で、「飲みません。日本、「食べます」。「飲みません」。」の形で日本の一般的表現を明言した（No.34）。この「日本、「食べます」。「飲みません」。」によって、「普通、あまり、使いません／普通は、～、使います」を避けた。

4 まとめと今後の課題

2-2.・3-1.で取り上げたTTの乱れは、いずれも学習者の質問・誤りをきっかけに起こったものである。実習生が準備してきた語句や文法の説明を計画通りに行っている最中に観察されたいわばあらかじめ実習生の中に内包されていたTTの乱れではなく、予期せぬ学習者の発話によって突発的に発生したTTの乱れである。それによって実習生が緊張を一気に高め、その緊張がTTの乱れとなって表れたであろうことは想像に難くない。けれども、ここに取り上げた事態は狼狽して取り乱してしまうほど重大なものではなく、指導現場で普通に発生する範囲内のものである。そうした意味で、説明時のTTの乱れが典型的に表れたものといってよかろう。

本章では、説明時に特徴的にTTが乱れる理由として、あることがらを説明しようとすれば時系列や因果関係などといった概念的枠組みに拠って立つのが一般的だが、その枠組みを言語化しようとすると得てして

学習者の既知・既習の範囲を逸脱してしまうからだとした。そしてその前提のもとに、その概念的枠組みそのものに、直接、沿った語句・表現として一次的語句、その枠組みの中で個々の具体的な事象に即して個別的に用いられる語句・表現として二次的語句を設定した。

　一次的語句は機能語的性格を帯びているが、その枠組みに基づいて説明を組み立てている限り使用が避けにくく、実習生は不用意に使ってしまいがちであると考えられる。それに対して、経験豊かな教師は、絵教材や板書を援用するなりTTを操作するなりして枠組みに沿いながらも未知・未習語を用いずに巧みに説明を成り立たす。すなわち、同じ概念的枠組みに立って説明を組み立てていても、経験豊かな教師はTTの乱れを起こさず一次的語句・二次的語句が出現しにくい。2-4.・3-4.のTTの再検討においてできるだけ実習生のもとの意図に沿って進行を組み立てたのは、そうした経験豊かな教師であればなすであろう説明を人工的に作り出してみようという試みである。

　一方、二次的語句は実質語的性格を帯びているが、枠組みそのものから自由な分だけ選択の幅が広く、実習生であっても既知・既習か未知・未習かの判断を下すことができ、未知・未習であればどのようにしたら既知・既習の範囲ですますことができるか意識できる[7]はずのものである。すなわち、実習生でも意識化を図れば避けられるであろうTTの乱れである。

　以上、本章で明らかにしたうち、一次的語句・二次的語句の定義づけと性格に関してはさらに検討が必要であるが、説明時に依拠する概念的枠組みがTTの乱れを招くという仮説はある程度の妥当性を持つものと思われる。もちろん、ここでの分析を一般的な知見とするのは強引にすぎるが、説明時のTTの乱れが概念的枠組みと大きな関わりを持つとしてそこから示唆として得られる実習指導上の課題は、以下の3点である。

　すなわち、①実習生に、文法などのことがらを説明する際にはどのようなパターンを取るか、意識させること、②そのパターンにのっとって説明をしようとすると、未知・未習の語句・表現を使ってしまわないか検討させること、③使ってしまいそうな未知・未習の語句・表現を回避するには、どのようなTTとすべきか、あるいは絵や板書で代用できないか検討させること、である。一方、指導教師側の研究課題としては、

④①〜③の指導を実習プログラムのどの時点にどのように組み込むかを検討することの他、⑤特に学習者の蓄積の少ない初級段階中期以前の項目説明において、どのような概念的枠組みが用いられる傾向があるのか把握しておくこと、⑥よく用いられる枠組みにおいてはどのような機能語的語句・表現が使われるかを分析すること、⑦その機能語的語句・表現が学習時点で未知・未習の場合、どうやってそれを回避すればよいか、それにはどのような方策があるのか、整理・体系化しておくことが、あげられる。

　本章で取り上げた説明ではいずれも対比が用いられていたが、⑤については、初級段階中期以前と時期を限れば概念的枠組みにあまり大きなバラエティはないものと考えられる。そうすれば、⑥及び⑦も、課の進行に沿って、ある程度、明らかにすることは可能である。その成果を④とし、それに基づいて①〜③の実現を目指すべきだと考えられる。

注　[1]　事例採取は、2003年6月。
　　[2]　⑥⑦を⑦⑥とする可能性も考えられるが、そうしなければならない積極的な理由が見出せない。
　　[3]　『みんなの日本語』の提出課は、「とき」(第23課)、「Aかどうか」(同40)、「場合」(同45)、「動詞＋名詞」(同22)、「という」(同21)、「要る」(同20)、「Vてもらう」(同24)、となっている。
　　[4]　概念の整合性という点ではa.の飲む(b.)か飲まない(c.)のかという対応がより妥当といえるが、現実にはe-2.のやり取りも十分に成り立っている。教案によると、この実習生も、「何も〜ません」の導入にあたっては、「何を〜ますか」に対する答えとして提示することとしている。こうした導入は、今日の指導現場ではきわめて一般的なものと思われる。
　　[5]　『みんなの日本語』の提出課は、「噛む」(第28課)、「場合」(第45課)、「とき」(第23課)、「という」(第21課)、「わかる」(第9課)、「動詞＋名詞」(第22課)などとなっている。
　　[6]　その背景には、この課で導入する動詞が教案上では九つと多く、冒頭の初出の際に十分に目的語を出さなかったのではないか、それがここにきて学習者の誤りを招いたのではないかとの無意識の反省がとっさに働いたものと推測される。

[7] 　以上のように考えると、本章冒頭で述べた丸山（2004a）の、説明時のみならず練習の指示においても特徴的にTTが乱れるという指摘は当然といえる。
　練習としてよく行われるロール・プレイやゲームを行うにあたっては、動作・活動の順序表現、「こうなれば／こうならなければ、こう」などといった条件表現を用いて指示がなされるのが一般的である。そうすると、そこにはそうした概念に沿った特徴的な語句・表現が用いられると考えられ、それがTTの乱れとなれば一次的語句になるものと考えられる。個々のロール・プレイやゲームの内容によって具体的な指示はさまざまに異なるが、同様にそれが原因でTTの乱れを来していれば、それらは二次的語句になるといえよう。
　それに対して、導入などの学習を離れた「地の文」では偶発的・自然発生的に進行するのが普通で、明確な定型的談話構造を作りにくい。したがって、説明のための概念的枠組みがもともとないか、あったとしても貧弱なものが散見されるのみだと考えられる。そうすると、一次的語句がほとんどなく二次的語句ばかりが数を重ねるようになるものと考えられる。

第5章 中上級段階における導入の構成プロトタイプ

1 はじめに

　佐々木（2002）[1]は日本語教育における「文化」の解釈の変遷を通史として論じているが、それによれば、授業で重視される文化とは所産・知識そのものだったものが'80年代以降にはそれらを生の素材としながらも他者との相互作用に介在する文化という概念が生まれ、さらに'90年代後半からは同じく個としての文化という考え方がなされるようになったという。そして、指導現場の多様性を認めながらも、文化の学習においてパラダイム転換が起きており、「それは自分にとってどのような意味を持つのかといったことを徹底的に自身で問い直すような学習者を育てる方向が、より優位になる」として、個としての文化を認識した上で他者との相互作用に介在する文化を認識することが重要だとしている。

　こうした方向性が教師養成の場でどの程度意識され取り上げられているかは一概にはいえないが、実習生が近い将来教壇に立った際にこのような問題に直面するであろうことは想像に難くない。ことに中上級段階では語句・表現の内容のみならず教材内容の扱いが重要になってくるが、それをただ単に知識・情報提供の場ととらえるのではなく、教師と学習者のあるいは学習者同士の相互交渉を通してより高度な課題の認識をする活動の場とみなす必要性は、いずれの実習生にも、早晩、検討すべきことがらとして浮かび上がってくるものと思われる。そう考えるとき、これから教壇に立とうという実習生が、使用する教材の内容をどこまで分析しそこで把握したものをどういう形で学習者にアプローチしようと意図するかは重要である。第5章は、中上級段階で行われた実習授

業の導入部分を分析しその分類を試み、もってこうした課題認識型授業を目指すための基礎的な資料を提供しようというものである。

2 導入のプロトタイプとその特徴

2.1 事前指導

筆者は、2003年から2008年までの5年間に、関西地方の複数の機関において中上級段階の実習に関する授業を受け持ち、さらにそのうちの約70の実習に参与観察する機会を得た。いずれも中級段階は『テーマ別 中級から学ぶ日本語　改訂版』(研究社。以降、『中級から学ぶ日本語』)、上級段階は実習生自ら選んだ新聞及び雑誌の記事などを教材とすることとしていたが、実習に先立つ授業では以下の点をあげ教材内容の指導の必要性を事前に説いておいた。

- この段階にいる外国人は、短くとも数カ月長ければ数年日本に滞在しているのが普通でかなりの程度日常生活になじんでいる。そのため、日々の関心は、見聞する出来事そのものよりもそうした現象の裏にある事情なり日本人の価値観などにあり、そういう意味で「今日の日本と日本人」を説明するものを欲しているものと思われる。したがって、あくまでも日本語の授業ではあるが、語句・表現の指導とともに教材内容の理解が重要である。
- 上級段階では、学習者の興味・関心の見極めた上で、その「今日の日本と日本人」を象徴的に表していると思われる教材を選ばなければならない。具体的にいえば、新しい社会の動きに着目し、それに関するこれまでのいきさつ・経緯が述べられ、今後予想される変化やこれからの方向性を示しているような教材である。
  さらに、多面的な見方が可能で議論が成り立つもの、すなわち、一つのことがらに複数の立場があることが述べられ、おのおのにそれなりの価値観が認められ、教師(＝実習生)・学習者もいずれかの立場を取ることができるものが望ましい。
- 授業は、導入→読解・練習→発展的な活動の三つの部分からなる[2]が、学習者の関心から見れば、教材内容への気づき・振り向

き→内容を理解することによる意識の広まり・高まり→今日の日本と日本人に関するより深い理解が、おのおののねらいになる。
- 導入では、学習者に教材内容に関する予備知識を与えるとともにそれに対する問題意識の程度、内容を理解する日本語能力の把握をする。読解・練習では、内容を理解するとともに語句・表現の用い方を学ぶが、内容理解のためには事実・その問題点を自分なりに十分に理解し必要ならば資料を用意しておかなければならない。語句・表現の用い方指導のためには、意味・構文などの情報とともに文脈の理解も必要になる。

　発展的な活動では教材内容をもとにもっと視野を広げた活動を検討する必要があるが、その際には、教師は単なる指示出し役や意見の交通整理役にとどまることなく、学習者と対等に内容に関して積極的に自分の考えを述べるべきである。

　以上は、ことさら佐々木のいう「個としての文化」「他者との相互作用に介在する文化」を意識したものではない。けれども、教材内容を一つの課題として設定し、その問題構造・多面性を学習者とのやり取りを通して明らかにしていこうというものである。複数の機関にわたるため、いずれの授業でも十分にこうした事前指導がなされ実習生の理解が得られたとはいいがたい。また、時間に余裕がある指導でも、中級段階では教科書を定めており特にその初期の実習でどれだけ実現されたか難しいが、目指そうとしたのはこうした方針に基づいた課題認識型授業である。

2.2　導入のプロトタイプとその特徴

　実習を分析すると、導入から教材理解のプロセスへと移行する談話構成はおおむね次の三つのタイプに分類される。すなわち、日常的な話題から教材の主要テーマに段階を追って移行していく「飛行機型」、日常的な話題で授業を開始したものの途中で飛躍して教材のテーマや教材そのものにあたる「ヘリコプター型」、ほとんどあいさつ程度のやり取りをしただけですぐに教材のテーマや教材そのものにあたる「ロケット型」の3種である。これらのうち最も多かったのはヘリコプター型で参加観察

した実習の約7割を占め、次いで飛行機型が約1割、ロケット型が約1割、その他[3]約1割という順であった。

　岡崎・岡崎（2001）[4]はここでいう課題認識型に立ち、導入部分のねらいは、先行タスクとして読む目的を明確化するとともに、既有スキーマを活性化し新スキーマを形成することとしている。そうした観点から見れば飛行機型が最も望ましいといえるが、これらを分けるものは主にテーマの問題構造の把握能力とその提示能力と思われ、構造を十分把握しそれをいかに学習者のスキーマ活性・形成に即した形で提示していったか・いかなかったかで、三つのうちのどのタイプの傾向を帯びるかが決まると考えられる。いずれにしろ、こうした三つのタイプの存在とその特性を知ることは課題認識型授業の基本的あり方を考察する上で不可欠なものと思われる。以下に、各タイプの概略を示す。

2.3　飛行機型

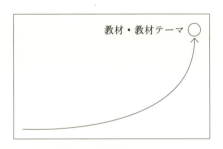

図1　飛行機型イメージ

　実習生や学習者の日常から材料を探り出し、それについていわば世間話的に話をしているうちに、いつの間にかその場のやり取りを教材の主要テーマに導いていく導入のタイプである。収録VTRを分析すると、おおむね、次の①〜③の特徴を備えていることが明らかである。

　①主要テーマが端的に表れている話題の選択
　テーマの一端があるいはテーマに通ずることがらが端的に表れていてしかも学習者の関心を得る話題が選択されている。学習者の背景が多様

であれば、そうした話題を複数用意する。そうやって、教材のテーマが決して学習者の日常から切り離された高尚な教養主義的なものではなく、日々の生活の中にあって自分の身近にあるもの・自分に関係するものとして意識させようとする。

②談話の導き
a.巧みに談話を組み立てていく、b.談話の折々で学習者からの引き出しを行う、c.必要なときに談話をリードする、の三つの能力が発揮され、これらを駆使して日常的な話題から教材のテーマへと円滑に談話を移行させる。

a.は、授業冒頭で①の話題を提供したときがその最初といえるが、テーマの持つ問題構造が少しずつ明らかになっていくように、機を見てその背景や経緯・因果関係などに話題を導いていくものである。先の話が布石となり後の話を方向付けたり前の話の接ぎ穂をうまくつないで次の話題を展開させたりして談話を導き、問題構造の輪郭が把握されテーマが明確になった時点で教材にあたるという形を取ることが多い。

b.は、a.の実習生の主導性とは逆に、学習者の積極的な参加を促して①と同様、その日常性・当事者性を確保・維持しようというものである。母国の事情を紹介させる、自分の見聞の中から何らかのエピソード的なものがないか考えさせる、その場で話題になったことがらに関して簡単な意見や感想を求めるなどといった作業を通して学習者に働きかける。こうした働きかけに長けた実習生はそれに対する自らの受け答えも巧みで、同意したり反発したりまた驚いたりしてみせる。それが、観察者にはあたかも学習者と同じ目線に立ってやり取りしているように映る。したがって、導入全体を通して学習者・実習生双方の個人的生活の一部・価値観・個性のようなものが表れやすく、またa.の実習生のリードが見にくい。

c.は、話題をそれにふさわしい学習者に振る、学習者の発言を補いまとめるなどして他の学習者に伝える、話がずれたときに軌道修正を試みる、沈黙が発生したときに例をあげたり質問の角度を変えたりして発話を促すなどといった、いわば談話の時々の機転の利かせ方である。実習生の「教師的」リード能力といってよい。

③テーマを論じるのに用いられる語句・表現の取り上げ

主に②のa.の談話を組み立てていく作業を通し、ごくごく自然な流れのうちに教材の中の重要な語句・表現を提出する。時には、教材には含まれなくとも主要テーマを論ずるのに必要な語句・表現を提供することもある。学習者は、こうして得た語句・表現を通して、結果的に教材を理解しテーマを論ずる術としての基本的知識及び概念を事前に獲得することとなる。

2.4 ヘリコプター型

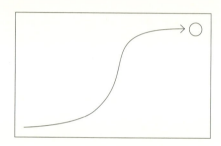

図2 ヘリコプター型イメージ

学習者の日常から材料を探し出し段階を追って主要テーマに移行していこうとするのだが、ある時点でそれが中断し教材のテーマや教材そのものにあたってしまう導入のタイプで、最も頻繁に見られた。

けれども、前記①話題の選択・③語句・表現の取り上げにおいて、飛行機型と遜色ないといってよい。問題なのは②のa.談話の組み立て作業で、テーマの問題構造に関して十分情報が提供されずそれゆえ検討も不十分なうちに談話の組み立てが中断される。すなわち、テーマの背景・経緯・因果関係などの一部を欠いたままで、テーマ紹介・教材理解へと移行してしまう。その分、学習者の知識・情報は少なくスキーマ形成も不十分といわざるを得ず、場合によっては誤解さえ生じている可能性があるものと考えられる。

2.5　ロケット型

図3　ロケット型イメージ

　ほとんど事前の知識・情報を与えることなしにいきなりテーマに言及し、学習者の意見を聞く・実習生の見解を述べる、あるいは教材の読解作業に移行してしまう導入のタイプで、数そのものは多くないが社会経験が少ない実習生、ことに学部学生に特徴的に見られた。

　こうした実習生は、インターネットなどの使用に慣れ高い資料収集能力を持つ場合が多く、むしろ他の実習生より的確あるいは多彩な資料を用意する傾向が見られる反面、前記②談話の導き、中でもa.談話の組み立てが不十分であった。授業開始のあいさつを交わし教材内容に関連する話題に軽く触れただけで「じゃ、それについて読んでみましょう」などと言って教材の読解作業に入る、用意した資料は配布するものの導入で交わされる話の内容が貧弱でそれらが十分生かされない・あるいはまったく取り上げられない、教材を理解する作業に入ってもそこに書かれた内容の表面的な把握作業にとどまり、それをもとに発展的な話し合いの機会を設けるなどの働きかけがほとんど行われないうちに授業が終了する、といったケースがしばしば観察された。

　主要テーマの問題構造を把握しそれを卑近な話題から本質的な問題の検討に昇華させていくにはある程度の成熟した視点が求められ、そのためにはしかるべき社会的経験が要るもののようで、そうした点において年齢の低い実習生にはもともと課題認識型指導の遂行が困難で、それがロケット型導入の散見につながったものと思われる。

3 各タイプのサンプル

次に、三つのタイプごとにその分析例を示す。

3.1 ロケット型導入

教材は寄稿文である[5]。「主夫」が急増しているという報道を受け、それを寄稿者の祖母と話し合うという形を取り、その背景・新しい夫婦のあり方に考えをめぐらすというものである。実習は中国出身の女性に対して個人指導の形で行われたものであるが、記事の内容にほとんど踏み込まず本文読解の作業に移行しており、ロケット型導入を形成している。

No.	T／S		0:00
1	T	おはようございます。Tです。お願いします。Sさんは、結婚していますか？	
2	S	はい。しています。	
3	T	結婚しています。子どもは、いますか。	
4	S	はい、います。	
5	T	何人いますか？	
6	S	一人だけ。	
7	T	ああ。Sさんは、学校の先生をしていますね。家では、お料理とか洗濯とかは、Sさんがしますか？	
8	S	します。	
9	T	だんなさんは？	
10	S	ううん、時々はします。	
11	T	じゃ、子育て、子どもを育てるのも、ほとんど、Sさんがしましたか？	
12	S	ううん、家事は、私、しますね。	
13	T	Sさんがしますか。そういう家事とか育児をする女性が、女の人がするというのを、「主婦」といいいます。Sさんは、主婦です。	
14	S	主婦？	
15	T	（漢字を見せる）「主婦」です。	
16	S	うん、わかります。主婦？	

17	T	主婦ではないですか?
18	S	うん、ああ、そう、思ってます。でも、仕事も…。
19	T	仕事もして、家事もして…。そう。 ではこっちの記事の、左の記事なんですけど、一番最初に、二文字書いてあります。読んでもらえますか? あっ、ここ、真ん中のほうです。この最初の二文字、読んでもらえますか?
20	S	はい。「「主夫」。別に漢字を…」
21	T	あっ、その二文字だけでいいです。わかりましたか?
22	S	見出しですか。
23	T	これ、「しゅふ」って、読めましたか?
24	S	「シュフ」。
25	T	どういう意味か、わかりますか? 思いましたか?
26	S	主夫。たぶん、昔の主婦、婦人の方と違って、主夫、…。
27	T	はい、主夫。読み方は、「シュフ」です。
28	S	はい、あのう、「主夫」の意味、たぶん、今は家事とかそんなこと、家事とか、ほとんど、夫、だんなさんがすることを指します。
29	T	あっ、はい。はい、そうですね。 じゃ、ええっと、この「主夫」ということばなんですけども、ええっと、これをどんなものかっていうのが下に書いてありますんで、 読んでください。
30	S	はい。「「主夫」。別に漢字を…」(以下、本文第1段落、S読み)

3:20

　No.19で教材の中の「主夫」を読ませNo.25でその意味を問うているが、導入の途中で直接教材の一部を読ませたりすること自体は珍しいことではなく長い経験を持つ教師でもそうした導入を図ることがある。けれども、それを受けNo.29で「これをどんなものかっていうのが下に書いてありますんで」とNo.28のSの発話を深く検討することなどなしに読解に移行している。

　No.12にあるように、学習者は家事全般を担っている。それを受けた「(あなたは)主婦です」というNo.13の実習生の発話に対し、No.16では「主婦?」と戸惑い、No.18の「でも、仕事も…」と言い淀んでいる。この二つの発話からは学習者が高い職業意識を持っていることが想像されるが、であればそこからはさらに、学習者にはそのような意識がありな

がらも現実としては伝統的な夫婦の役割のあり方のほうがまさっているという価値観、あるいは逆にそうした価値観に立脚しながらもある種の不平等感があることといった学習者の心情があるのではないかとの推測が立つ。そうしたものの一端を垣間見せたという意味において、No.13 の実習生の「Sさんは、主婦です。」という強引な決め付けは結果的に重要な働きをなしている。ところが、実習生は「主婦」との対比において「主夫」を導入する意図で流れをそこに持っていくべく、No.16・18 に対しては「仕事もして、家事もして…。そう。」(No.19) という軽い受け答えしかしていない。その「主夫」の導入にしても No.28 で学習者にそれが何を指すか辞書的な意味を言わせただけで、No.30 の本文読みに移行し打ち切っている。この No.28 は、それこそ学習者の置かれた現実を吐露した No.12 との対比において、再び学習者の価値観と心情を導きだすきっかけとなる発話であった。さらにその導きからは、「主夫」という人たちのあり方、「主夫」が出現してきた夫側・妻側の事情、社会背景など教材のテーマ理解につながる情報に言及できたはずである。

　ちなみに、次はこの実習の記事読解後の発展的な活動である。No.187 で、夫に定職がなければその夫が家事をするのは当然と学習者が答えているが、これは学習者の知っている母国事情を生の情報として述べているのみである。記事では、主夫が出現してきた背景として、夫の出世競争からの脱却・育児への積極的な関わり、夫婦協力の新しい形などが指摘されているが、それらを踏まえて自らの価値観を再構築したものではない。すなわち、教材理解の作業を経ても、学習者の中に意識の広がり・深まりが芽生えていない。

表1　同　発展的な活動

59:45

172	T	この主夫は、日本でも、最近、知られるようになって来ました。Sさんは、この、主夫という人たちがいることを、知っていましたか?
173	S	ううん、初めて。
174	T	初めて。では、中国では。
175	S	あります。

176	T	いますか？　そういう人たちに、何か中国語で名前がついていたりしますか？
177	S	うぅん、名前がついてる？
178	T	名前っていうか、この主夫ということばは、日本でも、最近、出てきました。この「夫」と書いて「シュフ」というのは。最近のことば。
179	S	うぅん、ことばがまだ出ていないです。
180	T	まだ、ないですか。
181	S	その家庭は、もう、あります。
182	T	ありますか。中国では、たくさん、ありますか？
183	S	少ないです。
184	T	少ないですか。え、中国で、ええっと、妻が仕事をして夫が家事をするという家があっても、だれも変だとは思わないですか？
185	S	思わない。思いません。
186	T	思わない。
187	S	それは夫が定職がないから。定職。
188	T	はい。
189	S	仕事がありませんから。
190	T	じゃ、妻が働きに出るということは、普通ですか？
191	S	普通じゃない。
192	T	普通じゃないということですか？
193	S	でも、変だと思いません。
194	T	思わない。（筆者に目配せして、終了）

1:01:32

3.2　ヘリコプター型導入1

　教材は社説で、増え続けているフリーターの実態、その生まれる背景などを述べた上で、国をあげて対応を考えていかないと日本の活性化を阻害するとしている[6]。次の導入では、少年少女時代にいだいていた夢を語っていたのが、いきなりフリーターの話題に飛んでいる。

15	T	みなさん、忙しいですね。 私は、ええと、たまっていた部屋の大掃除をしました。机の上を掃除しているときに、昔の日記などが見つかったんですよ。で、やっぱり掃除を中断して、ずうっと読んでしまったりしていて。で、そこには、友だちのこととかそのとき思っていたことがいろいろ書いてあったんですけど、ちょっとした恋のこととかも書いてあって、で。(S一同、笑う) みなさん、笑わないで下さい。それで、一番、書いてあったことは、将来の自分についてなんですね。で、私はそのとき、パン屋さんになりたくて、で、パン屋さんになりたい気持ちとかをすごい書いたんですよ。 みなさん、日記、書いたりはしますか? S4さん、書いたことありますか?
16	S4	はい、あります。
17	T	どんなこと、書いてたんですか?
18	S4	友だちのこと、…。私も、将来のこととか多かったと思います。
19	T	S5さん、日記は書いたこと、ありますか? どのようなこと、書いてましたか?
20	S5	ええと、友だちのこととか。
21	T	やっぱり、友だちのこととか、多いですね。私は、さっき言ったように、将来のことを書いてて、ま、そのときはそれなりに一生懸命だったんですけど、ま、今ここで、先生として立っているわけなんですけど、皆さんは、小さいころや学生時代、どんな職業に就きたかったですか? S6さん、どんな職業に就きたかったと思われますか?
22	S6	獣医さんになりたかったです。
23	T	は? 獣医さんに。どうしてですか?
24	S6	動物、好きだったから。
25	T	ああ、いいですね。S1さん、将来の夢とかありましたか?
26	S1	サッカー選手です。
27	T	サッカー選手ですか。かっこいいですね。今も、サッカーとかやっているんですか?
28	S1	いえ。
29	T	あれ、やめちゃったんですか。 S2さん、将来、何になりたかったとかありますか?
30	S2	ケーキ屋さんになりたかった。
31	T	ケーキ屋さんですか。ケーキ、好きなんですか。おいしいですね。
32	S2	(笑い)

33	T	みなさん、いろんなことを思い描いていたと思うんですが、今日は、そんなことを思いながら、この文章を読んでみましょう。
34	T	今日はフリーター問題についてをやるんですけれども、このフリーターというのは、フリーターは聞いたことありますか、S3さん。
35	S3	ないです。
36	T	どういう意味だかわかり…、どういう意味だか知っていますか。
37	S3	知りません。
38	T	知りませんか。 では、S4さん。フリーターは聞いたことがありますか。どういう意味だか知っていますか。
39	S4	わかりません。
40	T	わかりませんか。じゃ、説明します。フリーターというのは、「フリーアルバイター」というのの略で、これはちゃんとした仕事に就かないで、アルバイトだけで生活を立てている人なんですね。
41	T	では、本文に入ります。私が一度全文を読みますので、聞いていてください。今日は、1段落から6段落までやります。

5:00

　週末をどう過ごしたかと問い、ほとんどの学習者がアルバイトをしていたと答えた続きがNo.15である。実習生自身は週末には掃除をしていて古い日記を見つけ、ついつい読み進んでいくうちに当時いだいていたパン屋になる夢に行きあたったと披露しているが、そこから、学習者に子ども時代の夢を問い、獣医・サッカー選手・ケーキ屋の三つを引き出している。週末の過ごし方から将来の夢へと導いていく設定はむしろ巧みで、日記を持ち出したのは演出的でさえある。将来の夢自体も人柄に触れる多分に情緒的なもので学習者もつい引き込まれたであろう。ところが、それはNo.33で突然断ち切られ、その後はフリーターの意味の確認に移行してしまう。断ち切り方も粗略で、「この文章を読んでみましょう」などと学習者を導いても、そもそも教材は事実を述べてフリーター問題への早急な対応を呼びかける硬質な社説で、子ども時代の夢云々といった内容も情趣も持ち合わせていない。すなわち、ここに、強引に教材内容に導こうとする飛躍が認められる。
　しかしながら、実習生の意図を忖度するに、日記に描いたパン屋を持ち出したのは、若いころに描く将来の夢と現実とのギャップ、それとフ

リーターを結びつけようとしたからではないかと思われる。すなわち、夢があったけれどもかなわずフリーターをしている若者たち・フリーターをしながらもなおも将来の夢を追う若者たち、夢は夢として割り切り一職業人となって生きる若者たち、さらに夢とは無縁に安易な社会的立ち位置としてフリーターにとどまっている若者たちなどに言及し、フリーターをより身近な現実的な存在として学習者の前に提示しようとしたのではないか。いかにも舌足らずな「そのときはそれなりに一生懸命だったんですけど、ま、今ここで、先生として立っているわけなんですけど」(No.21)・「いろんなことを思い描いていたと思うんですが、そんなことを思いながら」(No.33) というのは、こうした本来の意図からすれば、若者特有の高揚感や感傷、現実社会との交わりで得た挫折感と人としての成長などに思いを馳せたものと思われる。こうした切り口はそれでもなおこの教材の社会性・論理性・訴求的態度とはそぐわない側面を多分に持っているが、掃除の手を止めて日記に読みふけりそこに幼いながらも真摯な夢を見つけた実習生の日常と感性とに見合う、いわばこの実習生ならでは視線に立ったものといえよう。さらに、日本で日本語を学ぶ留学生たちとはとりもなおさず何らかの夢なり目標なりを追っている若者であることを考えれば、こうしたアプローチはこの教材に対しても十分に成立しうると考えられる。

　問題はそこからいかにして教材内容の一端に結びつけるかで、学習者の思い描いていた夢を聞いた後で、その夢はどうなったか、あきらめた・変わったとすればそれはなぜか、今はどんな将来設計をしているか・その目標に向かってどのような道筋を立てようとしているかなどを話し合って職業観・就労意識・人生におけるキャリア形成などを浮き彫りにし、次いでNo.34～40にあるフリーターの導入、さらにそうした若者が生まれる要因・社会的存在としてのフリーター・彼ら自身の人生設計などに触れる展開をしていくべきであったと思われる。

3.3　ヘリコプター型導入2

　教材は囲み記事で、現在、日本の自動車産業は好調であるが、韓国車の追い上げ・中国市場の開拓・アメリカの巻き返し・代替エネルギーの開発の四つの課題を抱えている、という内容である[7]。次の導入では、

車社会の今昔を比べ学習者が興味を持ちそうな話題から入っていながら、途中で教材内容に飛躍する。

1:26

1	T	はい、それでは始めます。 私は、(黒板に名前を書いて) ええ、「T」といいます。ええ、(生年、板書) ○○年の生まれで、○歳です。よろしくお願いします。(S4から順に指して) ええ、S4さんですね。それから、S3さん、S2さん、S1さん。ええ、S3さんは、中国の、どこのご出身?
2	S3	中国の○○○(地名1)。
3	T	あ、○○○。
4	S3	ご存知ですか。
5	T	いや、場所は。○○○は、実は、行ったことがないんです。中国は意外と行ってますけれども。
6	S3	ぜひ、来てください。
7	T	S2さんは、中国のどこですか。
8	S2	○○○(地名2)。
9	T	あ、○○○ですか。あのう、そうですね。S3さん、何年前に日本に来たんですか。
10	S3	あのう、ま、もうすぐ2年になりますね。
11	T	2年。ええ、初めに日本に来た時の印象、感じたことはどんなことですか。
12	S3	日本に来たばかりの時は、日本語、すごく下手ですね。
13	T	ううん、そうですね。何を感じましたか。人が多いなあとか。家が小さいなとか。
14	S3	ま、あの、ちょっと低い感じ。
15	T	人がですか、家がですか。
16	S3	家。
17	T	ああ、家が。
18	S3	私のふるさと、ビル、(手でビルの高さを示して) ちょっと高いですね。
19	T	ああ、そうですか。
20	S3	この感じですね。
21	T	なるほどね。S2さんは、何年ですか。
22	S2	もうすぐ4年目になります。
23	T	4年目。どんな、初めての印象は何ですか、日本の。
24	S2	うう…。

25	T	と、聞かれても難しいですよね。		
26	S2	初めての印象は、あの、いつもいつも日本の、あの、仕事の忙しさ。		
27	T	みんな、忙しそうにしてた？　そうですね。あの、S1さんね。日本へ来てね、車が多いなと思いませんでした？　そういう感じじゃなかったですか。		
28	S1	うん。		
29	T	そうですか。向こうも、〇〇〇（S1の出身国の地名1）も車、多いですか。		
30	S1	〇〇〇はそうでもないですけど、〇〇〇（同、地名2）は多いです。		
31	T	え？		
32	S1	〇〇〇は。		
33	T	ああ、〇〇〇は多いですね。		
34	S1	「コンザツ」、「コンサツ」？		
35	T	あ、「混雑」。		
36	S1	混雑も多いです。		
37	T	後で出てきますけど、S4さん、〇〇〇（S4の出身国の地名）ですからね、そんなに変わったことはないかもわかりませんけど。S4さん、何年でした？		
38	S4	ま、もうそろそろ2年。		
39	T	A	①	2年くらいね。後で出てきますけど、日本は、ま、狭い国に人がたくさんありますけど、特に車が多いんですよね。小さい国の割にはですね。ええ、ただね、今日、車の話をしたいんですけども、ずっとというか、日本がこんなに車がたくさんあるようになったのはね、最近のことなんです。最近といっても私の見る限りの最近ですから、ま、少なくとも50年ほど前までは、ほんとに車が走ってない町だったんですね。
			②	（写真を取り出しながら）ええ、ちょっと、この写真を…。（写真を黒板に貼って）これが、〇〇〇（学校の所在地）の町です。（写真を指して）ええと、これが、1956年です。私のことばっかりいって何ですが、私が、〇歳の時ですね。（地図を貼りながら）ええ、ちょっと、〇〇〇を知らない人もいるでしょうから、地図も用意しましたが…。（写真の電車指して）これ、あのう、「市電」といったんですね、「シ」というのは〇〇〇市の「市」ですね。で

39	T	A	②	すから、路面電車ですよね。地上を走ってる電車。（地図を指して）ここ、〇〇〇（観光名所1）ですね。ですから、学校はここですね。（写真の通りを指して）この通りは地図でいうとこの辺りですよね。この辺りを走っている電車だったんです。見ての通り、電車が、あのう、王様のように走っている。車1台しかありません。
			③	（別の写真を指して）それからこれは、〇〇〇（通り名）ですから、（地図を指して）一番にぎやかな通り、この辺りですよね。今ですと、車がほんとに混雑して、そこを、市電が走っていたんです。（再び、写真を指して）これを行くと〇〇〇（観光名所2）がありますが、車がここに2台ほど見えます。こちらにも2台見えますけれども、あとは自転車です。 日本も、約50年ほど前はこんな感じだったんですね。それが、あっという間に車が増えてしまって、（2枚の写真を学習者に渡して回覧させる）今は道路という道路は、ええ、車で埋まっているとようなことになってきたわけです。
			④	50年ほど前、（地図を指して）私、この辺りに住んでいたんです。〇〇〇駅の近くに住んでいたんです。大通り、そういう大きな通りでも市電が走っている状態ですから、少し大通りから離れるともちろん舗装はしてませんから土の道路で、石ころがあって、ちょっと広い通りというのは全部子どもの遊び場だったんですね。ですから、学校から帰ってくると家にカバンを放り投げておいて、広い通りへ行くと子どもがいっぱいいると。で、そこで野球をするサッカーをする、時には道路いっぱいに円を描いて相撲を取る、いうような生活だったんですね。 で、その50年ほどの間に、日本はこれほど車が増えてきた。

| 39 | T | S | ⑤ | で、話は変わりますけれども、世界中で車がどれくらいあるかというと、これ、わかりますか。世界中で。あのう、それは見当もつかないと思いますけれども、世界の人口というのは60億人、(「60億人」、板書)といわれているわけですよね。これは、赤ん坊からもう動けないお年寄りまで含めて60億。これに対して、後で見ていただきますけれども、車の台数、(「7億台」、板書)一応登録されており走る態勢になっている車は7億台あるわけですよね。8人に一人、車がある。これは、どう考えても異常だと思うんですけれどもね。あのう、それが今の世界の車の台数だそうです。 |
| | | | ⑥ | で、そういうことで、今日は車の話をしたいと思うんですが、ちょっと、今の話で、ええ、(教材・資料、配る)この紙の、2枚目をちょっと見てください。ちっさな表なんでわかりにくいんですけれども、その1番のところ、今、私がいったことが書いてあります。ええ、およそ7億台の自動車が走っているといわれている。(配った資料の拡大版を黒板に貼り、そのうちの国別所有台数の表を指し)この表の、あの、その表を見ていただいていると思いますけれども、それを国別に書いているものですね。ええ、アメリカ、一番上にアメリカとありますが、…。|

　導入は、この後、読解開始までに、記事で用いられている車種の説明とどの新聞からこの記事を持ってきたかの説明をしているが、全体の流れは以下の通りである[8]。

　(1)で指導を開始した後、(2)で学習者の来日時の印象を尋ね、そこから(3)の日本の道路の混雑ぶり・車の普及へと話題を導いている。さらにそれを受け、(4)では、そうした日本の車社会はここ50年ほどで急激に形成されたことを述べている。そして、形成前の日本を印象付けるために、実習生の子ども時代の話を持ち出している。

	導入の流れ	具体的活動内容	No.	時間
(1)	一般的な導入	自己紹介。学習者確認。出身地尋ねる。	1	
(2)	車への振り向かせ布石	来日時の日本の印象を尋ねる。	11	

(3)	車への振り向かせ	車が多いと感じなかったか、との質問。	27	
(4)	車普及の今昔対比A	「狭い国に、車が多い。」	39	①
		「車が多くなったのはここ50年のこと。」		①
		1956年当時の写真、提示。地図を参照しながら、当時の車の少なさ、紹介。		②/③
		Tの子ども時代の回想。のどかな道路での遊びなど紹介。		④
(5)	車普及の今昔対比B	8人に1台の割合で車が普及していること、紹介。		⑤
		記事と資料配布。資料1 国別所有台数、説明。		⑥
(6)	記事の語句導入	車の分類(乗用車／商用車／高級車／小型車…)、説明。		13:15
(7)	記事入手の説明	記事の説明(何新聞のどの欄から)。		15:30
(8)	読解開始	本文読解開始。		16:20

　こうした発想自体はきわめて妥当で、(2)から(3)への転換さらに(4)への展開には無理がなく、またある程度年齢を重ねた実習生の(4)の具体的な話は説得力を持ったものだったと考えられる。
　ところが、(4)との比較、車社会形成後の話題として出したのが(5)で、実習生の子ども時代の話と比べれば情報としての説得力はあっても実感に乏しく、そこに行くまでにもう一つ学習者側に立ったステップが必要である。そういう意味で飛躍があり、ヘリコプター型といえる。
　以下に、詳細を検討する。

　　車社会へ振り向かせるまでの流れの分析
　実習開始にあたり、実習生は、一人ずつ出身地と在日年数を聞いた上で、日本に来た時の印象を問うている(2)。授業開始にあたってのごく自然な社交辞令であるが、実習生としては日本の道路の混雑ぶりを導くための方向付けをしたものといえよう。学習者が述べた印象は順に、日

本語が下手だった（No.12）・建物が低かった（No.14）・仕事で忙しそうだった（No.26）で、道路の混雑自体は出なかったものの、No.26からの連想としてNo.27で車が多いことに話題を転換している（3）。結果的にS1からは同意が得られず（No.28～36）、また続くS4からはもともと期待した答えが得られないと判断したためかその印象を聞かずに（4）の車社会形成前の日本事情に移行しているが、ここまでの展開に強引さは希薄である。むしろ、来日時の印象→道路の混雑→以前の車社会→今日の車社会→日本の自動車産業→本文、という発想自体はよく練られているといえる。

　　車社会の今昔比較における飛躍の分析
　続くNo.39は次の二つの部分で構成されているが、Aは車社会を形成する前、約50年前の町の様子、Bは車社会が形成された現在の状況である。

　　　A：①日本の急激な車の増加→②③1956年当時の車の少なさ紹介
　　　　→④Tの子ども時代の回想
　　　B：⑤8人に1台の普及率→⑥資料1説明

　現在の状況に関しては、実は、No.39の④末尾に「その50年ほどの間に、日本はこれほど車が増えてきた」という発話がある。けれども、これはその内容・長さともにきわめて軽いしめくくりのことば的役割しか果たしておらずAとの比較には至っていない。③の末尾の発言も同様である。したがって、話題が転換するBの冒頭としては⑤が担っていると考えられるが、その④と⑤の間に飛躍が見られる。
　②③では50年前の写真を2枚用意し、位置関係を確認した上で、市電が王様のように走っていたこと、自転車中心で車は数台しか走っていなかったことを紹介している。見知らぬどこかの風景ではなく、日本で初めて慣れ親しんだであろう町の50年前の様子を示されて、学習者たちは大いに興味を抱いたものと思われる。事実、ビデオには、めいめいの学習者が③で回覧された写真に見入っている様子が収録されている。さらに、④で実習生の子ども時代を回想して、大通りを外れると道路は舗

装されていなかったこと、そうした道路は子どもの遊び場同然だったこと、下校後にはそこでサッカーや野球をしたことを述べている。この実習生は実習生の中では年配者に属したが、実習を開始するにあたり、自己紹介として生まれた年を西暦で板書し口頭で年齢を言っている（No.1）。こうした自己紹介は実習生の間ではまれで年齢的遠慮がそうさせたものと思われるが、むしろその年齢が②③④の語りに重みを与えている。すなわち、車社会を形成する前の様子は、学習者たちが暮らす町の50年前の写真と実習生の実体験をもとに明らかにされている。

　そうした具体性・親近感に比べると、⑤の「60億人／7億台／8人に1台」というのはあまりにも客観的すぎかつ学習者の日常から乖離している。②③④と対称をなしていない。「8人に1台」というのは確かに50年前と比較した今日の成熟した車社会のあり方ではあるが、「世界中で」といわれるとその事実は茫洋としていて実習生のいうように「異常な」実感としてはとらえにくい。

　⑥を見るとこの数字が配布資料にあることがわかるが、その後の（6）を見ても、実習生は⑤の「で、話は変わりますけれども」で大きく教材解説に舵を切ったものと思われる。その結果、それまでの導入と内容的脈絡は保たれているものの語りとしては断絶し、個人的な回想的紹介から数字とグラフを使った講義的な説明へと調子が変化した。その調子の変化が、ヘリコプター型飛躍を形成している。すなわち、⑤の冒頭のこの発話が文脈飛躍の瞬間である。

　②③④の持つ具体性・親近感と対称をなす形で現代の車社会を語るには、学習者の見聞をもとに彼らの目線に立った考察が必要である。学習者の見聞とは、彼らが暮らす日本の町で見知ったことあるいは母国で経験してきたことである。彼らの目線に立った考察とは、その見知ったこと・経験したことについての彼らの印象なり感想なり解釈なりである。彼らの暮らす日本の町でいえば、王様のように走っていた市電がなくなった理由、それが最近また復活してきた町があること、ゴールデン・ウィークなどで見聞きした道路や駐車場の混雑状況、また母国でいえば、路面電車をはじめとする公共交通の存在、道路の混雑状況、さらにこの実習当時、トヨタがアメリカの会社をしのいで自動車生産量世界一の座を確保したことが話題になっていたが、母国での日本車の普及事情・評

判を聞くなどという展開も考えられたであろう。

　こうした話題を実習生が提供し学習者と分かち合うことによってまた実習生から得ることによって、現代の成熟した車社会とその背景などが自分たちの問題として把握され、さらに教材に盛られた四つの課題の端緒をつかむことができたのではないか。そして、そうしたプロセスを経た上で（5）～（7）資料を使った補足的な解説さらに（8）本文読解へ移行すれば、ヘリコプター型飛躍が回避できたものと思われる。

3.4　飛行機型導入1

　次は、『中級から学ぶ日本語』第6課の導入である[9]。本文は、型や決まりを重んずる伝統文化にしか使わないはずの「道」ということばを今日ではパチンコにも使うらしいが、パチンコはもともと遊びであり不必要に精神性を追う必要などないのではないかという内容である。以下では、身近な話題を展開させ本文内容に導き飛行機型導入を形作っている。

0:15

3	T	今年も、もう12月ですねえ。今年もいろいろなことばがはやりましたね。どんなことばがはやったか、何か知っていますか？　S1さん、どうですか？
4	S1	はい、ええ…、「残念」。
5	T	ああ、「残念」。そうですね、ギターを持って、面白いことをいう人がいましたよね。 他に何か、知っていますか、S2さん。
6	S2	あ、さっき、言った、また、さっき言った、あの…。
7	T	同じですか。S3さん。何かありますか。
8	S3	「セカチュウ」。
9	T	「セカチュウ」。「世界の中心で愛を叫ぶ」っていうタイトルですよね。映画、見ましたか？
10	S	はい、見ました。
11	T	よかったですか？
12	S	はい。
13	T	そうですか。ええと、S4さん、他に何か知っていますか？
14	S4	わかりません。

15	T	わかりませんか。えと、「チョー、気持ちいい」ということば、聞いたことはありますか?
16	S	はい。
17	T	ありますか。「チョー、気持ちいい」は、今年、一番、はやったことばです。 だれのことばか知っていますか?
18	S2	はい。
19	T	S2さん。
20	S2	ええと、北島康介さん。
21	T	そうですよね。水泳の北島選手が、アテネオリンピックで言ったことばですよね。 皆さん、アテネオリンピックは見ましたか?
22	S	うん。(全員、うなずく)
23	T	何かよかったスポーツはありますか。S4さん。
24	S4	ええ、柔道で、あの、ええ、谷亮子さんの、あの、姿が、今、印象に残っています。
25	T	そうですよね。谷さん、すごかったですよね。
26	S4	はい。
27	T	S2さん。何か、他によかったスポーツはありますか?
28	S2	ええ、私も柔道。
29	T	柔道、そうですか。S3さんはどうですか?
30	S3	シンクロ。
31	T	シンクロ、そうですか。S1さんは、他に何かありますか?
32	S1	私は、バドミントン。
33	T	バドミントン、そうですか。確か、インドネシアの選手が金メダルを取りましたよね。
34	S1	はい。
35	T	先生も、柔道はよかったと思います。
36	T	(「柔道」、板書) 柔道は、「道」と書きますね。どうして、「道」と書くのでしょうか? 他に、何か、「道」とつくことば、何か知っていますか。S2さん。
37	S2	剣道。
38	T	そうですね。(「剣道」、板書) 剣道も「道」がつきますね。他に何か、知っていますか?
39	S4	華道。

40	T	「華道」。そうですね。(「華道」、板書)華道も「道」がつきますね。他に何か、道がつくことば、知っていますか？
41	S2	はい。
42	T	S2さん。
43	S2	書道。
44	T	そうですね。(「書道」、板書)他に何か？
45	S3	はい。
46	T	S3さん。
47	S3	ええと、合気道。
48	T	「合気道」。(「合気道」、板書)
49	T	みんな、「道」がつきますね。(各々「道」部分、下線施す)どうして、「道」と書くのだと思いますか？
50	S	…。
51	T	先生は、こう、思います。(山と頂上の旗、板書) 私たちは、いつも、何か(頂上の旗、指す)目的のために、(頂上の旗、指す)(ジグザグの頂上に続く道を描きながら)道を登ったり下ったりしながら行きますよね。(「道」のつくことば群、指す)柔道や華道も(頂上の旗、○で囲む)うまくなるという目的のために、(頂上に続く道、なぞりながら)練習をしたり落ち込んだり休んだりしながらがんばって進んでいきますよね。 だから、「道」と書くんじゃないかなと思います。
52	T	さて、今日の本文には、(「パチンコ道」のパネル、持つ)「パチンコ道」ということばが出てきます。「パチンコ道」と、聞いたことありますか？
53	S	…。
54	T	ないですか。
55	T	「パチンコ道」とはどういう意味なのか、読んでみましょう。(「パチンコ道」のパネル、貼る)では、最初のところを、S2さん、読んでもらえますか？
56	S2	はい。(本文、読み)パチンコ道という本が売れているそうです。…」

5:55

　上記の流れを分析すると、以下の五つの構成からなっており、(2)から(4)へ、「チョー、気持ちいい」→北島康介選手→オリンピック→柔道→「道」という道筋が作られている。以下に、詳細を分析する。

	No.	導入の流れ	具体的活動内容
(1)	1～3	一般的な導入	自己紹介。出欠確認。
(2) 1	3～14	その年はやった流行語①	その年はやった流行語、いわせる。
(2) 2	15	〃 ②	Tの考えいうとともに、オリンピックに振る。
(3) 1	21	オリンピック①	明確なオリンピックへの振り。
(3) 2	23～35	〃 ②	興味を持った競技、いわせる。
(4) 1	36～48	「道」のつくことば列挙	明確に「道」へ振り、「道」のつくことばを列挙させる。
(4) 2	49～51	「道」と書く理由	「道」と書く理由について自分の考え、説明。
(4) 3	52～54	「パチンコ道」	「パチンコ道」を聞いたことがあるかと問うて、本文への直接的な導入。
(5)	55	読解開始	

「道」までの流れの分析

　No.4・8で学習者が即座に的確に答えているのを見ると、(2)の流行語はテレビのタレントや芸能から材を取った、学習者にとって身近で入りやすい話題だったといえよう。そして、No.15で実習生自ら「チョー、気持ちいい」を出しているが、これはアテネ五輪で2冠となりその年最も日本中の注目を集めた北島選手が優勝インタビューで発したことばで、学習者だれもが知っている流行語であったと考えられる(No.16)。このことばを端緒として、ことばを発した北島選手(No.20)→このことばを発したオリンピック(No.21)→そのオリンピックで興味を持ったもの(No.23～35)、と進展する一連の談話は、ちょうどリレーでバトンが受け継がれるように前の話題が接ぎ穂となって後の話題となり連なっており不自然な飛躍がない。

　さらに子細に見ると、No.24・28で学習者のほうから「道」の付く柔道に言及したのにもかかわらず、その時点ではそれを積極的に取り上げようとせず軽く返すにとどめ、他の学習者に振りさらに興味を持った競技に話題を広げようとしている(No.25・27・29)。(4)の「道」への展開を考えればこの二つの発言は実習生にとって絶好のきっかけであったはずであるが、恣意的で急激な転換を避けたものと考えられすぐさま食い

つかず、それが結果的にヘリコプター型飛躍の形成を防いでいる。

　　「道」の説明の分析
　そして、学習者全員が興味を持った競技を述べた後で実習生が発話ターンを取る形で柔道に引き戻し、導入の中核（4）に到達する。No.36では「道」と書く理由を聞こうとするがすぐに止め、他の「道」が付く芸能・スポーツをあげさせている。その理由が本文の本質に通ずることがらでありこのタイミングでそれを問うのは早すぎると判断したものと思われるが、この「〇〇道」の列挙が、「道」という字の解釈（4）-2を理解させる伏線となり、またNo.25・27・29同様、結果的にヘリコプター型を回避することに成功している。
　(4)-2では、まず、あがったことばの「道」に下線を施し注目を集めた上で、あらためて「道」と書く理由を問うている（No.49）。No.50の沈黙を受け、No.51でなされた板書は次の通りである。山の頂上に立つ旗は高い精神性を、旗へと続く道は継続的な精進の姿勢を表そうとしたものと思われる。すなわち、芸能・スポーツにおいて高みの精神世界に到達しようと不断の努力をする様子はちょうど山登りをするのと似ている、だから、山登りの道になぞらえて「道」という字が付与されたのではないか、という解釈である。

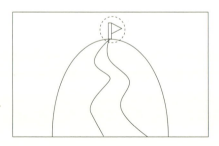

図4

　図そのものは凡庸ながらこの実習生が巧みなのは、板書としては山と頂上だけをまず描き、後から道を描きなぞることによって長期にわたる修養を示し、それが精神的な鍛錬を示唆している点である。けれども、

続く（4）-3では、こうした精神性と姿勢はパチンコの持つ遊戯性や射幸心などと相容れないのではないかという本文の趣旨には踏み込まず、単に「パチンコ道」ということばを出すだけにとどめている。パチンコのこうした性格を示していない以上、これは当然といえよう。

ただ、その分、No.55の読解開始がやや性急でごく小さな飛躍が生じているといえる。No.52で「パチンコ道」を出した後、雑談的に学習者にパチンコの体験を問うてみるなり実習生の経験を話すなりしてその遊び方と性格について話を展開させれば明確に「道」とパチンコとの対比がおのずと浮かび上がり、本文に沿った「パチンコ道」ということばへの疑問の投げかけとなった可能性がある。しかしながら、流行語から「道」に導く無理ない全体構成は飛行機型導入をなしている。

3.5 飛行機型導入2

本文は、多くのデパート地階の食料品売り場では売れ残ったものは捨てている、その量は多いところで1日3.5トンにも達するが、それにはデパートのブランド・イメージ保持の方針が大きく働いている、という内容である[10]。次の導入は、そうした、一見、理不尽に見えるデパートの廃棄のし方を理解するのに有効に働いている。

	導入の流れ	具体的活動内容	No.
(1)	一般的な導入	自己紹介。学習者確認。	1
		女子の学習者の髪型に言及。ほめた上で、他の学習者にも同意求める。	17
(2)	デパートへの振り向かせ	バーゲンセールの季節のため、学習者にデパートへ行ったかどうか尋ねる。	25
(3)	廃棄方針理解の布石①	スーパーとデパートの違い、考えさせる。（値段、品ぞろえ、品質、高級感、店員）	52
(4)	〃 ②	デパ地下の盛況ぶりに言及。チラシ見せ、品ぞろえ、紹介。	84
(5)	記事中の語句導入①	「食料品売り場」「デパ地下」板書するとともに、「デパ地下」導入。	99
(6)	〃 ②	デパ地下にどんな食べ物があるかと問うて、「惣菜」「生菓子」「弁当」導入。	103

(7)	売れ残りの処理方法検討①	売れ残りの処理について質問。捨てる・店員に売る・店員に支給するという方法、引き出す。	125
(8)	読解開始①	「では、今日は、デパ地下について読んでみましょう。」(記事、配布)	148
(9)	売れ残りの処理方法検討②	S1、翌日に店頭に並べる方法に言及。S1の発言受けて、T、「臭い」から動詞「腐る」を導入、板書。	149
(10)	読解開始②	記事をインターネットから落としたこと説明。T、見出し、読む。	162

　導入は13分37秒を要し、上の十の部分で構成されている。(1)の一般的な導入をした後、(2)で時節柄バーゲンをしているデパートに話題を持っていくが、記事の内容と直接関わるのは (5)～(7) である。(5)(6)で「デパ地下」「惣菜」「生菓子」など記事中の語彙を導入し、(7)で売れ残った食料品の処分の方法を問いかけている。

　けれども、この実習生が巧みだったのは、そうした内容に踏み込む前に (3)(4) のステップを設け、処理するにあたってはデパートのブランド・イメージが大きく関わっていることを学習者に想起させたことである。とりわけ (3) のスーパーとの対比が、デパートの処理方針を理解する布石として機能している。以下、その主要な部分の分析を示す。

　　廃棄方針理解への布石
　次は (3)(4) で、デパートとスーパーと比較させて、デパートにはブランド・イメージがあること、そしてそれを作っているものを明らかにしている。

48	T	みなさん、普段、買い物をするときには、どこへ行きますか。食べ物とか服とか。
49	S1	スーパーに行きます。
50	T	スーパーに行きます。S4さんはどうですか、毎日、デパートですか。
51	S4	ああ、いえ、スーパーです。
52	T	うん、スーパーですか。 やっぱり、スーパーとデパート、ちょっと違いますよね。

53	S	（うなずく）
54	T	ううん。何が違いますか。
55	S1	（笑いながら）値段が違う。
56	T	そうですね。うん、値段が違います。（数えるように指を折る）あとは？
57	S4	売るもの、売るもの、違います。
58	T	（2本目の指を折る）うん、売るものが違います。それは、どんな意味で違いますか。
59	S3	なんか、デパートの種類のほうが多い。
60	T	うん、種類が多いです。あと？
61	S1	品質の問題。いいです。
62	T	（3本目の指を折る）いいですね。品質がいいです。同じ、たとえば同じTシャツでも、デパートのほうが何回洗っても大丈夫。品質、が、いいですね。他にどんなことがありますか。 S2さんは、デパートに行くのが好きですか。
63	S2	いえ、好きじゃありません。
64	T	好きじゃありません。じゃ、あまり行きません。
65	S2	はい、あまり行きません。
66	T	うんうん。なるほどね。はい。 スーパーよりデパートへ行ったら、ちょっと、気分がよくないですか。（「ふふふっ」といいながら、楽しそうに歩くように体を動かす）
67	S	うん。（うなずく）
68	T	ちょっと、自分がお金持ちになった気が、する、かもしれません。
69	S	ううん。（うなずく）
70	T	（両手でつぼのようなものを描くしぐさをして）デパートのほうが高そうですね、何でも。高いし、高く見える。「高級感」、が、ありますね。
71	S	（うなずく）
72	T	高く見える、いいものに見える、高級感が、ありますね。 あと、S4さん。スーパーの店員とデパートの店員と、どう違いますか。
73	S4	店員？
74	T	お店の人。
75	S4	スーパーのほうが、気が強そう。
76	T	（笑いながら）気が強い。（しきりにうなずく）そうかもしれない、うん、そうかもしれませんね。何かわからないことがあります、聞いた時、デパートの店員さんのほうが。
77	S3	ていねい。
78	T	ていねいで、やさしくて、親切。

79	S4	教えてくれる。
80	T	教えてくれます。そうですね、はい。今、日本は…。 (S2に向かって)ごめんね、デパートの話で。これからちょっと変わっていくから。
81	S2	いえ、大丈夫。
82	T	大丈夫？ 参加してね、はい。じゃ、S2さん。
83	S2	はい。
84	T	今、日本の経済はどうですか。
85	S2	やっぱり、悪い、悪いです。
86	T	うん、やっぱり、悪いです。経済の悪いこと、何といいますか。
87	S1	「不景気」です。
88	T	「不景気」です。うん、不況とか不景気、いいますね。今、日本は不景気です。 でも、デパートの中でとっても売れているフロア、とっても売れている階が、あります。どこだと思いますか。
89	S	ううん。(答えられない)
90	T	どこかな？ (S1・S3指差して) ワンピースも買ったしね。
91	S3	全然、知りません。
92	T	「全然、知りません」。じゃ、デパートにはどんなフロアがありますか。「階」。
93	S1	地下は、地下の階は、一番、売れています。
94	T	地下の階は、一番、売れると思います。(S4を指して)何があるか、聞いてください。
95	S4	(S1に向かって)何がありますか。
96	S1	食料品や贈り物を、ううん、売ってます。
97	T	(笑いながら)ううん。S1さん。デパートが好きですね。よく行きますね。そう、はい。 ええと、地下には食料品売り場があります。今、日本は不景気で、全然、高い服とか高い靴、高いカバン、(自分のバッグを指して)これは高くないけど、高いカバンなんかあまり売れません。でも、地下の食料品売り場、とっても売れています。 ええと (デパートのチラシ見せながら) これは、ちょっと、○○○(デパート名)ですけど、はい、ちょっとこれは地下の写真とは少し違うんですけども、(食料品、次々指しながら) ま、いろんな、あまり見たことのないくだもの、日本にはないくだものですね、もともと。日本にないくだものとか、ま、刺身とか、高そうなきれいな、デパートのはスーパーのとはちょっと違うかもしれませんね。(外国産の食料品指しながら)あと、いろんな、これは外国の食べ物ですね。(原産地読んで)ううんと、これは、台湾とかベトナムの食べ物とか書いてあります。スーパーにはあまりないような珍しいものなんか、デパートで売っていますね。

バーゲンセールで何か買ったかという話でデパートに学習者の関心を引いた後、日用品はどこで買うかと問うてスーパーとの対比に移行している。

　No.52でごく自然に違いがあるのを指摘した上で、No.54から具体的にあげていく。そして学習者から、a.値段の高い安い（No.55）、b.種類の多寡（No.57～59）、c.品質の良し悪し（No.61）を引き出している。また、実習生がヒントを与えて、d.高級感のあるなし（No.66～72）、e.店員の応対（No.75～79）の違いに気づかせている。さらに、実際のチラシを見せてデパートの品物にはf.希少価値があること（No.97）を指摘している。すなわち、この6点においてデパートはスーパーと一線を画し、そのことがデパートのブランド・イメージを作りそして保っていることを明らかにしている。したがって、この時点で学習者の中に、売れ残りを処分するにあたってはこの6点が大きく影響を与えるだろうという伏線が敷かれたものと考えることができる。

　事実、記事ではこれらが売れ残り廃棄方針の基盤にあるとし、ア.売れ残るとわかっていながら欠品がないよう見せるためすべての商品を閉店まで陳列していること（b・f）、イ.食中毒を防ぐために賞味期限を短く設定していること（c）、ウ.ブランド・イメージを保つため賞味期限の異なるものを同時に捨てていること（c・d）、エ.ケーキのパティシエが作る側の切なさを訴えていること（e）、オ.廃棄分は値段に加算されていること（a）、としている。これらを見ると、（3）（4）で廃棄方針の背景をおおむねおさえていることが明らかである。

　売れ残りの処理方法検討

　（6）の食料品の品ぞろえを受けて、その売れ残りの処分方法を問うた部分（7）である。

125	T	こういうもの、その日に売れなかったもの、どうしてると思いますか。
126	S4	捨てる。
127	T	全部、捨てます？
128	S4	回収？
129	T	わからない。皆さんは、どう？

130	S1	店員に…。
131	T	うん。じゃ、S1さんは。
132	S1	店員に、安く売ると思う。
133	T	店員に、安く売ると思います。S2さん、どう思います?
134	S2	(S1を指して)その、その通り。
135	T	「その通り」。S1さんのいう通り。店員に、安く売る。S4さんは、捨てている?
136	S4	なんか、○○○(コンビニ名)の場合は、捨てるマニュアルですから、たぶん、捨てるかもしれません。
137	T	あのう、S4さん。○○○でアルバイトしてるんですか?
138	S4	違う。新聞で、読みました。
139	T	新聞で読みました。素晴らしい。
140	S4	宿題ですから。
141	T	あ、宿題ですか。(笑い) S3さんは、どう思いますか。(板書を指して)これ、全部、売れませんでした。どうなるでしょう。
142	S3	ううん、捨てるか、ええと、社員にあげる。
143	T	社員にあげる。ううん。無料で?
144	S3	そう、無料で。
145	S	(笑い)
146	T	みんな、今、働きたいと思いましたね。
147	S3	違う。無理だよ、それ。
148	T	ええと、じゃ、今日は、デパ地下、(円を描いて、「デパ地下」の板書を指す)について、読んでみましょう。はい。(教材を配ろうとする)
149	S3	あ、それか、ええと、臭くならないものは、次の日は、また、出す。
150	T	あっ、(鼻をつまんで)臭くなる、臭くなる?
151	S3	ええと。におい?
152	T	(鼻をつまんで)ううん、ええと。みんな、助けてあげて。
153	S4	臭くなる?
154	T	食べられなくなる。
155	S3	そう、そう、そう。
156	T	臭くなって、形もちょっとおかしくなって、(S3を指差して)「腐る」。
157	S3	「クサル」。
158	T	「腐る」、動詞。夏、夏は、すぐ、腐ります。ね。
159	S3	うん。

160	T	「腐る」。
161	S3	あ、「腐らない」?
162	T	そう、「腐らない」、ね。(「腐る」、板書。ふりがなつけ)。ひらがなでいいですよ。「腐る」、ね。

　No.125の実習生の問いに対して学習者から得られたのは、a.捨てる（No.126）、b.店員に安く売る（No.132）、c.社員に与える（No.142）、d.翌日また売る（No.149）の四つである。d.は、No.148で実習生が導入を切り上げ読解に入ろうとしているのにもかかわらずS3がまだ処分方法に固執して出てきたもので、実習生はそこから「腐る」を引き出している。

　これらの答えがことさらデパートのブランド・イメージを踏まえたものとするのは強引で、思いつくままに処分方法を列挙しただけといえよう。それはむしろ実習生のリードに沿った形で、実習生は一つ一つの答えを深追いせず読解への移行を意図している。けれども、実はこれらの答えはいずれも記事中にあり、ア.閉店が近付くと社員に値引き販売する店があること（b）、イ.売れ残りを従業員が食べたり持ち帰ったりすると「退店」を命じられる店があること（c）、ウ.冷蔵庫で一晩保存して翌日も店頭に並べる店もあること（d）が、述べられている。もちろんa.は、記事冒頭で詳細に述べられる中心話題である。こうしてみると、(7)(9)においても、記事で取り上げられる処分方法について導入段階でおさえていることが明らかである。

　読解後の話し合いでは、一次産品を作るのに大量のエネルギーが使われていること・廃棄に際しても同様にエネルギーと人が必要なことなどの意見に混じって、自分たちの食に対する意識を変えるべきであるとの意見が出された。単にデパートのあり方に対する感情的反発ではなく、実はそれと消費者が望んでいるものとは裏腹の関係にあることに思い至っている鋭い意見であるが、実習生が導入した(3)のデパートのブランド・イメージ及びそれを生み保つための処分方法(7)(9)が想起させたものの延長線上にあると考えられる点において、記事のテーマの理解が十分なされていることが推察される。そうした意味において、十分な飛行機型導入をなしている。

4 今後の課題

　導入に飛行機型・ヘリコプター型・ロケット型の三つのタイプが見られ、その中でもヘリコプター型を取る傾向が強いことを知ることは、課題認識型授業を見据えた今後の実習指導のあり方の一端を示唆するものと思われる。

　冒頭に指摘した通り、ヘリコプター型が飛行機型に比して問題となるのは談話の組み立ての稚拙さであった。すなわち、背景・経緯・因果関係などの問題構造を十分検討しないうちにすなわち学習者の中にスキーマ形成がなされないままに内容理解へと移行してしまう。その点、飛行機型では問題構造が十分に把握されており、それを順を追って明らかにしていく点においてスキーマ形成に寄与する。こうした点を考えると、導入において求められる最も重要なことは教材の問題構造の意識化とその「授業化」であるといえよう。この二つの作業が十分に機能しなかった原因は、事前指導で問題構造の把握の重要性を示唆したものの、その実行は実習生個人にゆだねられておりそれがどれだけなされたかの確認が行われていなかったことにある。上級段階では、教材が個々に異なることもそうした放任の原因となった。

　そこで、この二つの作業を機能させる試みとして、問題構造をフロー・チャート化する活動を提案し今後の課題とする。これは、教材の問題要素を導入の流れに沿って示しながら問題構造を組み立てていく活動で、意図を持って飛行機型の形成を図ろうというものである。

　飛行機型のすぐれていた点を問題構造の示し方の観点から再度指摘すると、教材の主要テーマの一端があるいはそこに通ずることがらが端的に表れている話題を教師のほうから冒頭で持ち出すこと、テーマの持つ問題構造が少しずつ明らかになっていくようにその背景や経緯・因果関係などに話題を導いていくこと、これらの活動においてテーマの日常性・それに対する学習者の当事者性を確保・維持することの3点であり、そうしたプロセスを通して問題構造の輪郭が把握されテーマが明確になった時点で導入を終了し読解・練習過程に移行する。

この3点の実現をフロー上で確認すると、まず、実作業として、①最近印象に残った出来事・エピソードを教師が提供する、それについて学習者が同じような見聞をしていないか、していればその時どう感じたか、学習者の母国ではどのような事情かなどを問う。前者は教師からのきっかけ与えであり、後者は学習者の日常性・当事者性を確保するとともにテーマへの振り向き・気づきを喚起しようというものである。これらは、問題構造の示しからいえば、テーマの一端示しにあたる。

　次に、②持ち出した出来事・エピソードの背景にはどのような事情があるのか、あるいはどういった経緯をたどってそうなったのかを学習者とともに考えてみる。これは問題構造の全体像をおさえるとともに学習者のスキーマ形成を促す活動で飛行機型を形作る上で最も重要な作業であるが、学習者の理解を考えれば構造要素の取捨選択や軽重づけさらに補いなどを盛り込む場合もあろう。もちろん、読解・練習過程まで明らかにされない要素があることも考えられる。

　そして最後に、③本格的な読みへの導きを行う。問題構造の全体像を概観しても、出来事・エピソードに関する情報を詳細に得たわけではない。また、概観は概観であって考察が浅く漏れもある。そこで、「じゃ、もっと詳しく知りその背景や経緯を考えるために読んでみよう」という呼びかけの形で学習者の関心を引き付け、教材への導きとする。

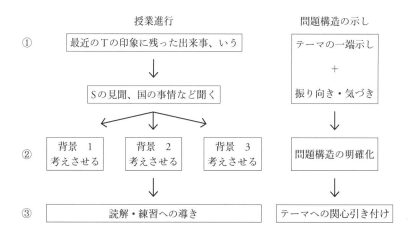

フロー・チャートは、以上の流れを個々の教材に沿って具体的に記述させようというものである。実習生の作成した教案を見ると、この段階ではことばに関する記載が主で、調べてきた語句・表現の説明内容と練習に使うキューなどを教材に沿ってメモする形が普通だが、②をもとにさらに詳細なものを作成すれば、導入のみならず読解・練習過程、発展的な活動に移行しても第二の教案としてその指針となることが期待される。また、フロー・チャートに自ら把握した問題構造とその導入の方法を描くことでそれらが可視化され、事前にあるいは実習後に指導教師並びに他の受講生と検討の機会を持つことが可能になる。

注　[1]　佐々木（2002: 219-230）。
　　[2]　こうした3プロセスを設けて中上級段階の指導を考えるのは従来から行われてきたものであるが、『テーマ別　中級から学ぶ日本語　改訂版』（2003）、『テーマ別　上級で学ぶ日本語　改訂版』（2006）（以上、研究社）、『ニューアプローチ　中級日本語　基礎編　改訂版』（2003、日本語研究社）、『ニューアプローチ　中上級日本語　完成編』（2005、日本語研究社）、『国境を越えて』（2001、新曜社）、『上級へのとびら』（2009、くろしお出版）、以上6冊の教科書の教師用手引き相当分における授業進行の項を分析すると、同じくこの三つのプロセスを想定している。したがって、この三区分自体は今日における中上級段階指導現場の共通理解と考えてよいと思われる。
　　[3]　「その他」の分析はまだ十分に進んでいないが、学習者の立場からするとほとんど関連のない話題がいくつか出されて教材・教材内容に行きつく「ジグザグ型」などがあった。
　　[4]　岡崎・岡崎（2001: 44-47）。
　　[5]　教材は、沖縄タイムズ2004年11月18日「「主夫」になる自分を想像」。事例採取は、2004年12月。
　　[6]　教材は、産経新聞2000年11月5日「フリーター問題」。事例採取は、2003年11月。
　　[7]　教材は、毎日新聞2005年7月1日「自動車産業の将来」。事例採取は、2005年10月。
　　[8]　導入部分のうち、(6)〜(8)の文字資料は割愛した。
　　[9]　事例採取は、2004年12月。
　　[10]　教材は、朝日新聞2002年4月4日「「できたて勝負」欠品はご法度

パンもケーキも捨てましょう」。事例採取は、2003年7月。

第6章 中上級段階における意味説明の典型的パターン

1 実習授業に見る、意味説明の典型的構成パターン

　日本語教育初級段階の代表的教科書『みんなの日本語』付属の教師用指導書『教え方の手引き』には、各単元の項目ごとに、どのような絵教材を使ってどう導入を図るかが具体的に記してあり、実習生が規範として使ったり現職教師がよりよい指導を検討する際のたたき台として参照したりすることを可能にしている。こうした、初級段階で取り扱う語句・表現をどう教えるかという問いにほぼ正面から答え公にしようとした嚆矢は富田（1991）といえるが、中上級段階においてはそれから20年あまりを経てもなおそのような動きが見られない。その背景には、この段階で取り扱う題材の豊富さから来る指導項目の膨大さ、さらにそれらの高度な社会性・抽象性・専門性ゆえのマニュアル的指導書作成の困難さ、加えて'90年以降顕著になってきたこの段階での言語事項から題材内容への関心の傾き・文化のとらえ方の変容、学習者の意識の重視などがある。

　ところが、筆者が参与観察しVTRに収録した教材中の語句・表現の意味説明を行う部分を分析してみると、きわめて頻繁に認められ一つの典型といってよい構成パターンを持っていることが明らかになる。次は、『中級から学ぶ日本語』第3課の「できるだけ、〜ようにする」の意味の説明[1]を文字化したものである。

資料1 「できるだけ、～ようにする」の意味説明

No.	T／S	発話内容
1	T	では、次です。3行目、「でも、できるだけ、書くようにします。」「できるだけ、何々ようにします。」の形です。（「できるだけ～にします。」、板書）
2	T	「できるだけ、何々ようにします。」は、がんばって何々する、がんばって何々する、の意味です。
3	T	パーティに行けるかどうかわかりません。でも、「できるだけ、行くようにします」。魚が嫌いです。魚が嫌いです。でも、からだにいいので、「できるだけ、食べるようにします」。
4	T	「できるだけ、何々ないようにします。」もあります。（「～ないようにします」、板書）
5	T	のどが痛いです。今日は、「できるだけ、話さないようにします」。お金を使いすぎました。「できるだけ、買い物に行かないようにします」。
6	T	「できるだけ」、ええ、動詞の辞書、辞書形。それから、動詞のない形。はい、そうです。動詞のない形がきます。
7	T	プラス、できるだけ、（「V辞書形」の板書をなぞって）行くようにします。できるだけ、（「Vない形」の板書をなぞって）行かないようにします。できるだけ、（「V辞書形」の板書をなぞって）話すようにします。できるだけ、（「Vない形」の板書をなぞって）話さないようにします。
8	T	（接続部分を指差して）プレーンフォームです。普通形、普通形ですね。（「プレーンフォーム」、板書）「できるだけ、書くようにします」。

　No.1～5が意味の説明、No.6～8が接続の説明であるが、意味の説明は、実習生の意図を推測すると、次の（1）～（3）の三つの部分から成り立っていると考えられる。

No.	実習生の意図	分類	
1	指導項目の取り出し	(1)	
2	定義・意味の解説	(2)	
3	例	(3)	意味の説明
4	定義・意味の解説　補足	(2)	
5	補足の例	(3)	

No.1は、「できるだけ、～ようにする」が含まれた部分をそのまま読み上げさらに板書で示して、指導項目として特定するものである。No.2は、その意味の解説・解釈を行うもので、意味説明の核心部分である。そして、次に位置するNo.3は、学習者の理解を促進し定着を確実にさせることを目的としてその例をあげたものである。これらでは、さらにNo.4で否定形に触れNo.5でその例をあげているが、それぞれNo.2・No.3を補足するものと考えてよかろう。
　これらに名付けをし番号を付与すると、(1) 指導項目の取り出し→(2) 意味の解説→(3) 例、という構成が浮かび上がるが、こうした構成パターンを持つ意味の説明が一連の実習を通してきわめて頻繁に観察される。たとえば、次の通りである[2]。

資料2　「造語」の意味説明

1	T	(1)	ちょっと、すみません。2番目に、2段落目に戻りますけど。さっき説明が落ちましたけど、「造語」っていうのはわかりますか。2の一番下ですね。「「NEET」をつなげた造語です」。 (「造語」、板書)
		(2)	ちょっと、あの、字の通りですね。これ、造られた語って書いて「造語」。こんなの、聞いたことあります？「造語」ってほとんどの場合ね、もともとあることばを、こう、組み合わせて、あの、作られたことば、後から作られたことばをいいますね。
		(3)	ええ、たとえば、そこにモスバーガーってありますね。「モス」。あれは、えっと、「Most Delicious Hamburger」って、最もおいしいハンバーガー、最もおいしいハンバーガーの「Most」の「モス」と「バーガー」がいっしょになって「モスバーガー」になって、割とあの、会社の名前とかお店の名前なんかに、たくさん使われますけれども。

　「ちょっと、すみません。」で注意を引いて「造語」の意味を問い、さらに本文読み・板書で指導項目を取り出している (1)。そして、「もともとあることばを組み合わせて、後から作られたことば」と意味の解説を行っている (2)。さらに、ファースト・フード店の名前をあげその由来を説明して例としている (3)。また、次は学習者に問いかけているもの[3]である。

資料3 「感謝する」の意味説明

1	T	(1)	次の「感謝する」というのは、(「感謝する」のパネル持って) どんな意味ですか。S1さん。
2	S1		心から、ありがとうと思う。
3	T	(2)	そうですね。あの、ええ、ありがとうという気持ちを感じて、それを表すことです。
4	T	(3)	皆さんは、何か感謝していることはありますか。S4さん。
5	S4		お父さん、お母さんに感謝しています。
6	T		ああ、そうですか。それはなぜですか。
7	S4		ええと、一人で住んでて、寂しかったときとか、あの、電話して…。

　まず、パネルを持ち「どんな意味か」と学習者に問うことで指導項目「感謝する」を取り出している (1)。それに対して返してきたS1の発話を受け、「ありがとうという気持ちを感じて表すこと」と核心的な意味の解説を行っている (2)。そして、S4に感謝しているものがあるかと問うて、それが結果的に例となっている (3)。ここでは省略したが、この後、学習者全員と同様の問答を行い、例を連ねている。
　これらに対して、この典型的構成パターンを取らないものとしては次のようなもの[4]がある。これらは例ではなく、付加的な情報を提供し意味の解説を与えようとするものである。

資料4 「気にかかる」の意味説明

1	T	(1)	(「気にかかる」、板書)
		(2)	「気にかかる」はね、「いつも気持ちや頭の中にある」という意味です。
		(3)	よく似たことばで、「心配する」というのがありましたね。 「心配する」は、悪いことだけ、悪いことが起きないかな、悪くならないかなと思って、いつも考えたり気持ちの中にあるのを「心配する」といいます。 「気にかかる」は悪いことだけではないです。いいことがあるかもしれないし、悪いことかもしれない。どっちでも使えます。

　「気にかかる」を板書し指導項目を取り出した後、「いつも気持ちや頭

の中にある」とその意味の解釈を行っているが、その後は既習の「心配する」に言及し、「心配する」は悪いことのみ、「気にかかる」は悪いことのみならずよいことにも使え、それがいつも頭の中にあると説明している。すなわち、例をあげるのではなく同義語との違いに言及している。

　こうした構成もしばしば観察されたが、例の代わりに付加される情報は広範に及び、ことばに関するものとしては同義語・反意語をあげたもの、語源的なもの、漢字語彙においてその成り立ちを解説したものなど、ことば以外のものとしては時事的話題・実習生の個人的話題さらに学習者の母国事情を問いそこから帰納的な解説をしたものなどがあった[5]。

　意味の解説に例を付加するか例以外の情報を付加するかはその語句・表現の特性や学習者の日本語能力、興味・関心などから実習生が判断したものであるが、後者の場合には、説明が専門的になりがちまた内容が広範囲にわたるきらいがあり、そうなればなるほど、後に述べる「蚊取り線香型」を形成する可能性が増しまたティーチャー・トークの点で問題が起きやすくなるものと考えられる。

　いずれにしろ、中上級段階の意味の説明を（1）〜（3）の三つの構成要素に注目して分析することは、構成そのものの妥当性の検証及びティーチャー・トークの問題点の把握さらに説明内容の妥当性の検証の3点において大きな寄与を果たす。以下にその例を示す。

2 典型的構成パターンの逸脱から生ずる理解阻害に関わる問題

　意味説明において（1）の取り出しが最初に来るのは当然であるが、その後の（2）意味の解説・（3）例の配列によって意味説明全体の妥当性は大きく異なる。問題なのは（1）と（2）との隔たりで、（2）→（3）の順で進行し（1）と（2）に隔たりがなければ学習者の理解に無理がなく説明として一定の妥当性を持つが、（3）→（2）と順序が逆転するあるいは別の情報が（2）の前に置かれ結果的に（1）と（2）とが分離すると、著しく意味説明の妥当性が低下する。

2.1 （1）取り出しと（2）意味解説の分離型①
（2）意味解説と（3）例の順序逆転型　1

　（2）と（3）の順序が逆転し例が意味解説に先行すると説明全体が冗長になるだけでなく、内容的な飛躍が学習者の意味理解を阻害する。資料1～3に見るように、例は、より学習者に身近でわかりやすいものをと実習生が試みるため、通常、内容的に教材とはまったく関係がないか関係があっても薄いものになりがちである。ところが、取り出した指導項目の意味の抽象度・専門性が高ければ高いほど例にもそれに見合うだけの抽象度・専門性を持たせなければならず、その結果、例は指導項目の意味理解の核心（2）から遠く離れたところに置かれたものとなる。以下に、その例を示す。

　資料5は、娘たちから携帯電話を贈られたものの、必要を感じずまた億劫なので使わないことにしているということを述べた男性のエッセーを教材にした実習授業の一部で、もともとPHSの電話は持っていたがそのサービスがなくなるのでその代わりに娘たちが携帯電話を買ってくれたという文脈で使われている「～の代わり」の意味説明[6]である。

資料5　「～の代わり」の意味説明

1	T	(1)	「そこで、娘たちが代わりを買ってくれた」。 S3さん。「代わりを買ってくれた」というのは、どういうことですか。
2	S3		…。
3	T		PHSの代わりですよ。
4	S3		うん。

5	T		私の友だちで、PHSを持っている友だちがいるんですが、プリペイドカード使うんです。そのPHSの、auなんですけど、サービスがなくなるんです。そいで、代わりを、買いました。あっ、違う。auじゃなくて、あの、あのう、TU-KA。TU-KA、知ってますか、TU-KAホンといいましたが。なくなりましたね。今は、なくなりました。	a
6	S1	(3)	今、ソフトバンク。	
7	T		ソフトバンク、ありますね。	b
8	S1		そうそう。	
9	T		ウィルコムもありますね。それで、その電話機が、TU-KAホンの電話機を使えなくなって、代わりを買いました。auを、auの電話機を買いました。「代わり」です。	c
		(2)	同じように使えるもの、「代わり」。	
10	T		S2さん。何か、「代わり」。「代わり」、ありますか。	
11	S2		お酒の代わり。	
12	T		「お酒の代わり」。	
13	S2		もう一つのカップ、ください。	
14	T		あっ、「お代わり」。	
15	S2		(手を上げて)「お代わり」と言ったら。もう一つの同じカップ、お願いします。	
16	T		「お酒の代わりに、ビールをください」。もう、同じようなアルコールですが、違うもんです。そうです。	
17	T		S3さん、「代わりに」、何か。	
18	S3		あのう、母の。	
19	T		母の日。	
20	S3		いえ。	
21	T		母の代わりに。	
22	S3		母の代わりに…。	
23	T		お父さん?	
24	S3		いやいや。母の代わりに、パーティに出席します。	
25	T		「母の代わりに、出席します」。そういうふうに使うんです。	

　「代わり」を指導項目として取り上げその意味を学習者に問うたのがNo.1〜4の(1)である。そして、その答えとして実習生が与えた意味の解説がNo.9の(2)の「同じように使えるもの」であるが、これ自体は

一応妥当といえよう。けれども、その間にNo.5から始まる実習生の友人の話が例として置かれている。

　(1)に至るまではPHSがなくなるので娘たちが携帯電話を買ってくれた話がなされたが、それがa.実習生の友人の電話買い替えに飛び、その事情説明として「プリペイ・カード／au／TU-KA」といったサービスの内容に言及している。さらに、b.現在の電話サービス会社に話が及び「ソフトバンク／ウィルコム」の企業名を出している。その後c.再び友人の「au」買い替えに戻り(2)へ収束していくが、a.への飛躍さらにb.への広がりによって「代わり」から離れてしまっている。その結果、学習者の理解は一向に図られず、直後にあげたS2の例（No.10～16）は、内容的にまったく友人の例を踏まえていないばかりではなく、(2)の「同じように使えるもの」の説明からはむしろ誤りとせねばならない理解といえる。

　VTRで時間を計測すると、意味説明全体（No.1～No.9）は約1分20秒、そのうちの例（No.5～No.8）はほぼ1分できわめて長いが、そのなかなか意味の核心(2)に到達しない様子はあたかも「蚊取り線香」の形状のようである。No.5の冒頭「私の友だちで、PHSを持っている友だちがいるんですが」がその開始点、No.9の「auの電話機を買いました」がその終了点である。仮に、(2)が開始点の直前でなされていれば(1)とa.のブリッジの役割を果たし、内容的飛躍すなわち学習者の理解の困難さはかなりの程度軽減されたものと思われる。すなわち、資料5の構成上の問題点は(1)と(2)が分離されたことにあると考えるのが妥当である。

2.2　(1)取り出しと(2)意味解説の分離型①
　　　(2)と(3)の順序逆転型　2

　資料6は、一流のビジネスマンたちは営業先や交流会での出会いの印象をよくするためにさまざまな工夫を凝らしているという記事を使った実習で、以下は、あるラジオ番組プロデューサーが、名刺を渡す時に、相手の印象に残りそうな一言、たとえば自分の夢や志を添えているというくだりを扱ったものである。その「志」の説明[7]において例が意味解説に先行し、蚊取り線香型を形作っている。

資料6　「志」の意味説明

1	T		「志」って何ですか？　難しいかもしれませんね。
2	S1		持ってる考え。
3	T		「持ってる考え」、そうでね。うん。
4	S2	(1)	希望。
5	T		「希望」ですね。
6	S3		志望。
7	T		「志望」の「志」ですね。そうですね。
		(3)	「志」っていう使い方、ちょっと…。（「志（し）」、板書）「こころざし」。「し」と送り仮名を打つときもあるんですけども、…。（「志（し）」に加えて、「半ばで」板書）「志半ばで」、たとえば、「大学をやめなければならなくなった」とかね。（「大学をやめなければならなくなった」、板書）という使い方をしたり、…。ううん、さっき、夢といっしょに出てきましたけども。そうですね、ええと、うたい文句で「志高く、夢は」、何？…、「大きく」。（「志高く、夢は大きく」、板書）なんか、こういう使い方をしたりしますね。
		(2)	で、意味は、ま、今いってもらったように、志望、希望とか、自分の持っている考えっていうことですね。
8	S4		（「志し半ば」の板書指して）
9	T		はい？
10	S4		「…シ、ハンバデ」…。
11	T		あっ、これ？「ナカバデ」と読みます。（「半ば」に振り仮名板書）これで、「半分」の「半」ですけど、「ナカバ」と読みます。途中。
12	S4		途中。
13	T		途中。（「半ば」の下に、「途中」板書）「途中」。本当は大学に入ったからにはね、ちゃんと最後まで卒業したいっていうのがあると思うんですけれども、ま、経済的な理由とか、あといろいろ条件がそろわなくなって、「志中途半端でやめなければならなくなった」っていういい方をしますね。

　（1）で指導項目として「志」を取り出している。学習者と問答して「持っている考え／希望／志望」という意味を引き出しているが、いずれも学習者の発話を繰り返しているだけで核心的な意味解説には至っていない。それがなされるのは、No.7の最後の発話である。そして、その間に「志半ばで」と「志高く」の例が置かれ、(3)と(2)が逆転している。

「志」の意味解説としておさえなければならないのは、単なる欲求や願望ではなく目指すべき到達点があって心がそれに向かっていくという点であると思われるが、(3)で示された二つの例はすでにそうした意味合いを前提とした表現である。この「志半ばで」ではNo.13でいう「ちゃんと最後まで卒業する」がその到達点であるが、それは言及されていない。したがって、学習者にはそれまでのやり取りから「志」の何かを望む意味が漠然と理解されたにとどまっているものと思われる。一方、「志高く」では、一切の状況が示されないゆえ到達点を目指して歩んでいく高揚感といったものをとらえるべくもなく、単に「大きな希望」などといった、いかようにも解釈できるつかみどころのない表現のみが提示されているにすぎない。
　すなわち、資料6も(2)と(3)が逆転し(1)と(2)が分離したがゆえに飛躍し十分な説明がなされない蚊取り線香型となった意味説明であり、その開始点はNo.7の冒頭「志(し)」の板書、終了点が同じく「志高く」の板書であるが、No.10のS4の発話にあるように、終了点を経てもなお核心的な意味解説から遠ざかり後戻りしている。

2.3　(1)取り出しと(2)意味解説の分離型②　別の情報挿入型　1
　(1)指導項目の取り出しと(2)意味解説が分離するもう一つの構成パターンは、双方の間に別の情報が挿入されるものである。一般的に、実習生には、核心的な意味解説に行くまでに段階的に周辺的付加情報を提供し、学習者のより容易な意味の理解を導こうという意図が働く。ところが、そうして情報が多くなると、学習者にはそれを理解しながら追うこと自体、そしてその情報と指導項目とを結び付けて理解することが難しくなる可能性が高くなる。
　資料7は資料6と同じ実習でそのしばらく後になされたもの[8]であるが、取り出しの後に語源的な説明がなされている。ところが、それが意味解説に先行ししかも日本語学習者にはやや特殊な内容なため、意味説明全体として難しいものとなっている。

資料7 「一瞬の間」の意味説明

1	T	語源的説明	(1)	「一瞬の間」って何ですか？「はじめまして」といって、一瞬の間を置くんですけど、「一瞬の間」って何ですか？
				時間の「カン」ですね。もともとは、ドラマとかお芝居などである役の人がせりふを言って、次の人がせりふを言うまでの、その間の時間です。非常に短いですけども、その間のことを「間」といったんですね。そのしゃべらない無言の時間。Aという役者さんとBという役者さん、せりふを言ったけれども、言った後のしゃべらないこの時間。非常に短いですけど、そのことを「間」といいます。
1	T		(2)	だから、せりふとせりふの間、ことばとことばの間の、短い何もしゃべらない時間のことを「間」といいます。ただし、これは非常に短いです。

　冒頭で「一瞬の間」とは何かと問うことによって指導項目を取り出し学習者の注目を集めている（1）が、その意味の解釈（2）は末尾に置き、その間にもともとは芝居のせりふとせりふの間合いをいうと解説を加えている。

　しかしながら、演劇を例に取り「お芝居／役／せりふ／無言／役者」ということばを使った説明が学習者の理解に寄与したかは疑問である。これらのことば自体になじみがないか未知である可能性が高く、「もともとは、ドラマとかお芝居などである役の人がせりふを言って、次の人がせりふを言うまでの…」とその冒頭から意味把握の困難さが伴う説明がなされる。加えて、それは教材内容のビジネスマンたちの出会いの印象作りとは大きく異なる。したがって、学習者が理解しながら演劇の例を追い、かつそれを文脈上の「一瞬の間を置く」と結び付けて理解することに成功したかは、はなはだ不明確であるといわざるを得ない。

　「時間の「カン」」と言っているが、「間」の他の読み方として「アイダ」をあげさせ、「はじめまして」とその次のことばとの間が「間（ま）」である、動作をしてみせ「一瞬」というのは瞬きをしたり手を叩いたりするぐらいのごく短い時間、したがって「一瞬の間」というのは「はじめまして」とその次のことばとのすごく短い時間だ、といったような説明で十分だったのではないか。以上のように考えると、資料7はことば

の語源的な説明をしたためにかえって難しくなった蚊取り線香型の意味説明であり、その開始点が「もともとは、ドラマとかお芝居などで」、終了点が「そのことを「間」と言います」といえる。

　一連の中上級の実習において、こうした付加的情報を挿入する意味の説明はかなり頻繁に観察された。付加的情報は広範に及び、そうした中には確かに日本語学習者としてまた日本に生活する外国人としてさらに一人の社会人として知っておいたほうがよいものがあり学習者も大いに興味を持って聞いていたが、（1）と（2）の間が離れれば離れるほど蚊取り線香のらせんが長くなったといわざるを得ず、中には学習者の関心を得たがゆえに（2）に至らず付加的情報のみで説明が完結するケースさえあった。

　けれどもここで重要なのは、こうした付加情報挿入の裏にあるのは、実習生の、学習者に何とかその語句・表現をわかってもらいたい・一つでもためになる情報を伝えてあげたいという積極的な意欲で、それは多くの蚊取り線香型に通底する。彼らなりに、意味が最も明確になるわかりやすい身の回りのできごと・学習者一人ひとりの表現力が豊かになる情報を模索した上でのことである。そうした姿勢自体は、これから日本語教師を目指そうという者にとってむしろ欠くべからざる資質の一つである。必要なのは指導しようとする語句・表現の意味と用法に関して与えるべき情報を吟味すること、そして、それらの情報を学習者の理解と定着の観点から説明として構成する能力であろう。

2.4　（1）取り出しと（2）意味解説の分離型②　別の情報挿入型　2

　資料7が意味解説の内容を富ませそれによって学習者のより確実な理解と定着を図ろうとしたのに対し、資料8では、本来、後になって提供すべき接続の説明と練習が（1）と（2）の間に挿入されている[9]。

資料8　「できるだけ、〜ようにする」の意味説明

1	T	(1)	次、行きます。（本文読んだ後、指導する部分を繰り返し）「でも、できるだけ書くようにします。」「できるだけ」。（「できるだけ〜ようにする。」のパネル、貼る）

2	T	接続説明・練習	(「〜ように」の下に、「動詞/動詞＋ナイ」板書) (パネルをなぞって)「できるだけ、何々するようにする」「できるだけ、何々しないようにする」 (「〜ように」の下に「書く」のパネル、貼って)「できるだけ、書くようにする」、(〃「勉強する」〃)「できるだけ、勉強するようにする」、(〃「よごさない」〃)「できるだけ、よごさないようにする」。
3	T		S1さん、(「行く」のパネル、貼って)じゃ、これを入れて言ってみてください。
4	S1		「できるだけ、行くようにする。」
5	T		はい。(「散歩する」のパネル、貼って)ええっと、S2さん。お願いします。
6	S2		「できるだけ、散歩するようにする。」
7	T		ええ、(「遅れない」のパネル、貼って)S3さん、お願いします。
8	S3		「できるだけ、遅れないようにする。」
9	T	(2)	はい。「できるだけ」というのは、がんばって、精一杯、努力して…、努力して何かをするようにする、がんばって、何かをするようにする。「できるだけ、書くようにする」。

　No.1で指導項目を取り出した後、No.2の「ように」に接続する動詞の形の説明、No.3〜8のその形を学習者に言わせる練習を経て、No.9で(2)意味解説をしている。すなわち、接続情報が意味に先行している。したがって、No.3〜8の練習は意味がわからず行われている練習、意味がわからなくてもできてしまう練習である。

　こうなった理由を推測するに、No.1の取り出しで用いたパネルの「〜ように」の「〜」部分が実習生には情報の欠落に映り、意味の説明を行うよりその欠落を補って学習者に示すべきとの判断が無意識のうちに働いたものと考えられる。その機転の利かせ方は評価すべきであるが、いうまでもなく意味のみが指導しようという語句・表現の実体であり、それに形を付与し現実の運用に供するよう機能を付与するのが接続と構文の情報で、学習者の理解の自然さからいえば意味が先行すべきといえよう。そうした点で、構成の妥当性を欠いている。

3 典型的構成パターンから見た、ティーチャー・トーク上の問題

(1)(2)(3)の構成から意味説明を検討することのもう一つの利点は、ティーチャー・トーク（以下、TT）のより体系的な分析、ことにいずれの機能の部分でどのような語彙にどのような使用制御を加えているか・いないか、その語彙使用のコントロールは適切かどうかといった分析をより効率的にするところにある。日本語教育におけるTTの研究としては岡崎・長友（1991）、坂本他（1990）があるが、いずれもいわばリスト化を目指したもので発話構成上の観点を設けて分析したものではない。そういった意味で、このような見方は発話構成の特性とTTの適・不適の出現傾向とその理由を明らかにするものといえる。

3.1 指導項目取り出しの表現

(1)指導項目の取り出しは、本文をそのまま読む・板書する・本文から取り出して学習者に意味を問うといった単純な形しか取らず、ほとんどTT上の問題は起こらない。参考までに、これまでにあげた取り出し表現を見てみると、次の通りである。

資料1　「できるだけ、～ようにする」の取り出し

では、次です。3行目、「でも、できるだけ、書くようにします。」「できるだけ、何々ようにします。」の形です。（「できるだけ～にします。」、板書）

資料2　「造語」の取り出し

ちょっと、すみません。二番目に、2段落目に戻りますけど。さっき説明が落ちましたけど、「造語」っていうのはわかりますか。2の一番下ですね。「「NEET」をつなげた造語です」。（「造語」、板書）

資料3　「感謝する」の取り出し

次の「感謝する」というのは、（「感謝する」のパネル持って）どんな意味ですか。S1さん。

資料4　「気にかかる」の取り出し

（「気にかかる」、板書）

資料5　「〜の代わり」の取り出し

「そこで、娘たちが代わりを買ってくれた」。S3さん。「代わりを買ってくれた」というのは、どういうことですか。

資料6　「志」の取り出し

「志」って何ですか？　難しいかもしれませんね。

資料7　「一瞬の間」の取り出し

「一瞬の間」って何ですか？「はじめまして」といって、一瞬の間を置くんですけど、「一瞬の間」って何ですか？

資料8　「できるだけ、〜ようにする」の取り出し

次、行きます。（本文読んだ後、指導する部分を繰り返し）「でも、できるだけ書くようにします。」「できるだけ」。（「できるだけ〜ようにする。」のパネル、貼る）

　資料1と資料8は読み上げと板書併用型、資料2と資料3は問いかけと板書併用型、資料4は板書型、資料5・6・7は問いかけ型である。読み上げはその語句一つの場合もある程度の長さを持った場合もあるが、いずれにしろ発話は短くそこで使われている語彙も平易なものである。学習者に問いかける表現型は、「〜というのは／って（いうのは）、どんな意味／どういう意味／どういうこと／何ですか／わかりますか」といった類であり、いずれも初級段階を終了していれば理解できるきわめて単純なものである。

3.2　意味解説の表現

　ところが、（2）意味解説の表現では、特徴的にTTにおける語彙の制御が困難になり、学習者の理解に大きな支障を及ぼす可能性が一気に高まる。

　表現型の点から見ると、（2）においては次の二つの形が頻繁に用いられている。一つは、（1）のすぐ後に続き、「〜（というの）は、〜N（ことば、人、もの、考え方・こと…）だ／をいう」という形を取るもの[10]である。意味解説の表現型として、最も多く使われている。

資料9　「とうとう」の意味解説

「とうとう」というのは、最終的な結果としてどうだったを示すことをいいます。「ついに」と同じです。

資料10　「～について」の意味説明

「何々について」は、動作、作用についての対象を表すことばです。(「について」の文字パネル、貼る)

資料11　「フリーター」の意味説明

フリーターというのは、「フリーアルバイター」というのの略で、これはちゃんとした仕事に就かないで、アルバイトだけで生活を立てている人なんですね。

　このタイプは、次の二つの部分に分けられる。すなわち、①主題として語句を取り上げる表現(「～(というの)は」)と文末のそれを受ける表現(「Nだ／をいう」)からなる部分、②①に挟まれたその語句の説明部分、の二つである。①は第4章2.3で「一次的語句」と呼んだもので、機能語的性格を持つ定義・意味解説の典型的表現型といえる。いくつかのバリエーションがあるが、これも初級段階を終了していれば理解可能である。それに対して、②は同じく「二次的語句」とした実質語的性格を持つ語彙群で、指導しようとする語句・表現を既習の表現で言い換えたりやさしく説明したりする、学習者の意味理解に直接関わるものである。それだけにTTの点から見て問題も多く、資料9「最終的な結果としてどうだったかを示す」・資料10「動作、作用についての対象を表す」という解説的表現がこのレベルの意味解説において適切かどうか疑問である。

　今一つは、「～N(人、もの、こと…)を、「　　」という。」という形を取るもの[11]である。

資料12　「皮をむく」の意味解説

1	T	ミカンです。S1さん、ミカン、どうやって食べますか。食べてみて下さい。
2	S1	…。
3	T	食べてみて下さい。
4	S1	うん?

5	T	どうやって食べますか、ミカン。やってみて下さい。むいて下さい。
8	S1	（皮をむく）
9	T	食べて下さい。
10	S1	（実際に食べる）
11	T	はい。今、ミカン食べるときにS1さん、皮をとりました。皮は中身を包んでいる、覆っているものです。ミカンを食べるとき皮をとることを、「皮をむく」といいます。S1さん、ありがとうございました。

資料13 「悩む」の意味解説

1	T	「悩む」はどういう意味だと思いますか。S2さん。
2	S2	考えること。
3	T	考えること。S1さんはどう思いますか。
4	S1	苦しんで考えること。
5	T	苦しんで考えること。Aにしようかな、Bにしようかな、Cにしようかな、どうしようと考えることを「悩む」といいます。

資料14 「才能」の意味解説

1	T	「才能」。「才能」というのは、どんなものが、「才能」にはどんなものがあるでしょうか。 S1さん、わかりますか。
2	S1	頭がいい。
3	T	そうですね。頭がいいのも、一つの才能ですね。じゃ、S4さん。
4	S4	笑顔がいい。
5	T	笑顔がいい、一つの才能ですね。S2さん、わかりますか。
6	S2	運動ができる。
7	T	運動ができる。いいですね、S3さん。
8	S3	スポーツができる。
9	T	そうですね、スポーツができる。 すべて、その人が持っている素晴らしい、素晴らしい力のことを「才能」といいます。

　「～Nを」の「～」部分は意味解説で学習者の理解に直接関わる実質語的性格を持つ部分で、その後にそれを受け「「　　　」という」という形で指導しようとする語句・表現が来るが、これにもバリエーションがある。このタイプは先のタイプと異なり指導項目の取り出しの直後には来にく

く、ここに見るように、学習者とのやり取りを経た後でそのまとめ的に置かれるというのが特徴的である。いわば意味解説が拡大した形ととれるが、資料12・14では学習者とのやり取りの中で例があげられ先の（2）の意味解説と（3）例の順序が逆転した形になっている。したがって、TTの点から見ると、「～」の意味解説の表現そのものもさることながら、指導項目の取り出しと意味解説の間に置かれたやり取りで語彙の制御が適正を欠いてしまう可能性が高くなる。資料12の、指導項目そのものを使った「むいて下さい」（No.5）・「中身を包んでいる、覆っているもの」（No.11）はそうしたものとして指摘できよう。

3.3 例の表現

基本構成（3）の例の典型的表現型としては、「たとえば、～／～たり～たり／～や～など」といった表現の他「それから／他に」などといった添加、「～と同じ／似ている」などといった類似を表す表現などがあげられるが、こうした機能語的表現型自体はごく基本的なものでその用法自体はこの段階の問題とはなりにくく、それよりも格段に量の多いこれらに伴う実質語的語句のほうがTTの課題として重要である。

そこで次に、例における実質語的語句起因のTTの課題をあげておく。教材は新聞記事で、以前は敬遠されがちだった女性の一人客に的をしぼった旅館やホテル・飲食店のサービスが増えてきているという内容で、その記事の中「女性一人でも」の「でも」の指導における例をあげた部分[12]である。

資料15 「～でも」の意味解説

1	T	(1)	「女性一人でも酒を飲みながら、ゆっくり食事ができる店だ」。
		(2)	ここでは、「でも」というのは「しかし」という意味ではなくて、一つの状況を示して、多くの場合にそのようであるということを暗示することですね。
		(3)	たとえば、足し算は日本では小学生で習います。とても、簡単です。「足し算は小学生でもできます」となって、足し算は小学生でもできるということを示して、小学生以上であれば誰でもできるということを表しています。
2	S		「足し算」？

3	T	「足し算」。1足す1は、2。足し算。
4	S	ああ。
5	T	「足し算」。
6	S	「足し算」。
7	T	計算の…。
8	S	(電子辞書で調べはじめる)
9	T	盗むことはいけないことというのは、子どもも知っています。そんなときに、「盗むことはいけないことというのは、子どもでも知っています」。というのは、そのようなことは、だれでも知っているということを表しています。
10	T	じゃ、Sさん。2年生の子が、この算数の問題が解けないと思いました。でも、この問題は1年生でやっています。そのようなときに、先生は、何といいますか。
11	S	何？ 何について？
12	T	「でも」を使って、答えてください。
13	S	さっきはどこですか。失礼しました。
14	T	「でも」。
15	S	ああ、「女性一人でも」。お願いします。
16	T	2年生の子がこの算数の問題が解けないといいました。でも、この問題は1年生でやっています。
17	S	1年生でもやっています。
18	T	はい。その問題は1年生でもできるということ、解けるはずだということを表しています。

　No.1の（1）が指導項目「〜でも」の取り出し、（2）が意味解説、そして（3）がそれに伴う例[13]である。ところが、例として出した「足し算」が学習者に理解できず頓挫してしまう。以上を図示したのが次である。

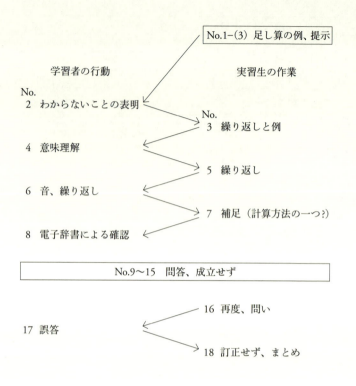

　学習者は、実習生の「1足す1は、2」(No.3)で「足し算」の意味を理解したものと思われるが、その後No.8で電子辞書を調べているところを見ると「1／1／2」の数字の音の並びで概念としての理解はしたものの、日本語としては理解していないものと思われる。したがって、No.6で言われるままに繰り返して音を確認した後は、実習生の指導にまったく関心が行かずその日本語としての用法確認の個人作業に移ってしまう。No.7の実習生の言いさしがそれを表しているが、その後に続くNo.9・10の聞き逃しからくるNo.11・13の学習者の戸惑いは個人指導ということを考えると尋常ではない。コミュニケーションを断たれ電子辞書の操作に集中する様を見せられた実習生の狼狽は大変なものであったろうと想像されるが、それが、No.17の誤りに対しての指摘・訂正なしの受け入れ、「1年生でもできる、解けるはずだ」という漫然とした正答の提示につながった（No.18）ものといえよう。

すなわち、資料15は「足し算」という実質語的未知語を例に用いたために学習者の混乱を来したTTの問題ということができるが、資料12の「むく／中身／包む／覆う」が語彙上の問題にとどまっているのに対し、説明そのものがこの「足し算」を基本に組み立てられているという意味でより深刻である。

4 説明内容の妥当性

意味の説明を（1）〜（3）の三つの構成に分けてみることによってより明らかになる第3点目は、説明内容の妥当性である。

説明内容の妥当性は、TTに大きく関わるものとTTよりも質的な面に関わるものとの二つに大別される。前者は、3.で見た通り、（1）指導項目の取り出しにはほぼ問題がなく、（2）意味解説・（3）例で3-2.・3-3.で指摘したような問題を持つ。一方、後者は、TTそのものは学習者の理解に大きな問題とはなっていないが、（2）と（3）の質によって適不適が分かれるものである。実際の説明で問題となるのは、TT起因のもの、質的な面起因のもの、直接はTT起因であるがそれが説明全体の質にまで影響しているものに分けられる[14]。ここでは、これらのうち、質的な面起因のものを取り上げる。

4.1 （2）意味解説と（3）例における妥当性の問題

通常、あることばの意味の解釈が正しいか正しくないかは辞書的な記述を基準にしてなされるが、この段階における指導項目の意味解説の内容的妥当性・質的検証では、そうした一元的評価が成り立たない。というのは、辞書的な記述をそのまま与えても学習者の理解が得られないため、その記述に加工が施されるのが一般的だからである。ここでいう加工とは、多くの場合辞書的な記述の簡略化・平易化と同義で、辞書的記述内容を学習者の理解力に合わせ一部割愛する・微妙なニュアンスを切り捨てるなど単純化しそれをTTの範囲を逸脱しない形で表現し学習者に提供しようとするものである。その結果は往々にして舌足らずの解説となりがちだが、それは学習者の理解のたやすさを考えた結果でありあらかじめ承知された不十分さである。それを、もとの辞書的な意味を基

準にして情報が足りない・曲解しているなどとしても意味がない。その適否は加工の結果そのものに向けるべきではなく、その不十分さの中にも与えるべき意味の本質がおさえてあるか、文脈的な意味として妥当性か、学習者の理解に無理がないかを検討すべきである。

そうした分析的評価の観点に立つと、一つの傾向として、実習生の意味解説は学習者の理解のたやすさをよく考慮し辞書的記述の簡略化・平易化を試みていたが、それゆえ、意味の過度な省略や逸脱が目立ち、用法上の許容と制限や既習のよりやさしい項目との差異が明らかにされないケースが多く見受けられた。学習者がその語句・表現の意味を大まかに把握し文脈を理解するにはよいが、それを運用するにあたってはこうした情報の不足が混乱を招く可能性がある。次に、例を示す。

4.2　不十分な説明内容

資料16は、中級段階における「夢中」の指導である。本文では、電車の中で母親たちが子どもを放っておいておしゃべりに夢中になっている、という文脈で使われている。ところが、指導では、「夢中」の対象は単なる事物ではなく、それを対象に行う行為あるいはそれを想起させるものであることがおさえられていない[15]。

資料16　「夢中」の意味解説と例

1	T	(「夢中」、板書)
2	T	「夢中」というのは、とても好きでたまらないことです。とても好きなものがあります、そのもので頭がいっぱいです。他のものはどうでもいいです。これを「夢中、夢中になる」といいます。
3	T	私はケーキが好きです、ケーキ屋でアルバイトをしています。ケーキを、バイトが終わって食べます。すると、夜ご飯は食べません。朝、起きて、ケーキを食べます、朝ご飯は、食べません、ケーキが大好きです。これを「夢中」といいます。
4	T	では、皆さんは、何かに夢中になっていることがありますか。S3さん。
5	S3	友だちと買い物をするのに、夢中になっています。
6	T	ええと、S1さん。
7	S1	旅行に行くのに夢中になります。
8	T	はい。S4さん

9	S4	映画を見るのに夢中になります。
10	T	はい。S2さん
11	S2	雑誌を読むのに夢中になります。
12	T	はい、そうです。みんな、好きなことがあると、それに夢中になります。

　No.1が指導項目の取り出し、No.2が意味解説、No.3が例である。No.2は、「好きでたまらない／頭がいっぱいになる」といった発話から、「夢中」の熱中して我を忘れる意味としては妥当なように思われる。ところが、No.3でその例としてケーキを出しているが、ここでいっているのはケーキそのものを対象として掲げそれが好きだということであって、その意味で「ケーキに夢中だ」は日本語としてすわりが悪い。「ケーキを食べるのに夢中になっていて、母が帰ってきたのに気付かなかった／最近、ケーキ作りに夢中になっている／オリジナルのケーキを創作するのに夢中になっている」などのように「夢中」の対象となるのは、基本的にはある行為である。「コンピュータ・ゲーム／村上春樹／カラオケに、夢中だ」などと名詞が来る場合があるが、それも実質的にはそれらを対象とした行為を指している。唯一の例外は男女の恋心やタレントなどへの憧れをいう「（　人　）に夢中だ」という表現であろう。学習者が出した例は「買い物をする／旅行に行く／映画を見る／雑誌を読む」でいずれも行為であるが、No.2の意味解説に沿えば、単に好きだという意味に理解し、「すし／北海道／ピンク…に、夢中だ」などと発話してしまう可能性が否定できない。
　すなわち、資料16は意味解説において対象が行為であることに言及せず、続く例もそれに引きずられてモノしかあげていないという点において説明内容の妥当性を欠く。
　資料17は、年配の女性とそれを助ける若いボランティアのほのぼのとした様子を述べたエッセーを題材にした本文の、「きっかけ」の指導[16]である。公園で話しかけ、「これがきっかけで、〜さんと〜さんと知り合いになった」という文の中で使われている。「きっかけ」はその後の変化の機会や手がかりを表すが、ここではそうした弾み感がおさえられていないため、学習者が「理由」と混同してしまっている可能性がある。

資料17 「きっかけ」の意味解説と例

1	T	まず、「きっかけ」というのは、(「きっかけ」のパネル持って) どういう意味でしょうか。S3さん。
2	S3	それを機会に。
3	T	そうですね。始まりやそうすることになった理由を表すときに使います。(パネル、貼る)
4	T	たとえば、「テレビで見たのがきっかけで、日本に来ました。病気がきっかけで、タバコをやめました。旅行がきっかけで、アメリカに住みました。」というように使います。
5	T	皆さんがこの大学に来たきっかけは、何ですか。S4さん。
6	S4	…。
7	T	何か、テレビで見たとか、きれいだったとか。
8	S4	校舎が新しくて…。
9	T	ああ、そうですか。私もそうです。 はい。じゃあ、S2さんの場合はどうですか。
10	S2	日本語を勉強し…、する。
11	T	ああ、そうですか。何か、環境がよかったとか？ じゃあ、S3さんは。
12	S3	私も、日本語の勉強ができるのを知ったのがきっかけで。
13	T	ああ、そうですか。じゃあ、S1さんは。
14	S1	私は学校の先生に勧められて、ここにしました。
15	T	ああ、そうですか。それは、何か、合っていたとか、S1さんに合っていたということですか。
16	S1	そうです。
17	T	ああ、そうですか。じゃ、次、いきます。

　意味解説はNo.3、例はNo.4である。「きっかけ」の基本的意味は、その後の変化を引き起こす・ある行為の引き金となる・ことの起こりなどといったもので、事態を動かしめたという意味では「理由」と重なる部分がある。異なるのは「きっかけ」の転機・出発点といったものの弾み感で、「理由」はそうした意味合いを持たない。実習生は、No.3の意味解説で「始まりや」としてそのことに触れてはいるが、学習者から見れば、「そうすることになった理由」を本文中の年配女性とボランティアが知り合いになった理由ととらえそれは筆者が話しかけたからと理解するほうが、「始まり」を、知り合って交際を始めた最初、それは話しかけた

時と理解するより容易であったろうと思われる。なぜならば、因果関係を成立させるほうが時機としてとらえるより概念的にずっと単純だからである。

　この説明の不十分さはNo.2のS3の答えの明解さに導かれたものと思われるが、そうした学習者の理解の理由への傾きはNo.4の実習生があげた例を経てもなお、修正されていない。No.4の「テレビ／病気／旅行」の各例はやや舌足らずの感もあるが、弾み感を持った「きっかけ」の例として適切である。ところが、No.5以降の問答で学習者があげた「校舎が新しい」(No.8)・「日本語を勉強する」[17](No.10)は、大学を選んだ理由そのものである。続く明解な答えをしたS3の「日本語の勉強ができるのを知ったのがきっかけで」(No.12)は、「知ったこと」が「きっかけ」として適切で一見よさそうに見えるが、「日本語の勉強ができる」はやはり理由あるいは目的であって、文脈上、すわりが悪く感じられる。一方、No.14は「きっかけ」を使って発話されてないが、「先生に勧められて、ここにした」自体は「きっかけ」の弾み要素として適切である。すなわち、No.14をのぞく三つは実習生の例を経ても「きっかけ」を単に理由の意味に取っている可能性がうかがわれ、その原因はNo.3における弾み感への言及が不十分であったことにあると考えられる。

　資料18は資料17と同じ本文で、老人の「公園に来るとホッとするもんだから」という発話の中で使われている「〜もんだから」の意味解説である。「〜もんだから」は「ので／から」と同じとしており、本文における「〜もんだから」の持つ個人的事情・個人的感情といった意味合いには触れられていない。

資料18　「〜もんだから」の意味解説と例

1	T	その次の「〜もんだから」というのは、(「もんだから」のパネル示して)イ形容詞・ナ形容詞・動詞と、「もんだから」というふうに使います。
2	T	この「〜もんだから」というのは、「〜ものだから」ということばが、(パネル、貼る)「の」が「ん」に変って、それはいいやすいから、こういうふうにいっています。(「〜ものだから」、板書)
3	T	あの、えっと、「〜もんだから」というのは、「ので」とか「から」というように理由を表すことばを使う…、意味を表します。

4	T	では、じゃあ、まず例文をいうので、その後、文を作って下さい。(2本のペンを持って)例えば、AのペンよりもBの…、AよりBのほうが安いので、Bを買いました。「AよりBのほうが安いものだから、Bを買いました」。で、大きな家なので、迷ってしまいます。「家が大きなものだから、迷ってしまいます」。よく動くので、おなかがすきます。「よく動くものだから、おなかがすきます」。このようにいいます。
5	T	では、文を作って下さい。ええ、じゃあ、まずS1さん。急いでいるので走りました。
6	S1	急いでいるもんだから、走りました。
7	T	はい。じゃあ、S3さん。楽しいので、また散歩しました。
8	S3	楽しいもんだから、また散歩しました。
9	T	じゃあ、S2さん。犬がかわいいので、2匹買いました。
10	S2	犬がかわいいものだから、2匹買いました。
11	T	はい。じゃあ、S4さん。とてもおいしいので、おかわりをしました。
12	S4	とてもおいしいものだから、おかわりをしました。
13	T	はい、そうです。

　No.1が指導項目の取り出し、No.3が意味解説、No.4が例である。意味解説に先立って、接続・音変化に簡単に述べている。No.3では、明確に「ので／から」と同じく理由を表すとしている。そして、No.4で三つの例を「ものだから」に言い換えて例としている。ここでも、「ので」と同義という意図が明らかである。さらにNo.5から問答練習をしているが、これも「ので」を「ものだから」に単純に言い換えるものである。当然のことながら、学習者の理解は「ものだから」は「ので」の同義語にとどまっているものと考えられる。

　しかしながら、同じ原因・理由・根拠などを表す表現であっても、「ので」が客観的事実に基づいた因果関係に用いられるのに対し、「ものだから」は多分に主観的な評価・判断を担う点において特徴的であり、それこそがこの段階で指導すべきポイントである。すなわち、資料18は省略が指導内容の核にまで及んだ意味解説であり、例もそれに引きずられて本来的な目的を失ったものとなっている。

5 まとめ

　本章で試みたのは実習における意味説明の構造化で、それは①指導項目の取り出し・意味の解説・例の三つの部分からなることが多いこと、②この順で説明がなされると学習者の理解は容易だが項目取り出しと解説が隔たると理解が困難になること、③意味の解説・例ではTTにおける語彙の制御が適性を欠きがちな上、内容的にも妥当性を欠く可能性があること、の3点を明らかにした。これらは今日ある初級段階の指導マニュアル書が個々の項目を取り上げ具体的に述べているのと異なり、いわば項目を問わず共通して見られる一つの傾向を示したものである。それだけに、実習生と情報を分かち合うことによって題材と指導項目を超えて一つの検討材料となろう。実習生の関心の中心はここでいう内容的妥当性にあるのが普通で、そうした傾向は指導教師にも見受けられる。そうした関心は指摘した第3点目において重要であるが、それとともに1点目・2点目の課題を実習生自身ならびに指導教師が承知しておくことはより望ましい指導に不可欠の観点だと思われる。

注　[1]　事例採取は、2007年3月。
　　[2]　教材は、朝日新聞 2005年5月5日「増えてるニート」。事例採取は、2005年5月。
　　[3]　教材は、『中級から学ぶ日本語』第12課。事例採取は、2008年1月。
　　[4]　教材は、『中級から学ぶ日本語』第7課。事例採取は、2006年12月。
　　[5]　ただし、こうした典型的構成パターンを取らないものにも例を伴うものがあり、資料4では同義語の説明の後「～が気にかかる／～かどうか気にかかる」の接続に関する説明をし、次のような実習生の発話が見られた。
　　　　「さあ、先週、皆さんはテストを受けました。点数はいいですか、悪いですか、どっちかな。いいかもしれないし悪いかもしれない。でも、テストが返ってくるまでは、どっちかなと思いますね。「テストが気にかかる」。「テストの結果が気にかかる」。「点数がいいか

どうか気にかかる』。そんなふうに使います。」

したがって、この典型的構成パターンを取らないものというのは、例を欠き代わりに付加的情報を提供するものと、典型的構成パターンを取っているものの意味解説が肥大化して例が後方にさがったものとに大別できるといえる。

[6] 教材は、読売新聞 2007年6月27日「ケイタイ不携帯のワケ」。事例採取は、2007年6月。

[7] 教材は、日本経済新聞 2007年3月31日「第一印象 達人の決め方」。事例採取は、2007年3月。

[8] 注7と同じ。

[9] 教材は、『中級から学ぶ日本語』第3課。事例採取は、2004年11月。

[10] 資料9・10は、『中級から学ぶ日本語』第9課、事例採取2007年11月である。同じく、資料11は、教材 産経新聞 2000年11月5日 社説「フリーター問題」、事例採取2003年11月である。

[11] 資料12は、『中級から学ぶ日本語』第5課、事例採取2007年11月である。同じく、資料13は、同 第6課、事例採取2007年11月、資料14は、同 第10課、事例採取2007年12月である。

[12] 教材は、産経新聞 2004年11月9日「女性のおひとりさまOK」。事例採取は、2004年12月。

[13] この（3）における「でも」は小学生という極端な例をあげて他を類推させるという意味なのに対して、本文の「でも」は「たとえ～であっても」の意味で齟齬があるともとれるが、後の4.で述べる説明内容の妥当性の課題としてここではそれは問わない。

[14] 確認と補足をしておく。資料9「最終的な結果としてどうだったか」・資料10「動作、作用についての対象を表す」・資料15「一つの状況を示して、多くの場合にそのようであるということを暗示すること」はTT上の問題であり、その意味で説明としての妥当性を欠く。資料12においては「むいて下さい」・「中身を包んでいる、覆っているもの」はTTの点では問題だが、学習者にミカンの皮をむかせたこと自体は理解のたやすさから見てむしろ適切、すなわち質的に妥当だといえる。資料14の「才能」において、「頭がいい」ことは才能の一つといえるかどうか、計算が得意・絵が上手など何か具体的な技能を述べなければならないのではないか、さらに「笑顔がいい」は、普通、才能の一つとはしない。これら2点はTT上の問題とはならないが、説明内容の質として妥当性を欠くものといえる。また、実習生からの問いかけ自体がわかっていることを前提にしている点においても質的妥当性を欠いている。資料7の「一瞬の間」における挿入情報の「お芝居／役／せりふ」などはTTの問題であると同時に、それによって意味説明が組み立てられているという点で質的問題でもあるといえる。

[15]	教材は、『中級から学ぶ日本語』第4課。事例採取は、2007年17月。
[16]	教材は、『中級から学ぶ日本語』第12課。事例採取は、2008年1月。
[17]	「勉強することができる」の意と思われる。
[18]	教材は、『中級から学ぶ日本語』第12課。事例採取は、2008年1月。

第7章 特殊な過程を持つ中級段階の語句・表現の説明

1 実習授業に見る、意味説明の典型的構成パターン

　第6章では、中上級段階において実習生が行う語句・表現の意味説明の仕方を分析し、それが、基本的に、指導項目の取り出し・意味の解説[1]・例の三つの部分からなることを明らかにした。「指導項目の取り出し」とは、読み上げ・板書・学習者に対する問いかけ及びそれら3種混合形で、文字通り、指導しようとする項目を学習者に指し示すものである。「意味の解説」とは、よく似た表現との違いや反対語などの説明をも含めた意味説明の中心部分である。「例」とは、意味の解説に沿うような状況を提示し、その様子を当該指導項目を用いて表現し、学習者の理解と定着をより確実にしようとするものである。

　さらに事例をもとに、この順序で説明がなされると学習者の理解は容易だが、以下の理由で項目取り出しと意味の解説が隔てられると著しく学習者の理解が阻害されるとした。

　　a. 例が意味の解説に先行する。
　　b. 意味の解説と例の間に、周辺的意味解説情報が提示される。
　　c. 項目取り出しと意味の解説の間に、以下の説明[2]が挿入される。
　　　c-1. 接続の説明：当該指導項目に動詞・形容詞・名詞がどのような形で続くか、の説明
　　　c-2. 構文の説明：当該指導項目の前後にどのような意味合いの表現が来るか、の説明

ところが、以下の実習事例では、項目取り出しと意味の解説の間にc–1.・c–2.が挿入し、項目取り出し ⇒ 接続 → 構文 ⇒ 意味解説、の順で説明が進行しているにもかかわらず、説明全体としての基本的妥当性が認められる。そこで、ここでは、その進行の実態を分析するとともに、説明の妥当性を具体的に明らかにしようというものである。

分析に先立ち、実習授業の概要を確認しておく。事例は、2006年12月に、大学の学部の演習授業で採取したものである。この授業では、まず筆者が『中級から学ぶ日本語』第1課を例に授業準備・指導技術などを具体的に指導し、その後、毎回、一人の学生が第2課以降の各課を1課ずつ教え、実習とした。学習者はこの演習科目を履修している他の日本人学生5〜6名があたったが、この模擬学習者を設ける以外はなるべく実際の指導に近いものとするため、指導の一部を簡単に済ませたりスキップしたりせず、時間の許す限り、最初の導入から最後の発展的な話し合いなどの活動まで通して受け持つのを旨とした[3]。事例を採取した実習を担当した学生は、当時、日本語教育を専攻する3年次生であったが、入学前に日本語教育機関において1年程度指導した経験を持っている社会人入学生であった。したがって、この実習時には相当程度の日本語指導に関する知識と技術を得ていたものと推測されるが、さらにこの実習を行うまでに、日本語の構造的知識・日本語教育の歴史と社会的背景・教授法などの日本語教育関連科目を履修済みか履修中であった。

指導したのは第7課で、電車の中のやや失礼に聞こえる車掌のアナウンスをきっかけに、ことばの伝わり方・相手のことを考えたことばの使い方などについて考えさせられた、という内容である。

2 「確かに〜だが、〜。」の指導過程

次は、本文後半にある「確かに〜だが、〜。」の指導である。この表現自体は、若い母親の、自分が子どもたちに言うのは「残さず食べなさい」「いたずらやめなさい」という命令や禁止の文ばかりだという投書を目にした筆者が、「確かにことばの形はそうだが、そこからは母親の思いやりが伝わってくる」、という文脈で使われている。

No.	T／S		50:20
1	T	「確かに」。少し戻りますね。15行目。 (「確かに＿＿＿が＿＿＿。」、板書)	
2	T	(「＿＿が」指して) はい、ここは普通形。(「＿＿が」の下線部の上に「普通形」、板書)	
3	T	(「＿＿が」の下に、「他の人の考えで自分もそう思う」、板書)(「＿＿。」の下に、「他の考え」、板書)	
4	T	はい、(板書を順に追って)「確かになんとかだが、何々」。「が」の前、普通形が入ります。	
5	T	(「＿＿が」指しながら) こっちは、他の人の考えなんだけど自分もそう思う、っていう考えなんですね。(「＿＿。」指しながら) 後ろの方は、(「＿＿が」指して) これとは違う他の考えです。 (「＿＿が」・「＿＿。」を指して) 二つの考えをいいます。考えや、考えだけじゃなくて、本当のことでもいいです。	
6	T	たとえば、皆さん、インターネットは使いますか?	
7	S	はい、使います。	
8	T	S3さん、どんなときに使うんですか?	
9	S3	お店を調べるとき。	
10	T	ああ、いいですね。便利ですか。	
11	S3	はい、便利です。	
12	T	本を買わなくいいしね。で、本屋さんにも行かなくてもいいしね。便利ですね。	
13	T	でも、最近ね、ニュースでインターネットを使った事件がたくさんいわれているのを知っていますか? S2さん、どんな事件がある?	
14	S2	いっしょに自殺しようとする人が集まるサイトがあります。	
15	T	そうね。インターネットがない時代は、そういう事件はなかったですよね、うん。 それとか、ええと、もし、S4さんのことを、ちょっと、嫌いな人がいるとするでしょ、もしね。そしたら、S4さんの悪いことをインターネットに勝手に書いちゃって、みんなに、たくさんの人に、「S4さん、悪い人、S4さん、悪い人」と読むようにするとかね。	
16	T	(「＿＿が」指して)「インターネットは確かに便利」、普通形、(「＿＿。」指して)「だが、危ないこともある」、ね。 (「他の人の考えで自分もそう思う」を指して) 他の人の考えだし、よくいわれていることです。私も便利だと思います。 (「他の考え」指して) でも、他の考えもありますよ、という使い方です。	
17	T	S4さん、留学は楽しいですか。	

18	S4	楽しいです。
19	T	うん。全部、楽しい?
20	S4	ああ、でも、さみしいときもあります。
21	T	うん、(黒板指して) いってみて。
22	S4	確かに、留学は楽しいですが、…。
23	T	うん、(「普通形」指して) 普通形ね。
24	S4	あっ。「楽しいですが…、確かに楽しいですが」というのは、使えませんか?
25	T	使えなくないよ、使えます。とても、ていねいないい方です。でも、「です」、いらない。
26	S4	あっ、普通のときは、「確かに楽しい…、が」?
27	T	「楽しい」、イ形容詞ですね。イ形容詞の普通形は何?
28	S4	…。
29	T	(「Aイ」その下に「ーい」、板書)「楽し…、い」までが普通形。
30	S4	うん、うん。
31	T	「確かに…」。
32	S4	「確かに楽しいが、さみしいこともある」。
33	T	そうね、いいです。「確かに楽しい」、(「＿＿が」指して) みんながいっています。そっちの方が大きい考えですよね。 (「＿＿。」指して)「楽しいが、さみしいこともある」。
34	T	S5さん。S5さんに、彼氏がいます。とてもいい人です。結婚してくださいといいました。どうしましょう? する?
35	S5	(首をかしげて) しない。
36	S	(笑い)
37	T	どうして? (板書指して) いってみて。
38	S5	「確かにいい人だが、結婚はしない」。
39	T	そうね。「確かにいい人だが」、事実です、ね。(「＿＿が」指して)「確かにいい人」。(「＿＿。」指して) 別の考え、「結婚はしない」。はい。
40	T	S1さん、ううんと。S1さんは、日本に来る前、日本人はどんな人だと聞いていた?
41	S1	ううん。まじめ。
42	T	「まじめ」。S1さんの大学の友だちは、みんなまじめですか。
43	S1	ちょっと、まじめじゃない。
44	T	「ちょっと、まじめじゃない」。授業、出ない人もいるしね。(黒板指して) いってみて。
45	S1	「確かに日本人はまじめだが、そうでない人もいる」。

46	T	「そうでない人もいる」。いいですね。「確かに日本人はまじめだが」、だいたいの日本人はまじめだけど、中にはそうじゃない人もいる、といういい方ですね。
47	T	はい、こんなふうに使います。「確かに〜だが」という別の考えです。
48	T	（教科書に目を落とし）はい、ええ、確かにお母さんの命令文からは、お母さんの命令文、お母さんのことばは命令形や禁止の文ばかりですけれども、（「＿＿。」を指して）思いやりが伝わる、やさしさや思いやりが伝わる、といっています。

55:20

2.1 説明の構成の分析

以上の説明の構成を分析すると、次の七つの部分からなっている。

	No.	実習生の意図	作業内容
（1）	1	指導項目の取り出し	「確かに＿＿が＿＿。」板書。
（2）	2	接続の解説 1	先行部分に普通形来ること、明示。「普通形」板書。
（3）	3	構文の解説	先行部分に「他の人の考えで、自分もそう思う」、後続部分に「他の考え」板書。
（4）	4	接続の解説 2	先行部分、普通形来ること、再び、明示。
（5）	1	構文の解説 2	先行部分の板書指し、確認。
	2		後続部分の板書指し、確認。
（6）	6〜16	意味の説明	Tが状況与えSがそれに沿って答えながら、確認。
	17〜47	状況を与えての練習	
（7）	48	本文の文脈上の意味確認	文脈上の解釈、確認。

（1）は、この表現の取り出しである。板書し、「が」の前後に空白を設け下線を施している。

次いで、（2）では、接続の解説として、「が」の先行部分には普通形が来ることを明示するとともに、そこに「普通形」と板書している。続く（3）は構文の解説を板書したものであるが、板書のみでこれに言及されるのは二つ先の（5）である。すなわち、実習生としては、（2）と（3）

で一挙にこの表現に関する板書を仕上げてしまおうと意図したと考えられる。仕上げた上で（4）で、再び、接続の解説がなされる。そして（5）では、板書を指し示しながら、「が」の前には「他の人の考えなんだけど自分もそう思うって考え」、後には「これ（＝前項）とは違う他の考え」が来るとし、明確な構文の解説を行っている。さらに、「が」の前後を指して「二つの考え」「考えだけなくて、本当のことでいい」と補足説明をしている。

　以上の接続と構文の解説を受けて（6）に移行するが、（6）は、一見すると意味の例か状況を与えての練習か判別しにくい。けれども、子細に分析してみると、後になるほど説明の要素が薄くなり練習の要素が濃くなっていることがわかる。与えた状況はインターネット・留学生活・求婚・日本人大学生の四つだが、最初のインターネットは、「が」の先行部分の例として店舗検索・ネットショッピング、後続部分の例として自殺サイト・中傷ブログを学習者との問答を通して巧みに引き出し、No.16で先の板書を利用して文全体の意味を確認している。すなわち、実習生としてはこれをもって「確かに〜だが、〜。」の意味の説明としようとしたものと考えられる。次の留学生活においても「留学は楽しいか」と問うて「が」の先行部分を想起させさらに「全部、楽しいか」と問うことで後続部分の「さみしいときもある」を導き出しているが、楽しさ・さみしさを具体的には追求していない。さらに、求婚では構文の確認のみで接続の確認はなされておらず（No.39）、日本人大学生では構文も接続も確認されずざっと意味を確認している（No.46）だけである。以上のように見てみると、インターネットで意味説明、求婚・日本人大学生で状況を与えての練習、留学生活はその中間的位置づけといえる。そして最後に、（7）で本文の文脈に沿った意味の確認をしている。

　説明全体としては、接続→構文→意味の順で進行しており、第6章2.4に基づけば項目取り出しと意味の解説が分断され学習者にとってわかりにくいものとなるはずであるが、実際には、むしろ、必要十分な情報を提供しているという印象を受ける。そこで次に、おのおのの説明を詳細に分析しておく。

2.2 接続と構文の解説の分析

最初になされる接続の解説No.2では、「が」の前は「普通形」であると言及するとともに板書している。さらに、No.4で文全体を通し口頭で言ってみせ再確認している。けれども、No.2の言及・板書及び次のNo.4-4ともに接続の解説としては生の情報を提示しただけで、たとえば動詞／イ・ナ形容詞／名詞がその語句・表現に続く形を現在・過去、肯定・否定に分けて一つ一つ示すなどという形を取っていない。

(4) 接続の解説　2

No.		実習生の発話	板書の利用
4	1	はい、「確かに」	☞　［確かに］
	2	「なんとかだが」	☞　［＿＿＿＿普通形＿＿＿＿が］
	3	「何々」。	☞　［＿＿＿＿＿＿＿＿＿＿。］
	4	「が」の前、普通形が入ります。	(接続の説明　2)

その結果、S4とNo.22〜30のやり取りが生じている。しかしながら、逆に、この接続の説明の簡潔さが説明全体の妥当性に寄与していると考えられる[4]。すなわち、接続の情報を不必要にふくらませることなく構文の説明に移行しているからこそ、学習者の理解に対する阻害が皆無あるいはそれに近く抑えられているといえる。

次いで、構文の解説は、No.3の板書を受けNo.5で、「が」に先行する部分には「他の人の考えで自分もそう思う」、後続する部分には「他の考え」が来ると明確に示し、さらに両者を指し示して「二つの考えをいう」としている。No.3でなされた板書は以下の通りである。

図1　実際になされた板書

次はこの板書を使った実習生の動きであるが、No.5-1からNo.5-3ま

で口頭の解説に合わせて逐語的に「が」の前後をなぞっている。さらに、No.5-4では双方を交互に指し示してそれらが異なることを示している。いずれも、誤解を与える余地がない。そしてその上で、No.5-5で、双方に見解のみならず事実関係も来るという補足説明を行っている。

(5) 構文の解説　2

5	1	こっちは、他の人の考えなんだけど自分もそう思う、っていう考えなんですね。	☞	[他の人の考えで自分もそう思う]
	2	後ろのほうは、	☞	[他の考え]
	3	これとは違う他の考えです。	☞	[他の人の考えで自分もそう思う]
	4	二つの考えをいいます。	☞	[他の考え] [他の人の考えで自分もそう思う]
	5	考えや、考えだけじゃなくて、本当のことでもいいです。		(意味の補足説明)

けれども、この時点での口頭の解説は抽象的で、学習者が理解し得たとは考えにくい。解説で用いた語句・表現は平易でその字面の意味はわかったとしても、それが具体的に何のことをいっているのか十分理解するのは無理だといわざるを得ない。だが、ここに見る解説は、簡潔で無駄がなくしかも発話と板書の指し示しが連動し、学習者の注目を一気に集め離さなかったであろうことが推測される。すなわち、意識を集中したまま理解が停止している状態であったと思われる。そして、その注目を得たままなされるのが、インターネットの例による意味説明である。

2.3　意味の説明の分析

意味の説明は、次のような流れを持っている。

No.	談話の流れ	意味理解への導き
6	インターネットへの振り	
7〜12	インターネットの便利さの確認	先行部分の引き出し
13〜15	インターネットの危険性への言及	後続部分の引き出し
16	学習項目を使っての便利さと危険性の表現	核心的意味示し

No.6でインターネットに話を振った後、No.7〜12で構文の先行部分を引き出すために店舗検索・ネットショッピングでインターネットの便利さを確認し、さらにNo.13〜15で後続部分を引き出すために自殺サイトに思い至らせ、中傷ブログでその危険性に気づかせた。しかも、それらは実習生の一方的な引き出しではなく、学習者に問いかけながら導いたものである。中傷ブログは実習生自ら言及したものだが、単純な例を平明な表現で表し学習者側に立った発話といえる。そして最後に、No.16で「インターネットは確かに便利だが、危ないこともある」としてまとめ、当該指導項目を提示している。No.16の実習生の作業は以下の通りである。

16	1	「インターネットは確かに便利」、	☞	［確かに＿＿＿＿＿普通形＿＿＿＿＿が］
	2	普通形、	☞	［普通形＿＿＿＿が］
	3		☞	［他の人の考えで自分もそう思う］
	4	「だが、危ないこともある」、ね。	☞	［＿＿＿＿＿＿＿＿＿＿。］ ［他の考え］
	5	他の人の考えだし、よくいわれていることです。私も便利だと思います。	☞	［他の人の考えで自分もそう思う］
	6	でも、他の考えもありますよ、という使い方です。	☞	［他の考え］

　まず、先行部分を発話し（No.16-1）、「が」に接続させるには普通形が来ること（No.16-2）、そしてそれは「他人の考えで自分もそう思う」意味合いを持っていること（No.16-3）、さらに、後続部分の「だが、危ないこともある」を発話しそれは「他の考え」を示していること（No.16-4）を確認している。いずれも、構文の解説同様、板書の部分部分を指しながら口頭での確認が繰り返し行われている。ここに至って、一旦No.5で足踏みしていた理解が一気に進捗する。
　そして最後に、先行・後続部分を構文解説と同様の表現で確認し、それが結果的に、核心的意味の明示となっている（No.16-5／16-6）。

No.16-5　他の人の考えだし、よくいわれていることです。私も便

　　　　　　　利だと思います。
No.16-6　　でも、他の考えもありますよ、という使い方です。

　網かけ部分がそれである。これ自体は、ほぼNo.2の板書並びにNo.5でなされた構文先行部分・後続部分の解説をつなげただけであるが、No.2/5と違うのは、インターネットという例をあげ具体的にその便利さと危険さという相反する二側面に気づかせた上での発話であり、加えて、述語を補い「でも」を使って両者を結びつけたことで、それが一つの概念的まとまりを持つに至ったことである。すなわち、一つの具体的な事象・ことがらをはっきりと確認した上でそれを抽象化し文章化したのが、No.16-5／6である。そういう意味で、これがこの表現の核心的意味でありその解説といえる。

　すなわち、学習者の理解の自然さからいえば意味の解説は冒頭に置くべきであるが、その時点ではNo.16-5／6の発話はあまりにも抽象的すぎ、その示すものが把握しにくい。たとえ冒頭に置いたとしても、やはりたとえばインターネットなどといった具体例を提示する必要があり、それを得て、再度、確認しなければならなかったであろうと思われる。それが、意味の解説よりも接続・構文の解説が先行した理由だと考えられる。No.4及びNo.5を順に見ていくと接続・構文が先行し説明として追っていきにくいが、No.4簡潔さ及びNo.5の学習者の注目を集める明瞭さでもってそれを最低限度に抑え、さらにNo.7～15でインターネットの二面性を的確に引き出してみせることによって、その追いにくさによる理解の困難さを一気に解消させるのに成功している。意味理解を阻害しない接続・構文解説の短さかつ的確さ、例となる状況設定の巧みさ並びにNo.16の意味解説の適切さから見て、一連の説明は妥当性を持ち得ているといえる。

　一方、この表現の文脈上の解釈は、一連の指導の最後尾No.48でなされる。この表現が使われている教科書本文は以下の通りである。2文目が、実習生がNo.48で教科書に目を落とし取り出した文である。

　　　（投書文の内容）「私（＝若いお母さん）が子どもたちに話す言葉は、命令や禁
　　　止の文ばかりだ」…。

確かに言葉の形はそうだが、お母さんの命令文からは「たくさん食べて大きくなるんですよ」「近くでテレビを見ていると目が悪くなりますよ」という子どもへの思いやりが伝わる。　　　　　（『中級から学ぶ』p.34　12〜18行）

　No.48の発話を次のように分析してみると、(5)の構文の解説に沿ってこの本文を解釈しようという実習生の意図が読み取れる。

No.		実習生の発話	実習生の動作	推察される実習生の意図
46		「そうでない人もいる」。いいですね。「確かに日本人はまじめだが」、だいたいの日本人はまじめだけど、中にはそうじゃない人もいる、といういい方ですね。		
47		はい、こんなふうに使います。「確かに〜だが」という別の考えです。		
48	1		☜ 教科書	文脈に沿った解釈への移行
	2	はい、ええ、確かに		文型に沿った本文の読み開始
	3	お母さんの命令文からは、お母さんの命令文		本文後続部分の内容確認
	4	お母さんのことばは命令形や禁止の文ばかりですけれども		本文先行部分の内容確認
	5		☞ ［他の考え］	構文後続部分の確認
	6	思いやりが伝わる、やさしさや思いやりが伝わる、といっています。		本文後続部分の内容確認

　No.46はS1が日本人大学生のことをこの文型で述べたことを確認しているもの、No.47は一連の説明と練習をまとめ切り上げようとしたものである。
　No.48-1で教科書本文に目を落とした実習生は本文に沿って「確かに」から読み始めた（No.48-2）が、No.47の最後部「別の考え」に引きず

られたためか、この文型の先行部分に当たる「言葉の形はそうだ」を飛ばし、後続部分に当たる「お母さんの命令文からは」へと読み進めている（No.48-3）。先行部分を飛ばしたことに気づいた実習生は、投書文の文言をもとにそれを「お母さんのことばは命令形や禁止の文ばかり」と具体的に言い換え学習者の理解を助けている（No.48-4）。そして最後に、その先行部分の内容確認を受け板書を指し示し後続部分を確認した（No.48-5）上で、その解釈をしている（No.48-6）。

以上、練習まで済ませた段階で文脈上の意味解釈に移行しなおかつ自らの構文の解説に沿ってそれを行っている点において学習者の理解は十分図られたものと考えられ、説明全体として妥当であるといえる。

3 「～たつもりで、～する。」の指導過程

次は、同じ実習で採取した、「～たつもりで、～する。」の指導である[5]。

この表現は「「コーヒー、一杯飲んだつもりで」と考えて、（特別料金を払い特急電車に）つい乗ってしまう。」という文脈で使われているが、「確かに～だが、～。」同様、項目取り出しと意味の解説が接続・構文の解説に分断され、接続→構文→意味の順で説明が進行しながら、説明の基本的妥当性が確保されている。

25:40

1	T	「コーヒー、一杯飲んだつもりで」。（前の板書、消す）「コーヒー、一杯、飲んだつもりで」。 （「＿＿＿たつもりで＿＿＿。」、板書）
2	T	（「＿＿＿たつもりで」の「た」の前を指し）はい、ここには、動詞が入りますけれども、S1さん、動詞の何形が入ると思いますか？
3	S1	辞書形？
4	T	本当？（「た」指し）ここに「た」があるよ。
5	S1	「た」形。
6	T	「た」形ね、はい。（「た」の前の下線部の上に、「V–た」板書しながら）ここには、動詞の「た」形が入ります。
7	T	（「＿＿＿。」の下線部の上に、「V」板書しながら）後ろは、ええと、辞書形でもいいし普通形でもいいですね、動詞が入ります。

8	T	そして、(「V-た」指して)こっちの動詞は何かというと、(「＿＿＿たつもりで」の下に「したいけれどしなかったこと」、「＿＿＿。」の下に「本当にすること」、板書) はい、(「＿＿＿たつもりで」指して)前の動詞はね、したいけれどしなかったことです。(「＿＿＿。」指して)後ろの動詞はね、本当にすることです。いい。
9	T	ちょっと、聞いて下さいね。 私はね、今、ダイエットをしてます。でもね、クリスマスのケーキはね、とってもかわいくておいしそうでしょ。ね。ケーキが食べたいです、とてもケーキが食べたいです。でも、ダイエットをしてますから、食べてはいけませんね。どうしましょう？　写真を見ます。(ページを繰るジェスチャーし)デパートの写真を見て我慢します。
10	T	はい、したいけれどしなかったこと、何ですか？　S2さん。
11	S2	ケーキを食べたいけど。
12	T	(「＿＿＿たつもりで」指して)そうそう。したいけれどしなかったことは、ケーキを食べること。しませんでしたね。
13	T	(「＿＿＿。」指して)じゃ、本当にしたことは何ですか？
14	S2	我慢した。
15	T	「我慢した」、そうです。(「＿＿＿たつもりで」指して)「ケーキを食べたつもりで」、(「＿＿＿。」指して)「我慢する」。「た形」ですね。
16	T	(「＿＿＿たつもりで」の下に「ケーキを食べた」、「＿＿＿。」の下に「我慢した」、板書)
17	T	はい、(「＿＿＿たつもりで」指して)したいけれどしなかったことと、(「＿＿＿。」指して)本当にすること、いいますね。
18	T	S5さん。えっと、アルバイト代が出ました。アルバイト代をもらいました。寒くなったので、新しいコートがほしいです。でも、生活しなければいけませんから、貯金します。 はい。(「＿＿＿たつもりで」指して)したいけれどしなかったこと、(「＿＿＿。」指して)本当にしたこと、入れていってください。
19	S5	コートを買ったつもりで、貯金した。
20	T	そうね、「コートを買ったつもりで、貯金した」。いいですね。
21	T	S3さん、映画館で映画を見たいです。でも、映画館は遠いです。周りにないもんね。映画館は遠いです。だから、家に帰って、部屋を暗くしてビデオを見ます。(黒板指して)いってください。
22	S3	映画館に行くたつもりで、暗い部屋でビデオを見る。
23	T	はい、(「＿＿＿たつもりで」指して)「行く」の「た」形は何ですか？
24	S3	「行った」。
25	T	はい、そうですね。(黒板指して)もう一回、いってみて。

26	S3	映画館に行ったつもりで、ビデオを見る。
27	T	そうね、「映画館に行ったビデオを見る」。(「＿＿＿たつもりで」指して) 本当はしたいけれどしなかったことと、(「＿＿＿。」指して) 本当にしたことね。いいですね。
28	T	S1さん、お母さんに会いたいですね。
29	S1	会いたいです。
30	T	うん。でも、お母さんは遠くにいますから、まだ、会えませんね。写真を見ながら、電話します。
31	S1	お母さんに会ったつもりで、電話をします。
32	T	そうね。(「＿＿＿たつもりで」指して)「お母さんに会ったつもりで」、(「＿＿＿。」指して)「写真を見て電話をします」。
33	S1	写真を見て電話をします。
34	T	写真があると、そこにお母さんがいるような気がするかな。
35	S1	はい。
36	T	します？ S1さんも。しますか？
37	S1	はい、します。
38	T	そうかそうか。でも、もうすぐ冬休みだからね、すぐ会えますね。
39	T	(黒板指して) はい、「～たつもりで」の使い方です。

29:55

3.1 説明の構成の分析

以上の説明の構成を分析すると、次の六つの部分からなっている。

	No.	実習生の意図	作業内容
(1)	1	指導項目の取り出し	読み上げ。「たつもりで」、板書。
(2)	2～6	接続の解説	S1と問答して、前に「た」形来ること確認。「た」形、板書。
(3)	7	文末の解説	辞書形／普通形どちらでもいいこと、言及。
(4) 1	8	構文の解説	先行部分、「したいけれどしなかったこと」、板書。口頭で確認。
(4) 2	8	構文の解説	後続部分、「本当にすること」、板書。口頭で確認。
(5)	9～17	構文・接続・意味の確認	ケーキを我慢する例を出して、S2と問答して確認。
(6)	18～39	状況を与えての練習	Tが与えた状況に沿って、Sが答え。

(1) は、本文読み上げと板書による項目取り出しである。(2) は接続

の解説であるが、「つもり」の前に動詞の「た」形が来ることをS1との問答で確認している。次いで、(3) は先の「確かに〜だが、〜。」にはなかった文末の文体の解説であるが、このレベルではことさら重要という情報ではない。続く (4) は構文の解説で、「つもり」の前後にどのような意味合いの語句が来るかを明確にしている。その後に続く (5) は、クリスマスケーキを食べるのを我慢する例を出して、まとめと意味の解説としている。

以上で説明を終え、(6) で、コート・映画・母との電話の三つの状況を与えそれに沿って学習者に短文を作らせている。「確かに〜だが、〜。」の後半では説明の確認か練習か判別しにくかったが、(6) ではその都度構文の確認がなされるものの練習としての性格が明確である。

しかしながら、ここでも説明は、接続→構文→意味の順で進行している。

3.2 接続・構文・意味の解説の分析

(2) の接続の解説はS1に問いかけしかもS1が誤ったため、「確かに〜だが、〜。」の簡潔さから見るとややまごついた感がある。

次の構文の解説[6]であるが、次のような過程を経ている。

(4) 構文の解説

8	1	そして、	
	2	こっちの動詞は何かというと、	☞ ［V−た］
	3		［したいけどしなかったこと］
	4		［本当にすること］
	5	はい、	
	6	前の動詞はね、したいけれどしなかったことです。	☞ ［　　たつもりで］
	7	後ろの動詞はね、本当にすることです。	☞ ［＿＿＿＿。］
	8	いい。	

「確かに〜だが、〜。」では、先行部分・後続部分とも板書を済ませた

上で口頭の解説を行っていたが、ここでは先行部分の解説ではさみこむ形で板書がなされている（No.8-2とNo.8-6、No.8-3/4）。解説の中心のNo.8-6/7は口頭と板書の指し示しが連動し的確であるが、先行部分が中断された分、「確かに〜だが、〜。」に比べるとやはり流れとしては明解さを欠く。そして、抽象的で学習者の理解が得られにくい点は同じである。

　以上を受けてなされるまとめと意味の解説は、次の構成である。

No.	談話の流れ	意味理解への導き
9	ダイエットのためケーキを我慢するという状況を設定	
10〜12	したいけどしなかったことの確認	先行部分の引き出し
13/14	本当にしたことの確認	後続部分の引き出し
15/16	学習項目へあてはめての状況叙述	例文示し
17	構文情報の確認	意味解説

　まず、No.9でおいしそうなクリスマスケーキだがダイエットをしているので食べるのを我慢するという状況を設ける。次いで、No.10〜12で、構文の解説に基づいて先行部分を引き出すために、したいけどしなかったことすなわち食べたいけど食べなかったことをS2に言わせ、「〜たつもりで」の先行部分を、板書を指し示して確認した。同様に、No.13/14で、後続部分を言わせた。ここまでは「確かに〜だが、〜。」のまとめと意味解説No.16-1〜16-4と同じ進行である。

　ところが、意味解説の核心を担うはずのNo.15〜17を見ると、「確かに〜だが、〜。」の意味説明に見られたような概念的まとまり、一つの具体的なことがらを抽象化し文章化した核心的意味にはなり得ていない。

(5) まとめと意味の解説

15	1	「我慢した」、そうです。	
	2	「ケーキを食べたつもりで」、	☞ ［したつもりで］
	3	「我慢する」。	☞ ［＿＿＿＿＿。］
	4	「た形」ですね。	

16	1		[ケーキを食べた]
	2		[我慢した]
17	1	はい、したいけれどしなかったことと、	☞ [　　たつもりで]
	2	本当にすること、いいますね。	☞ [　　　　。]

　No.15は、板書指し示しはしているものの、S2に言わせた「ケーキを食べたい／我慢する」を口頭で述べただけである。No.16でなされた板書も、それをそのまま書いたに過ぎない。意味が直接説明されるのはNo.17であるが、これも構文の解説で示した「したいけれどしなかったこと」「本当にすること」を並列的に掲げただけで、この項目を使って文全体の意味をまとめて示そうという意図が見られない。たとえば、「○○したいけどしませんでした。でも、その代わりに、××しました。」[7]などといった形でこの核心的意味を示すことができたのではないか。本文の文脈に沿った意味も取り上げられていないが、これも、No.17の説明の確認が終わった時点かあるいはNo.39のしめくくりの段階で、「コーヒーを、一杯飲みたかったけど、飲みませんでした。でも、そのお金で特別料金を払って、特急電車に乗りました。」などといった形で明らかにすべきであっただろう。こうした点において、意味の説明が十分になされたとはいえない。

　けれども、以上の説明全体を見渡して見てみると、「確かに～だが、～。」ほどの妥当性は認めにくいが、迂遠な説明・わかりにくい説明という印象は希薄である。「確かに～だが、～。」の説明は、接続・構文解説が簡潔・明瞭に済まされ不必要なふくらみを持たずにすみやかに意味解説に移行していること、意味理解が容易で的確な状況を設け例としていること、文全体の意味を明確に示していることの3点において妥当だとしたが、この「～たつもりで、～する。」においては、接続・構文解説がやや円滑さに欠けまた文全体の意味を示してはいないものの、ケーキを我慢する例はきわめて具体的で学習者にとって身近であり、なおかつその中で意味理解を支える構文解説を確認していることが不適切な説明という印象を与えない理由だと考えられる。

4 まとめと今後の課題

4.1 まとめ
次に、本章で明らかにしたことをまとめておく。

①接続→構文→意味という過程を経ても、妥当性を持ち得る指導項目の説明がある。
②妥当性を持ち得るのは、次の要件を満たす場合である。
　a. 先行する接続・構文解説が簡潔・明瞭で、かつすみやかに意味解説に移行していること
　b. 的確な状況を設け意味解説を行うこと
　c. 指導項目の前後に来る語句の意味のみならず、文全体の意味を一つの概念としてまとめて明確に示すこと
③①の過程が取られる理由は、指導項目の意味の抽象度が高くまた個別的であるためと考えられる。

①をあらためていいなおすとすれば、中上級段階の語句・表現における意味の説明は、項目取り出し・意味の解説・例からなり、この順で説明が進行すると学習者の理解が最も容易になる、ところが、項目取り出しと意味の解説が分断され間に接続・構文の説明が挿入されているにもかかわらず、意味理解が阻害されないケースがあるということである。
　②は本章2・3で具体的に明らかにしたものだが、②-a.は、①のようなケースがあるにはあるが、やはり、学習者の理解には項目取り出しと意味の解説の連結をできるだけ損なわないことが重要であることを表す。6章の2.4で、「意味のみが指導しようという語句・表現の実体であり、それに形を付与し現実の運用に供するよう機能を付与するのが接続と構文の情報で、学習者の理解の自然さからいえば意味が先行すべき」と述べたが、このこと自体は一つの真理として認めてよいものと思われる。本章では、構文・接続解説が簡潔・明瞭である点で「～たつもりで、～する。」よりも「確かに～だが、～。」のほうが適切であるとしたが、いかに適切であっても実体としての意味が提示されないうちは学習者は

説明についていけず、その理解は停止してしまうものと考えられる。そういう意味で、どちらもすみやかに意味の解説に移行する必要があった。

　②-b.は例の質そのものの根本問題で、本章で取り上げた事例特有の課題ではなくいずれの語句・表現の指導においても共通するものである。しかしながら、構文・接続先行の説明においては、欠如している意味情報を補う点から見ても重要である。的確な状況の中で意味解説がなされて初めて先行した接続・構文の解説が追確認され、その三者の理解が交差することで当該指導項目全体の理解が一瞬にして図られるものと考えられる。3において、接続・構文解説の簡潔さ・明瞭さで劣った「〜たつもりで、〜する。」に説明全体としての妥当性を認めたのは、例としてあげたクリスマスケーキの秀逸さであった。

　②-c.も、この段階に共通の根本課題といえるものである。指導項目の前に来る部分・後ろに来る部分が個別に理解されるのみならず、具体的な例を得て指導項目が一つの概念的まとまりを形成するに至らねばならない。そうなることによって、学習者は指導項目が用いられる現実の場面・状況を把握する。2の「確かに〜だが、〜。」の事例では、「他の人の考えだし、よくいわれていることです。でも、他の考えもありますよ」が意味解説の最後（No.16）に明示されている。これ自体は抽象的である。けれども、インターネットの便利さと危険性という具体的な事象・ことがらをはっきりと確認した上での意味の文章化である。この明示によって、学習者の理解が、練習を行うに十分な状態すなわち自らの表現として運用するに十分な状態にまでに達する。

　③は本章の事例を踏まえて推察されることであるが、確認しておきたいのは、ここで取り上げた特殊な説明過程が指導全般に見られるこの実習生個人の癖などといったものではなく、あくまで指導項目の特性によって実習生が教え方を変化させた結果であるということである。それは、以下の事例を見れば明らかである。

「～気にかかる」の指導（『中級から学ぶ日本語』p.34　5行目）

32:45

| 1 | T | (「きにかかる」板書)
(1)「気にかかる」はね、「いつも気持ちや頭の中にある」という意味です。よく似たことばで、「心配する」というのがありましたね。「心配する」は、悪いことだけ、悪いことが起きないかな、悪くならないかなと思って、いつも考えたり気持ちの中にあるのを「心配する」といいます。「気にかかる」は悪いことだけではないです。いいことがあるかもしれないし、悪いことかもしれない。どっちでも使えます。

(2) さあ、この前に何が入るかといいますと、(「Nが」「～かどうか」板書) 二つの形があります。「名詞が気にかかる」、「が」ね、「～が、気にかかる」。それから、「～かどうか、気にかかる」、二つの言い方があります。「～かどうか」の前は、普通形。普通形ですけれども、ナ形容詞は「だ」がいらない、名詞の「だ」もいらない。(「N」「Aナ」の「だ」に「×」板書)

さあ、先週、皆さんはテストを受けました。点数はいいですか、悪いですか、どっちかな。いいかもしれないし悪いかもしれない。でも、テストが返ってくるまでは、どっちかなと思いますね。「テストが気にかかる」。「テストの結果が気にかかる」。「点数がいいかどうか気にかかる」。そんなふうに使います。 |

「投書」の指導（『中級から学ぶ日本語』p.34　15行目）

47:35

| 1 | T | (「Nに投書する」板書)
(1)「投書」というのは、困ったこととか、こうしたらいいのになあと思うアイデアを紙に書いて送る手紙のことですけれども、どこに送りましょう？市役所とか、皆さんだったら、もしかして、学校でここはこうしたらいいのになということがあったら、学校に、大学に送るかもしれませんね。うん。とか、テレビに送る人もいますし、新聞に送る人もいます。「投書」です。

そして、本文の中では「投書」は名詞の形で出ていますが、(2) (板書を指して)「何とかに投書する」、こういう形でも使います。(板書の「N」を指して) そしてここは、大学や市役所・テレビ・新聞ということばが入ります。 (3) 手紙を送る相手ですね、が、入ります。 |

どちらも同じ実習生の同じ実習から採取した事例である。6章の1でも取り上げた「気にかかる」では、まず（1）で「「いつも気持ちや頭の中にある」という意味」とし、その後、既習の「心配する」との違いを述べている。そして、（2）で接続の解説として、名詞あるいは「〜かどうか」が入ると述べている。そして最後に、両者を受けた「テストが気にかかる／テストの結果が気にかかる／点数がいいかどうか気にかかる」をあげているが、これらは意味の例であるとともにその接続の例ともなっている。「投書」では、まずその意味として（1）「困ったこととか、こうしたらいいのになあと思うアイデアを紙に書いて送る手紙のこと」とし、その後に、じゃ、（2）その手紙をどこに送るかとして「市役所／学校／大学／テレビ／新聞」をあげ構文の例とし、最後に（3）で構文の解説を行っている。いずれにしろ、意味の解説が冒頭に来ており本章であげたように構文・接続先行とはなっていない。
　一方、同じ次の「〜たつもりでも〜。」[8]では、本章の事例と同じように構文・接続先行となっている。

「〜たつもりでも、〜」の指導（『中級から学ぶ日本語』p.34　19行目）

55:45

| 1 | T | はい、最初のところね。「やさしく言ったつもりでも」。「つもりでも」、さっき出てきましたね。「コーヒー、一杯飲んだつもりで」。よく似ていますけれども、少し、働きが違います。

（「＿＿＿たつもりだったが、＿＿＿。」、板書）
（板書の「＿＿＿た」の部分を指して）　S1さん。ここ、動詞が入ります。何形？ |
| 2 | S1 | 「た形」。|

3	T	(2)「た形」。そうね、ここに「た」があるもんね。（文末部分を指して）「た形」。そして、こっちも「た形」。やった後で、終わった後で考えていう言い方ね。はい。 (3) (「＿＿た」の部分を指して）こっちは何が入るかといいますと、(「自分が思っていたこと」、板書）自分が思っていたことです。（文末部分を指して）こっちは…。(「他の人が思ったこと、本当にしたこと」、板書）前の「た」の方はね、自分が思っていたことです。しようと思ったことです。（文末部分を指して）後ろの「た」の方は、他の人が思ったこと、本当にしたこと。うん。 (1) たとえば、ええと、私はよく道がわからなくなりますけれども、大阪駅、とっても大きいですよね。（板書の前後の部分を指して）待ち合わせの場所、正しい出口を出たつもりでした。でも、間違っていました。（板書の前後の部分を指して）自分が思っていたこと、その出口は正しいと思っていました。本当にしたこと、間違った出口を出ました。（板書の前後の部分を指して）「正しい出口を出たつもりだったが、間違えた」。うん。こんなふうに使います。

　まず、(2)に接続の解説が来ている。そして(3)は構文の解説である。(3)の意味の解説と例は最後に来ており、本章で取り上げた「確かに〜だが、〜。／〜たつもりで、〜する。」と同じ、接続→構文→意味の過程を踏んでいる。すなわち、説明過程は実習生の個性や癖に左右されているのではなく、指導項目の特性を考えて実習生が意識的に変えている。

　この変化の背景にあるのは、おのおのの指導項目の抽象度・個別性の程度の差であろうと考えられる。おのおのの項目で、実習生が意味の解説あるいはそれに準ずるものとしてあげたのは、順に以下の通りである。

「確かに〜だが、〜。」	「他の人の考えだし、よくいわれていることです。私も便利だと思います。でも、他の考えもありますよ、という使い方です。」
「〜たつもりで、〜する。」	「したいけれどしなかったことと、（文末部分、指して）本当にすること、いいますね。」
「気にかかる」	「「気にかかる」はね、「いつも気持ちや頭の中にある」という意味です。」

「投書」	「「投書」というのは、困ったこととか、こうしたらいいのになあと思うアイデアを紙に書いて送る手紙のことです。」
「〜たつもりでも、〜。」	「待ち合わせの場所、正しい出口を出たつもりでした。でも、間違っていました。 自分が思っていたこと、その出口は正しいと思っていました。本当にしたこと、間違った出口を出ました。」

　以上のうち、「手紙」を修飾する形で最も具体的な意味を持っているのは「投書」である。明確な「〜というのは、〜のことです」という定義の表現を用いている。「気にかかる」は「いつも気持ちや頭の中にある」がやや具体性に欠けるものの、同じ定義の表現を用いており、何を表すか、その一義的理解は容易である。これら2項目では、説明の冒頭に意味解説が来ている。

　それに対して、それ以外の3項目では意味解説が後退している。「確かに〜だが、〜。」は語句・表現としてはきわめて平易であるが、「他の人の考えだし、よくいわれていること」とはたとえば何か、「他の考え」とは具体的には何か、がわからない。「〜たつもりで、〜する。／〜たつもりでも、〜。」はさらにその度合いが著しく、前者では、「したいけれどしなかったこと」と「本当にすること」の両者が相反することがらで対比されていることは想像されるが、具体的な手がかりがなく理解がそれ以上進まない。後者は「自分が思っていたこと」と「本当にしたこと」が「〜たつもりで、〜する。」の前後と同様の関係にあることはわかるが、今一つ、一つのまとまりとしての意味がとらえられない。「〜たつもりで、〜する。」よりも理解できそうに思えるのは、「待ち合わせの場所／正しい出口／間違った出口」という具体的な言及があるからである。けれども、この言及で示した例は、日々の生活の中のあまたのできごと・現象の中からこの項目に合うように抽出してきた一例である。駅で出口を間違えるということを、日ごろ、当たり前のように目にし耳にし経験するかと問われれば、いささか以上の疑問を感じざるを得ない。だれにでも起こり得はするが、日常茶飯のことというより時に遭遇するかもしれない一場面とするほうが自然である。すなわち、意味後退を起こしている3項目は、いずれも具体性に欠けかつ個別性が高いといえる。

実習生は、おのおのの指導項目の核心的意味のこういった抽象度・個別性を認識し、それがある程度を超え、生の形で明らかにしてもあいまいでとらえにくくかえって学習者の混乱を招くおそれがあると判断した場合に、とりあえず構文・接続の説明を簡単に済ませてしまい、その後、状況を設定しその中で意味の説明しようと意図するのではないか。実習生の関心は抽象度・個別性をいかに克服して学習者に意味の解説を行うかにあり、構文・接続の説明にはあまり注意が注がれない。けれども、両者の情報を先に与えることによって意味の解説のみに集中することを可能にするとともに、学習者に余計な疑問をいだかせずかつその意味理解を側面から補助することができる。こう思う心理が、実習生に働くのではないか[9]。
　本章で取り上げた二つの事例では意味解説とその例が一体化に近い状態となっていた[10]が、それは意味の具体性の欠如を補おうとした結果であると考えられる。それでも個別性の問題は残るが、それを埋めるのが例の質である。その点において、インターネットとクリスマスケーキがすぐれており抽象度・個別性を克服して説明の妥当性を持ち得たといえる。

4.2　今後の課題

　最後に、本章で明らかにしたことが教師養成に示唆することがらをまとめておく。
　最初に、指導の基本姿勢である。何をもって指導項目の抽象度・個別性を高い低いの判定基準とするか、どの語句・表現が高いか低いかを指導教師が示すのは現実的ではない。主観に流れざるを得ず、取り上げる項目には限りがない。とすれば、指導経験のないあるいはまだきわめて短い実習生に対する指導ことに実習指導の初期においては、指導項目の取り出し→意味の解説→例、そして構文→接続へと移行する過程を説明の基本に据えるのが適当であると考えざるを得ない。それが、とりあえず、普遍的な妥当性を持つ。
　しかしながら、実習授業においてそうでない特殊な過程を持った語句・表現の指導に接したときに、即座にそれを教え方がわかっていないがゆえの誤った説明・不適切な説明と断定し「定石」としてあるべき姿を求めるべきではない。先に述べたような、実習生なりの判断と意図が

働いている可能性がある。その可能性を認めた上で、前記4-1.の②の三つの観点から妥当性が認められるか、認められないとすればなぜでどう改善すべきだったか、さらに③の観点から指導項目の持つ意味の抽象度・個別性はどうか、特殊な過程を取った理由はそこにあるのかあるいは他の理由があってそうなったのかを検討すべきである。

　次に、その定石とは何か、その確認である。ここでは6章の1をもって妥当性を持つとしているが、現状では暫定的といわねばならず、それを確固としたものにするにはさらなる事例分析の蓄積が必要である。そのことを承知の上で説明の進行過程の図式化を試みたのが図2である。

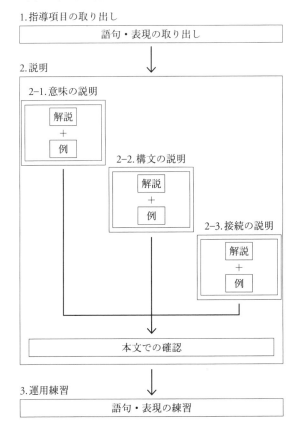

図2　中上級段階における語句・表現の指導進行モデル

中上級段階の説明は、指導項目の取り出し、説明、運用練習の三つの部分からなる。説明部分はさらに、意味・構文・接続の三つに分けられる。本章の事例では構文の説明よりも接続の説明が先になされていたが、意味の説明に寄り添っている点で構文の説明が先行したほうが学習者の理解に寄与するものと考えられる。

　意味・構文・接続の説明は、いずれも中心となる解説とその例からなる。意味の解説では、一つの概念的まとまりを持った形で意味を示す。例ではその意味に沿った状況を提示し、その様子を指導項目を用いて表現する。構文の解説ではその指導項目の前後にどのような意味合いの表現が来るかを明示するが、意味の例で用いた表現を例としてそれらを確認する。接続の説明では、動詞／イ・ナ形容詞／名詞がその語句・表現に続く形を現在・過去、肯定・否定に分けて一つ一つ示し解説と例とする。以上の説明が終わったら、再び本文に戻って、これら三つの解説を文脈上で確認する。そして最後に、運用練習に移行する[11]。

　当然のことながら、この段階のすべての項目が常にこうした過程をたどって指導されるもの・されるべきものではなく、その語句・表現の特性や学習者の理解の程度などによって部分的に割愛されたり逆に強調されたりするのが指導の実際である。ここに示したのは、今後の検証を待つ、一つの可視化モデルに過ぎない[12]。

　しかしながら、こうしたモデルを得ることによって、特殊な過程を持つ説明の指摘が可能になる。そして、変形部分の特定とその理由の検討、さらに説明全体の妥当性の評価の基準が示されることとなる。加えて、授業準備などの参考資料として実習生に提示する可能性も考えられよう。そもそも指導のありようは現場現場によって異なるものであり、一般的にこうだと示せるものではないとする立場もあろう。また、こと養成プログラムにおいては、モデルを示すことによって授業のあり方を模索しようとする実習生の意欲と機会を奪ってしまうとする立場もあろう。

　筆者は必ずしもそうした立場と見解を異にするものではないが、大学や日本語教育機関などにおける成人対象のクラス授業を想定した場合、その場を構成する要素は、基本的には、教師と学習者、指導項目、教材・教具に限定される。それらを変数とする指導のバリエーションは現場の

数だけあって限りがないとするのは極論であって、多様な様相を見せはするが、おおむねある方向に集約されるではないか。とすれば、ある程度幅を持たせたとしても、それを何らかのモデルのような形にするのは可能であろうと思われる。それを得てどう実習指導を行うかはその次の問題であって、そのモデル自体が自由な発想を奪ってしまうとするのは早急である。特に実習指導の初期において自らの学びを保証する手段を講じた上で示す分には、むしろ、望ましいのではないか。

　最後に、中上級段階で検討した本章の枠組みの、初級段階への応用である。抽象度・個別性の判断は指導項目そのものについてのみならず、学習者の日本語能力をも勘案してなされるはずで、そうであれば初級段階においても同じことがいえるものと考えられる。すなわち、初級段階においても定型的説明過程があり、そして、それとは異なる過程を持っていながら妥当性を持っている過程が別にあり得る、という可能性である。

　初級段階は、動詞の活用や助詞の使い方など文法的な課題の比重がより大きいなど中上級段階とは性格が異なるため、構文・接続先行、意味後退といった形ではない過程の変形が予想される。その変形を確認するには、今述べたように、先に定型的過程を把握しておかなければならないが、その過程は、初級の学習段階によってさらに細分化されているのではないか。ことに日本語のみで教える場合には、蓄積の少ない初期、動詞の活用の導入によって一気に表現が豊かになる中期、状況や人間関係の違いによる微妙なニュアンスを持った語句・表現が取り上げられより中級段階的傾向を帯びる後期など、それぞれの段階によって学習者の理解しやすい説明過程が大きく異なる可能性が考えられる。したがって、それが変形した過程、さらにそうした変形を起こす理由も学習段階によって異なるものと思われる。

　こうした可能性に思いを至らせると、実習指導に当たる教師は、説明の過程を分析する鋭い観察眼を持つと同時に、実習生の知見を認める眼と彼らの実習授業を柔軟に評価する目をも合わせ持たねばならないことに気がつく。ここで示した枠組みを初級段階へ応用したとしても、最初に指摘した指導の基本姿勢がまったく同様に求められるといえよう。

注 [1] 本章においては、「解説」と「説明」を分けて用いる。「解説」とは、2-3.のNo.16-5／6あるいは2-2.のNo.4-4のように、意味・構文・接続の、それぞれにおける最も中心的な情報を明示することを指す。「説明」とは、図2の2-1.意味の項で示したように、意味・構文・接続の、解説や例など周辺情報をも含めた情報全体を提供することを指す。一般に、説明は、項目取り出しと運用練習の間でなされる。

[2] ここでいう「接続の説明／構文の説明」とは具体的には以下のことを指す。たとえば、助力や恩恵があって好ましい結果になったことを表す「おかげで」という表現には、動詞・イ形容詞の普通形、ナ形容詞の語幹及び名詞＋「の」という形がかかる（目黒他 2008: 43）。このことを述べることを「接続の説明」という。一方、「構文の説明」とは、「おかげで」の前後に来る表現がどのような意味合いを持っているかについて述べることをいう。皮肉などを除いたごく一般的な用い方では、「おかげで」の後には「好ましい結果」が来る。そしてその前には、好ましい結果を生じさせた「原因・理由＝助力となったもの・恩恵を与えてくれたもの」が来る。この、両者について述べることを「構文の説明」という。

[3] 本章で取り上げた実習は本文の読解の途中で終了し、全体の所要時間は1時間15分10秒であった。

[4] このS4が質問したことをもって、説明全体の妥当性そのものに疑義をはさむのは適切ではない。なぜなら、本文は2の冒頭に書いた通りすべて常体（「だ・である」体）で書かれており、実習生はそれを踏まえて「普通形が入る」としたものと考えられる。この段階の通常の日本語学習者であれば、常体の文の一部に敬体（「です・ます」体）が接続するという発想は持ち得ない。持つとすれば敬体の文においてであり、その場合には「が」の前は常体か敬体か、という発想を持ちうる。したがって、S4の質問は、日本人の模擬学習者であるからこそ思いついた質問であると考えるべきで、実習生の行った説明自体は妥当であるといえる。

[5] 右肩の時刻で確認できるように、実際には、「～たつもりで、～する」のほうが「確かに～だが、～。」より先に指導されている。
　吉川（2003: 182）によれば、「つもり」に過去形がついた場合には、「火を消したつもりで外出した。」のような思い込み・錯誤と、「本を買ったつもりで貯金した。」のような実際は違うことを承知でそのように仮定する仮想の二つの意味を持つとされる。本文の「コーヒー、一杯、飲んだつもりで」は明らかに後者であるが、この実習生は「つもり」の前には「したいけどしなかったこと」、後には「本当にすること」が来るとした。

[6] 確かに仮想では「つもり」の前に希望・願望が来やすいかもしれない

が「コーヒーを飲む」はこの場合、そう筆者が望んだのかどうかは明確にいえない。また、仮想には「死んだつもりで、朝から晩まで働く。」のように極端な例をあげる用例もあり、実習生の説明及び練習はやや強引である。けれども、この表現の初出ということに鑑みれば、「したいけど～」とするほうが、むしろ、学習者の理解・定着が確実と考えることもできよう。

[7]　「代わり」は、一般に初級段階の指導項目。たとえば、『みんなの日本語』では42課の提出。

[8]　前掲吉川によれば、この「つもり」は思い込み・錯誤にあたる。

[9]　本章の事例における参与観察では無意識の内にこうした活動が行われたのではないかという感触を得たが、実習生の意図の有無を明確に確認してはいない。けれども、中には明らかな意図をもって意味説明を後退させているケースもあり得よう。

[10]　我々も、新しいことばの学びでよく似た過程を踏むことがある。新しいことばとその概念を学ぶとき、「～というのは、～のことだ。たとえば、～。」といった形で教わることがあるが、この際、しばしば、最初の定義の理解が十分でなくとも、「たとえば」以降の例を得ることで指し示す内容が明白になり、なおかつ理解不十分だった定義も瞬時に得心の行くものとなることを経験する。教えるほうも定義をしてみせただけでは理解が十分に図られないであろうことをよく承知していて、できるだけ典型的でしかも身近な例を与えようと腐心する。この、定義の理解が不十分なままに例に移行する学び・教えというのは、ここでいう意味解説と例が一体化した一つの例と考えられる。

[11]　この段階の実習を観察すると、教師が状況を設定しそれを当該指導項目を使って述べさせるものと、学習者自らの発想によって自由に表現させるものとが主であった。

[12]　図2上で再度6章であげた問題点を確認しておくと、意味の解説と例の順序が逆転する、意味の解説が周辺情報によって不必要に膨張する、意味の説明より先に構文の説明・接続の説明がなされる、これら三つの現象が生じたときに学習者の理解が阻害されるということである。

第8章 上級段階において肥大化する語句・表現の説明

1 事例と事例を採取した実習授業の概要

　第6章では、中上級段階の実習授業を分析すると、語句・表現の説明においては、①指導項目の取り出し→②意味の解説→③例という構成がきわめて頻繁に観察され、この順で説明がなされると学習者の理解は容易だが、何らかの理由で①項目の取り出しと②意味の解説とが隔たると理解が困難になっていくと予想されることを指摘した。

　ところが、次の上級段階における読解実習事例では、途切れることなく①から②あるいは①から②・③へのプロセスを踏んではいるものの、その後、②意味の解説で次々と関連する項目に話題が飛び、その結果、説明が肥大化し指導項目として取り上げた本来の語句・表現の理解が阻害されている様子が観察される。そこで本章では、その実態を分析するとともに、肥大化した理由を推測する。

　分析の前に、分析対象とした実習授業の概要を述べておく。実習生は社会経験のある成人で、日本語指導の経験はほとんど持っていないが、この指導を行うまでに日本語の構造的知識、日本語教育の歴史と社会的背景、教授法（実習に求められる具体的な技術・知識なども含む）などの基本的知識は学習済みである。さらに、初・中級段階において複数回の教壇実習を行った上で、この実習に臨んでいる。実習は、成人の中国系外国人4名を対象にしたクラス形態授業で、省略したりスキップしたりせず、最初の導入から最後の発展的な話し合いなどの活動まで実習生一人で通して受け持った。実習に要した時間は、約74分であった。

　教材は、実習生自らが新聞などから800〜1000字程度の記事を選んで

くるのを旨としたが、この実習で使われたのは2005年の「朝日新聞」の記事[1]で、職業訓練も受けず働こうともしないニート（NEET: Not in Education, Employment or Training）を取り上げ、その数・生まれる背景・今後の社会的影響などについてまとめたものである。

2 肥大化する語句・表現の説明

2.1 「大まかに」の説明の肥大化

次は、「大まかに」の説明である。教材冒頭、「フリーター」と「ニート」の違いを述べる文章中で、「大まかにいうと「フリーター」は…」の形で使われている。

No.		T/S	9:03
1	1	T	「大まかに」。「大まかに」というのはどういう意味でしょうね。わかる人、いますか。「大まかに」。
	2		「大まかに」というのは、だいたい、あの、あまり細かいことをね、あの、詳しいことはね、説明しないというような意味なんですね。
	3		あのう、たとえば、ええっと、「大げさ」というような言い方も、そうなんですね。「大げさに」。
	4		ああ、「大げさ」じゃない「大雑把」。「大雑把」ってわかる？「大雑把」って、中国の方は。ちょっと、漢字、書いてみようかな。全然、ちょっと、通じないかもわかりませんけど。「大雑把」の「おお」はこうですね…。（「大雑把」、板書）これで、「オオザッパ」って読むんですよ。何となくわかります？　全然、違います？
	5		「雑」って、あまり、ていねいじゃないこといいますね。「雑な使い方をする」とか「雑然としている」とか。
	6		（板書の「把」を指して）これは、ええっと、一応、単位なんですけど、「一、イチパ」って、こう、一握りっていうような単位なんですけどね。
	7		もう、がばっとつかんで、あの、大まかにやってしまうというような。

1	8	T	あの、だから、ざっというと、あまり詳しく、詳しい数字じゃないけれども、ええ、大まかにいうとっていう、あの、大雑把にいうと、というような意味ですね。「大体」というような意味です。
	9	T	で、たとえば、この「大まか」とか「大雑把」っていうような意味を、えっと、カタカナ語でいうと、どういうことばでいうかわかりますか?
	10		日本って、カタカナ語が多いですよね。英語をそのまま、えっと、日本語と同じようにして、よく使いますね。カタカナ語、得意ですか。S1さん?
2		S1	苦手です。
3		T	苦手ですね。発音も違いますからね。
4		T	これね、あのう、多分、「アバウト」。「アバウトな人」、聞いたこと、ないですか。
5		S	ああ。
6		T	あまりね、あのう、いいことばじゃない。ほめる時には使わないですね。たとえば、あの、「こんなアバウトな数字じゃわからないよ」とか、あの、「すごくアバウトな人」、いい加減な人のことをいったりしますね。「アバウト」。うん。まあ、そういう意味で…。
7		T	まず、1段落目の、この「仕事に就くための訓練を受けていない」、この「仕事に就く」というのは、どういうような意味ですか。…

11:35

　付加的な情報が多く、かえって「大まかに」自体の説明が埋もれてしまっている印象を受けるが、実習生の発話意図を分析すると、以下の通りである。

No.

(1)	「大まかに」取り出し			1-1
(2)	「大まかに」意味提示　1			1-2
(3)	「大雑把」への言い換えによる意味説明	「大げさ」提示		1-3
		「大雑把」、漢字書き、読み与え		1-4
		「雑」意味説明		1-5
		「把」意味説明		1-6
		「大雑把」意味説明		1-7
		「大まかに」意味説明　2		1-8

(4)「アバウト」への言及	カタカナ同義語への振り	1-9
	カタカナ語一般論	1-10
	「アバウト」提示	4
	「アバウト」の用法説明	6

　No.1-1が「大まかに」の取り出しである (1)。その意味は即座にNo.1-2で与えられ、「あまり細かいことを…、詳しいことは説明しないというような意味」としているが、きわめて明解で妥当な説明といえる (2)。

　ところがその後、実習生は、「大まかに」を「大雑把」に言い換えてその説明を補強しようとしている (3)。すなわち、まず「大雑把」を板書しその読みを与え (No.1-4)、漢字ごとの説明として「オオ」は「大」と書くこと (No.1-4)、「雑」が「ていねいじゃないこと」(No.1-5)、「把」が「一握りの単位」の意味を持っていること (No.1-6) を述べ、最後に「大雑把」全体では「がばっとつかんで、大まかにやってしまう」という意味である (No.1-7) としている。このNo.1-7は「大雑把」の核心的な意味であるとともに「大まか」の説明補強を担う中心的概念で、その提示を受けNo.1-8で、「ざっというと…、詳しい数字じゃないけれども…、大雑把にいうと、というような意味…。「大体」というような意味」とし、「大まかに」の2回目の意味説明となっている。

　しかしながら、No.1-4〜1-7の説明は妥当であったとしても、構成漢字1字1字ごとにその意味を確認しなければならない説明は、本来の指導項目である「大まかに」の理解を促しはしない。さらに、No.1-7が持つ核心的な意味は、No.1-5／1-6で手で穀類などを握ってもその数は一定せず正確でないことに言及していないため、明確には浮かび上がっていない。すなわち、学習者の立場からすれば、むしろ新たな項目として「大雑把」が提示され、その質・量ともにまさる説明からかえって「大まかに」から遠ざかってしまったとせねばならない。それでもこの実習生が「大雑把」を持ち出したのは、No.1-4の「「大雑把」ってわかる？「大雑把」って、中国の方は。ちょっと、漢字、書いてみようかな。（中略）何となくわかります？　全然、違います?」の発話を見ての通り、4人の学習者がいずれも中国系だったため漢字を利用してその理解を図ろうと

したことにあると思われる[2]が、それが「説明の説明」を形作っていることに気づくべきではなかったか。

　さらに、その後には「アバウト」に言及し（4）、それが「大まかに」と同じような意味を持っていること（No.4）、さらに否定的な意味で使われること（No.6）を述べ、その説明に沿って「アバウトな数字じゃわからない／アバウトな人＝いい加減な人」の例を出している。「アバウトな人」をこのレベルで出すのは適切かどうか疑問が残るが、これも説明内容自体はおおむね妥当である。けれども、確かに「アバウト」は「大まか」に通ずる意味合いを持ってはいようが、その話しことば的性格は明らかに異質で、「大雑把」に加えてここで言及しなければならない必要性は認めにくい。

　こうして見ると、一連の説明は、「大雑把」に言い換えて理解を図ろうとしたこと及び「アバウト」に言及したことで、一旦、「大まかに」に当てられた焦点があいまいになったといわざるを得ない。学習者にとってより望ましい理解と定着のあり方を考えると、説明内容を拡散の方向ではなく構成された集約の方向に向けるべきであったといえよう。すなわち、本来の焦点である意味提示No.1-2の次に、「大まかに」の後には「話す／書く／見る／説明する／理解する／計算する…」などの考えや何か情報に関係するような動詞が来ること、名詞が来る場合には「〜な」の形で「（大まかな）話／メモ／説明／理解／計算…」などその考えた内容や情報などが来ることを提示すべきであったろうと思われる。さらにそれらの説明を受けて、学習者の母国の面積や人口その他の情報を「大まか」を使って説明させるなど、定着をより確実にする問答練習などを行うべきであったろうと思われる。

2.2 「造語」の説明の肥大化

　次は、「造語」の説明である。No.1-1にあるように、「「ニート」は、英語の "Not in Education, Employment or Training" の頭文字をつなげた「造語」である」という文脈で使われている。その意味を説明し例もあげてはいるが、途中で話が飛び、やはり本来の説明がとらえにくくなっている。

1	1	T	ちょっと、すみません。2番目に、2段落目に戻りますけど。さっき説明が落ちましたけど、「造語」っていうのはわかりますか。2の一番下ですね。「「NEET」をつなげた造語です」。(「造語」、板書)
	2		ちょっと、あの、字の通りですね。これ、造られた語って書いて「造語」。こんなの、聞いたことあります?「造語」って、ほとんどの場合ね、もともとあることばを、こう、組み合わせて、あの、作られたことば、後から作られたことばをいいますね。
	3		ええ、たとえば、そこにモスバーガーってありますね。「モス」。あれは、えっと、「Most Delicious Hamburger」って、最もおいしいハンバーガー、最もおいしいハンバーガーの「Most」の「モス」と「バーガー」がいっしょになって「モスバーガー」になって、割とあの、会社の名前とかお店の名前なんかに、たくさん使われますけれども。
	4		あと、最近のことばでは、「クールビズ」って、聞いたことないですか?
2		S1	あります。
3		T	ありますか。「クールビズ」って何ですか。(「クールビズ」、板書)「クールビズ」。なんか、小泉さんが出てきて、新聞なんかにも割と大きく出たんですけど。(カタカナの下に、それぞれ「cool」「biz」、板書) これは、「ビズ」でこうなんですけど。
4		S2	「Cool」。
5	1	T	「ビズ」は、これは、もう、「ビジネス」をちょっと短くしたような、仕事の意味ですね。「クール」は、もともと、「涼しい」、「涼しい」ですね。
	2		だから、これは、もう、省エネ。「省エネ」って、あの、あまり電気、クーラー、がんがんかけなくても、28度くらいの設定で。あの、日本人のサラリーマン、みんな、ビシッとこう背広着て、あの、ネクタイ締めて、暑いですよね。その人たちが涼しくなろうと思ったら、28度じゃかなり暑いんですね。だから、もうネクタイ外して、もうちょっと涼しい格好をして、さっぱりビジネスしようみたいな、「クールビズ」。あの、省エネ対策から来た、これもまあ、造語の一つだと思うんですけど。
	3		これ、「クール」って、「涼しい」っていうのの他に、「格好いい」っていう意味もあるんですよね。はい。「クールビズ」。これ、最近、よく、聞きますね。 あと、他には…。あの、なんか思いつくものありますか?
	4		あと、「クール」の反対ってわかる?「クール」って「格好いい」。「格好いい」の反対、「クールな人」の反対。
6		S2	「格好わるい」?

288

7		T	そりゃ、ちょっとね…。まあ、そうですね。あの、「ダサい人」って聞いたことあります？「ダサい」。
8		S2	ああ、聞いたこと、あります。
9	1	T	これも、造語じゃなくて、どっちかというと若者ことばになりますね。「ダサい人」。
	2		ええ、先週の授業、出てらした方ってS1さんだけですけど、「親父の背中を見て」っていうのありましたけど、覚えてらっしゃいますか。
10		S2	はい。
11	1	T	あの、「オヤジ」っていうのも、結構、若者たちの間では、割と、あまり悪いことばとして使われることがあります。それは、聞いたこと、ありますか？「オヤジ」。「オヤジ」って、自分たちの父親より、もうちょっと上の年代。だから、ちょっと年寄りくさいとか、あの、格好悪いとかいうような意味で「オヤジ」って使っています。それは、若い人のことばでまた造語とは少し違いますね。
	2		で、あとは、ちょっとあのう、造語的なことっていうと、「リストラ」とかは、よく聞きますか。「リストラ」。「リストラ」は、どんな、どういう意味でしょう？
12		S1	「シュ」って。
13		T	「シュ」って？ S4さん、わかりますか。
14		S4	わかりません。
15		T	新聞、読んでますか、普段。
16		S4	読んでません。
17	1	T	「リストラ」はね、あの、本当は、これも、あの、「Restructuring」っていう英語がもとなんですけども、もともとはね、その、あの、会社がうまくいくように企業を合併したり吸収したり。あと、あまりうまくいってない部署を廃止したりとか、いろんな意味があったんですけども。日本では、ほとんど、人員削減のクビにするっていう意味で使われてますね。 そういう意味では、ちょっと、あの、造語的な使い方だと思います。
	2		ほとんど、やっぱりあの、英語から来てる場合が多いですね。

23:28

以上の実習生の発話意図を分析すると、以下の通りである。

				No.
(1)	造語	取り出し		1-1
		意味提示		1-2
		例1 「モスバーガー」		1-3
		例2 「クールビズ」	「クールビズ」への振り	1-4
			「クールビズ」板書	3
			「クールビズ」成り立ち説明	5-1
			「クールビズ」意味説明	5-2
(2)	「クール」の「格好いい」意味への言及		「クール」の「格好いい」の意味提示	5-3
			「クール」の反意語問い	5-4
(3)	「ダサい」への言及		「ダサい」提示	7
			「ダサい」が若者ことばであること説明	9-1
(4)	「オヤジ」への言及		「親父」提示	9-2
			「親父」意味説明	11-1
(5)	「リストラ」への言及		「リストラ」提示	11-2
			「リストラ」意味説明	17-1

　No.1-1の取り出しを受け、No.1-2で明確に「もともとあることばを組み合わせて、後から作られたことば」と定義づけをしている。続けて、ファースト・フードの店の名をあげ、それが英語のスペルから来ていると例をあげている。造語の例としてはやや突飛ととれないこともないが、実習生としては、その店がこの機関の近くにあり学習者になじみがあるだろうからぜひとも言及したいと思ったものと思われる。さらにNo.1-4で「クールビズ」を取り上げ、その説明に移行している。説明は、カタカナ表記と語源となった「cool／biz」の板書（No.3）とそれぞれの意味（No.5-1）、具体的な「クールビズ」の意味の説明（No.5-2）からなっている。No.5-2がやや冗長で4行目の「ネクタイ外して涼しい格好して」を中心にもっとわかりやすい説明が可能でなかったかと思われるが、ここまでは、指導項目の取り出し→意味の解説→例と進んでおり、「造語」の説明の構成としてほぼ妥当といってもよかろう。
　ところが、その後、「ダサい」「オヤジ」に説明が飛ぶ。「ダサい」は、「クール」が「涼しい」の他に「格好いい」の意味があると言及した（No.5-3）のを受け、その反対語は何かと問うて出したものである（No.7）。

しかしながら、No.9-1で実習生自らがいっているように、これは本来の指導項目である「造語」には当てはまらず若者を中心としたはやりことばであり、ここで「クール」の「格好いい」の意味を出しさらにその反対語まで持ち出す必要性はまったく認められない。

次いで、その若者ことばからの連想が発展し、「オヤジ」が出される（No.9／11-1）。そこでは、このことばは「自分たちの父親よりもちょっと上の世代」を指し[3]、「年寄りくさい、（ゆえに）格好悪い」という意味であるとしている。そして、再び、造語ではなく若者ことばだと自ら述べている（No.11-1）。

すなわち、No.5-4からNo.11-1まで、クールビズの「クール」には「格好いい」の意味もあり（2）→「格好いい」の反対語は「ダサい」（3）→「ダサい」は若者ことば（3）→他の若者ことばといえば「オヤジ」（4）という展開をなしているが、いかような見方をしようともこうした展開が「造語」の意味理解に寄与しているとは考えられない。むしろ、説明が不必要に肥大・膨張化し理解を阻害しているといわざるを得ない。その程度は、前述の「アバウト」の逸脱よりはるかに大きい。

3 推察される説明の肥大化の理由

この展開に入る直前のNo.5-3では、「「クール」って、「涼しい」っていうのの他に、a.「格好いい」っていう意味もあるんですよね。はい。「クールビズ」。これ、最近、よく、聞きますね。b.あと他には…。あの、なんか思いつくものありますか？」といっているが、「クール」の「格好いい」の意味に言及しているものの、その後の発話ことに造語の他の例がないか探ろうとしたb.を見ると、a.の言及はごく軽い連想で、この時点では明らかに「クールビズ」及び「造語」に軸足を置いている。ところが、その直後に若者ことばに舵を切っている（No.5-4）。

しかしながら、上記No.5-4からNo.11-1を見れば、この方向転換そのものさらにそれが進むべき方向とは異なっていることを自覚してはいるものの、実習生の中では理不尽な飛躍とは意識されていない。それゆえ、この展開の後に「リストラ」に戻って（No.11-2）も、進路の誤りを本来のあるべきものに正したというような大仰な気配が感じられない。

「で、あとは、ちょっとあのう、造語的なことっていうと、「リストラ」とかは、よく聞きますか。「リストラ」。」(No.11-2)という発話を見れば、それは明らかである。「クールビズ」を出した(No.1-4)ときと同じような平淡さである。

すなわち、「モスバーガー」に始まり「ダサい／オヤジ」を経て「リストラ」に至る一連の流れは、実習生の中では、日本語の指導として一定の合理性・整合性を保っているものと考えられる。

こうした合理性・整合性の裏にあるのは、ためになる情報を少しでも多く学習者に伝えてあげたいという意欲と熱意であろうと思われる。「クール」の「格好いい」の意味、その反意語の「ダサい」、そのダサい意味を持った「オヤジ」、こうしたNo.5-4からNo.11-1への展開で実習生が提供した情報の一つ一つはその場のひらめき・直感でありあらかじめ用意したものとは思いにくいが、その意欲と熱意に裏付けられている限りにおいては説明は実習生の中に何ら破綻を来さない。それが、No.5-3からNo.5-4への飛躍感の小ささでありNo.11-2の平淡さとして表れたものと考えらえる。先の「大雑把」の分析的な説明、「アバウト」の提示と意味・用法の説明も、実は、そうした意欲と熱意に裏付けされていたのではないかと考えられる。

次は、学部学生の中級段階の実習における「おしゃべり」の説明[4]で、「気の合う仲間が集まって、おしゃべりをしながら一緒に飲んだり食べたりするのは楽しいものだ」という文脈の中で用いられている。

13:20

1	T	1	じゃ、次に、「おしゃべりをしながら」の「おしゃべり」。「おしゃべり」っていうのは、話すこと、話すこといっしょですね。たとえば、私とジョンさんは、楽しくおしゃべりをしています。「楽しく話をしています」と、「楽しくおしゃべりをしています」、同じです。
		2	この…、「おしゃべりな人」のように、後ろにナ形容詞が付く場合があります。(「おしゃべり」、板書)「おしゃべりな人」のように、ナ形容詞になる場合があります。(板書「おしゃべりな」に、「+人」、書きたす)「おしゃべりな人」、「おしゃべりな友だち」、「おしゃべりなおばさん」…。ここに人が、人を表すことばが後ろに付きます。(「人」の下に「友達」「おばさん」、板書)
		3	このとき、「おしゃべりな」っていうのは、たくさん話をするとか、よく話をするという意味になります。たくさん話をする人、よく話すおばさん、よくしゃべるおばさん、というのは、ちょっと、うるさいイメージですよね。ちょっとうるさい、ちょっと悪いイメージになります。「おしゃべりな友だち」というと、ちょっと悪いイメージがあります。「よくしゃべる友だち」「よくしゃべるおばさん」というふうになります。次に、…

15:35

　No.1–1で「おしゃべり」は「話す」と同じとしているが、取り出し→意味解説→例というこのレベルでの典型的な説明の型を持っている。続くNo.1–2ではそれがナ形容詞にもなること、そしてNo.1–3ではナ形容詞になるとぺらぺら口数が多いことを表すとしている。文脈からすれば、No.1–1で提供すべき意味はむしろNo.1–3の意味であると考えられるが、No.1–1で指摘しなかったその意味がナ形容詞になった場合のことに言及したために口をついて出たという印象を受ける。伝えるべきことを十分伝えないままのNo.1–2への展開、そこから発展して出てきたNo.1–3の悪いイメージ、この2点においては前述の「大まか」「造語」に通ずるものがある。けれども、ここに、学習者に少しでもためになる情報をという意欲と熱意があるかどうか、それを評価することは難しい。すなわち、単にNo.1–1での意味説明が不適切なまま関連した意味に移行したと考えるのが自然で、意欲と熱意に裏付けられて説明が飛んだと積極的に解釈することはできず、その点において先の肥大化とは異なる。

「大まか」「造語」は、ともに教材内容理解のキーワード・キー概念にはなり得ない。したがって、「大雑把」「アバウト」・「クール」「ダサい」「オヤジ」へという情報の横の広がりは内容理解には何ら寄与しない。前者であればその使い方、後者であれば学習者になじみのあるもの・ぜひ知っておいてもらいたいものをいくつか取り上げるだけで十分であり、なされたおのおのの展開は妥当性を欠く。いわば、意欲と熱意が空回りし違う方向に向けられているといえる。しかしながら、そうして提供される知識や情報のうちのいくつかが学習者の興味・関心をとらえ彼らの日本と日本語の知識の中に組み込まれ、いろいろなことを教えてくれる先生といった肯定的な評価を学習者が持つ可能性があるのも一方の事実である。学習者が実習生の話に素直に納得してうなずく・自ら進んで問いかけに応ずる・冗談などによく反応するなど好意的な態度を見せるのを散見する限り、この実習生もそうした評価を受けそうな一人あるいは実際に受けたであろう一人という印象を、筆者自身は持つ。すなわち、指導項目の説明という点では妥当性を欠いているが、教科書以外の情報のリソースとして学習者に受け入れられている可能性があると考えられる。

　説明が肥大化するもう一つの理由として、実習生が、説明中に発生するかもしれない学習者の沈黙に対して無意識のうちにおそれをいだいているのではないかということが推察される。

　一般に、実習生は、自らの発話に対して常に学習者の何らかの反応を期待する。説明の場合、理解したことを明示する発話、理解を踏まえた質問がなされるのが望ましいが、たとえ理解できないことの表明であっても返ってくればそれをさらなる説明求めのサインとして受け取り、例を出すなり説明の形を変えるなりして相互の意思疎通が継続しているという自覚を持つことができる。実習生の説明において「わかりましたか。」という発話が現職教師に比べてきわめて頻繁に観察されるが、それは、おのれの説明の妥当性を確認したい気持ちの表れであると同時に、その問いに答えさせることによって学習者の関心をつなぎとめておきたいという気持ちの表れなのではないかと考えられる。

　仮にそうだとすれば、こちらが説明を与えたにもかかわらず学習者が明確な反応を示さず、結果、その場に沈黙が生まれれば、おのれの説明

の妥当性が確認できないだけにとどまらず、学習者の関心がこちらから離れてしまい互いの意思疎通が断絶してしまったことをも意味すると実習生は感じるものと思われる。したがって、それを避ける手段として、絶えることなく発話をし続ければ、学習者の反応は得られなくとも沈黙を生む芽を確実に自分の意志のコントロールのもとに摘んでしまえると、無意識のうちに実習生は思うのではないか。この実習生はもともと社交的な部類に入る性格の持ち主といえたが、本実習中はことさら饒舌になったという印象を受けた。その饒舌さの裏にはこうした心の働きがあり、それが、結果的に、情報を次々と重ねる説明の肥大化として表れたのではないかと推測される。

4 肥大化の解消に向けて

以上の二つの心的作用に関して、実習直後の本人の確認は取れていない[5]。明確に否定しはしなかったものの、少なくとも肯定する答えは得られなかった。しかしながら、唯一最大の関心事が指導技術のまっとうな実践にのみ傾いており、その観点から一元的に自身の実習を振り返りがちなこの時期の実習生にとって、意欲と熱意及び沈黙の回避願望からくる説明の肥大化などという発想からなされた質問はまったく思いもよらないものだったと思われる。

したがって、これらの心的作用の存在は推察の域にとどまらざるを得ないが、同様の事例に遭遇した際に実習指導者がさしあたってなすべきは、肥大化自覚の促しと本来あるべき指導の追及だと思われる。すなわち、取り上げた項目で提供すべき情報は何だったか、それらの情報はどう提供すべきだったか、さらに、事実としてどういう情報がどう提供されたか、提供すべき情報が提供すべき形で提供されたかを、記録に基づいて実習生とともに検討する機会を持つことである。こうしたプロセスで明らかにしようとすることがらは特別のものではなく、いずれの指導者も実習観察後にその追求を試みようとするであろう。けれども、指導者に、以下の意識化を求める点でそうした事後指導とは性格を異にする。

ア．意味説明の肥大化の背景には、実習生のある特殊な心的作用があるかもしれないこと。

イ．もしあるとすれば、それは実習時特有のものであり、それに対する対応は、実習生自らが、実習中のその場その場で取り組まなければならない性質のものであること。

ウ．今後の実習においては、それがいかなる心的作用であろうとも個々の項目についてその妥当な指導の形を検討しておくことがその取り組みに最も有効であり、かつ結果として肥大化を回避できること。

　以上のように、より実習生の置かれた立場・そこで生ずる可能性のある心の動きを理解しようとし、その上で、そうした立場や心の動きに直接触れることなしに技術の面からサポートしようというのがここでいう事後指導である。
　また、意識化のみならず、実習生が主体的に関わる点でも性格が異なる。すなわち、実習生が指導者とともに実習記録を分析し検討する活動を通して得る気づきとふり返りを、肥大化解決の手がかりとしようというものである。
　Teacher Training から Teacher Development へのパラダイム転換は概念としてすでに十分日本語教育に定着した感があるが、実習の事後指導においてそれをどう具体的に実現するかという論議や報告はほとんどなされていない。現実には、指導者が実習中に認めた技術的欠点を指摘し解説を加えた上で、ではどうすればよかったかを披露する指導が一般的なのではないかと思われる。2.1で、説明内容を構成された集約の方向に向けるべきであり、「大まかに」の後には情報に関係する動詞が来ること・名詞が来る場合には「〜な」の形で考えた内容や情報などが来ることを伝え、さらに「大まか」を使った問答練習などを行うべきであったと述べたが、こうした情報を指導者が「講評」として与え、実習生がそれを理解すれば終了、という形である。こうした欠点指摘型の指導は、きわめて Teacher Training 的な構図を形成しがちである。経験に長けた指導者の知見を、経験をほとんど持たない実習生がおしいただく、与えられる知見は技術に焦点を合わせたもの、それを述べることのできる指導者

は常に上位にあり、実習生はそれを集めておのれの知識を増やしていくしか術がなく、自ら考え模索する素地がない、という構図の形成である。

　筆者は、養成プログラムのある局面ではこうした欠点指摘型の指導が必要な場合もあり必ずしも全面否定すべきではないという基本的立場に立つが、イ．で述べたように、肥大化は実習生自身の心の問題である。したがって、その解決の糸口となり得るのは、他者の指摘の咀嚼よりも、自らが気づき納得し了解して手にしたことがらである。そのためには、実習生が指導者とともに主体的に検討する活動が事後指導のプロセス全体を通して不可欠である。それがここで示した肥大化解消に向けた指導の2番目の特徴であり、今日行われているであろう事後指導と性格を異にする点である。

注　[1]　朝日新聞 2005年5月5日「増えてるニート」。なお、この記事は、本来は児童・生徒のために書かれたものである。事例採取は、2005年5月。
　　[2]　筆者が複数の中国人留学生に確認したところ、一般的には「大雑把」は使われずまた理解不能で、人の性格には「粗心」などを、仕事に対する姿勢には「粗枝大叶」、大まかにという場合には「粗略」などを使うようである。したがって、「大雑把」を用いた説明は実際にはそれほど有益ではなかったものと思われる。
　　[3]　実習生としては、前回の実習で出された「親父の背中を見て」を受け学習者が学んだ表現として出したもの(No.9)と考えられが、そこでの「親父」は単に父親の意味で、実習生のいう「ダサい」男性年配者のことをいってはいない。
　　[4]　教材は、『中級から学ぶ日本語』第5課。事例採取は、2008年11月。
　　[5]　実習直後に、二つの心的作用についてフォローアップ・インタビューを試みた。説明の肥大化についてはことさら否定的にならないよう、かつ心的作用については直接明示しないよう心掛けたが、意欲と熱意に関しては次々と語彙を出した意図・理由を具体的に述べることなく、しきりに指導のまずさとして反省のことばを発するばかりであった。一方、沈黙に対するおそれに関しては、そうしたことは自覚していなかったと思うが、よくわからないという答えであった。

第9章 次第に粗雑化していく上級段階の語句・表現の説明

1 事例と事例を採取した実習授業の概要

　一般に、実習生は大変な緊張状態の中で実習に臨むが、授業が進行するにつれて少しずつ精神的な余裕が生まれ学習者や自己の指導を客観的に把握するようになる。それは1回の実習の中でも連続する複数の実習においてもいえ、不十分ながらも学習者の理解の様子を見て自らの指導技術の適否を評価・判断し、必要に応じてその軌道修正を施す。したがって、開始当初より中盤から後半にかけて客観的により適切で望ましい指導をしていくようになるのが普通である。もちろん学習者や学習項目・実習生の性格や興味の持ちようによってさまざまなケースが実際には起こるが、大局として見れば、こうした変化は指導教師がそして実習生自身が普通にいだく感想であり、のみならず彼らが得る一つの経験知といってよかろう。

　ところが、次にあげる上級段階における精読の実習事例では、そうした過程とは逆に、開始から中盤あたりまでは語句の意味や用法を丹念に取り上げ学習者と問答をしながら適切な情報を提供しているのにもかかわらず、開始後40分を過ぎたあたりから指導項目として取り上げたことがらは学習者にとって既知であるという根拠のない前提に立ちがちとなり、意味の説明も粗雑で遺漏が多く全体として単調な講義調の指導になっていく様子が観察される。妥当性を欠く指導はいろいろな形で実習授業に出現するが、初級段階では授業進行の段階に関係なく指導項目の説明のし方や練習のさせ方などの特性に関連して起こるのに対し、こうした実習後半に行くにしたがって説明が粗雑化していく現象は中上級こ

とに新聞記事など生の教材を使った上級段階において散見され、きわめて特徴的である。ここでは、その典型的な例としてこの事例を取り上げ前半部分と後半部分とを比較することによってその実態を具体的に明らかにするとともに、それを踏まえた今後の課題を検討しようというものである。

　分析の前に、分析対象とした実習授業の概要を述べておく。実習生は企業退職者で、日本語指導の経験をほとんど持っていないが、この指導を行うまでに日本語の構造的知識・日本語教育の歴史と社会的背景・教授法（実習に求められる具体的な技術・知識なども含む）などの基本的知識は学習済みで、さらに初中級段階において複数回の教壇実習を行っている。授業は、成人の外国人4名を対象にしたクラス形態授業であった。省略したりスキップしたりせず、最初の導入から最後の発展的な話し合いなどの活動まで実習生一人で通して受け持ち、実習に要した時間は75分8秒であった。

　教材は、実習生自らが新聞などから800～1000字程度の記事を選んでくることを旨としたが、実習で使われたのは「日本経済新聞」に2005年の4月から7月まで連載された現代のさまざまな労働者のあり方と働くことの意味を問いかけた特集記事のある回[1]で、集団就職で東京に出てきてパン屋を開業し今日まで至った親とその家業を継ごうと決めた息子を通して、誇りを持って自分の仕事に向きあう個人事業主の姿を描いたものである。以下の5部構成をなす。

　　①集団就職の説明
　　②集団就職で新潟から出て来てパン屋に勤めた少年の紹介
　　③独立した少年とその後の発展
　　④高校時代遊びほうけていた息子の、家業を継ぐ意志の表明
　　⑤集団就職時代とは価値観が変わってしまった今日の働く意味の問いかけ

2 指導前半部分の妥当性の分析

　次のNo.1～45は、実習開始後7分38秒から始まった上記①の指導で

ある。

No.	T/S			7:38
1	T	1	「東京　世田谷区の桜新町」。東京に世田谷っていうところがあるね、まあ、だいたい日本の中流の、人たちが一番住んでるところですけどね。	
		2	「50年前の1955年、地方の中卒者」、「中卒者」って何です？	
2	S1		中学校卒業者。	
3	T	1	そうですね、中学校を卒業した人ね。	
		2	「を、受け入れる集団就職」。S2さん、「集団就職」ってわかります？	
		3	「集団」、わかります？　集団って、わかります。	
4	S2		「集団」は、みんなが集まって…。	
5	T	1	そうそう。そうですね、ま、グループ。	
		2	「就職」は？	
6	S2		「就職」は、簡単にいえば仕事に就く。	
7	T	1	そうですね、「仕事に就く」。集団で仕事に就く制度ですね。	
		2	「集団就職制度を初めて町ぐるみで導入した」。「ぐるみ」ってわかりますか？「町ぐるみ」、S4さん。	
8	S4		…。	
9	T		(S1に向かって)わかりますか。	
10	S1		「ぬいぐるみ」の「ぐるみ」	
11	T		あ、じゃないですね。(笑い)S3さん、わかります？	
12	S3		なんか、集まって…。	
13	T	1	「町ぐるみ」というのは、町全体ですね、「町ぐるみで」。はい、町全体がそういうことをしたというね。	
		2	今度、あの、高校野球っていうのがありますね、8月に。で、みんな、応援しますね。「学校ぐるみで応援する」とかね。その市とか村とか、村ぐるみで応援する場合ですね。「ぐるみ」、全体で応援する、ね。そういうときに、「ぐるみ」というのを使いますね。	
		3	でね、「集団就職」、「今から50年前、集団就職」。ちょっと、見えますか。 (集団就職の若者が出発する地方の駅、彼らを出迎える東京の駅・商店の写真、貼って説明)	

第9章　次第に粗雑化していく上級段階の語句・表現の説明

13	T	4	まあ、これが「集団就職制度」っていうものです。これが20年間、1950年から20年間。だいたい、わかっていただけましたね、どういうものかというムードがね。
14	S1		何となく、文化大革命の写真みたい。
15	T	1	だからね、日本もこういうね、これ、頭もおかっぱ頭っていいましてね。こういう時代があったんですよ。わかりました？　はい。これが、それを町ぐるみで導入したんですね。
		2	「最初は人身売買かと疑われてね」。「人身売買」。「人身売買」ってわかりますか？ S4さん、わかりますか。「人身売買」。
16	S4		なんとなく、わかります。
17	T	1	なんとなく、わかります？　ま、あのう、まあ、いわゆるね。お金を払って人を、こう、売り買いすることをいいますね。「かと疑われた」ということは、間違えられたということですからね。
		2	「人身」ていうことばは、ま、あんまり使わないんですけれども。普段よく使っていることの中ではね、「人身事故」っていうことばをよく使いますね。「人身事故」。 S3さん、「人身事故」って、聞いたことありますか？
18	S2		聞いたことありますけど。「人身事故」…。
19	T	1	「人身事故」。事故です。（「人身事故」、板書） 交通事故とか電車事故とか、事故、起こしますね。ぶつかったりとか。そのときに、人がぶつかって、事故、起こす。これ、「人身事故」。バイクが、バイク、オートバイが人とぶつかっても「人身事故」。人身事故をすると、警察は非常に厳しいですよ。こういうとき、「人身事故」。「人身事故」というのは、結構、ニュースとか新聞なんかでは使います。 「人身」っていうのは、これぐらいですね。ま、あんまり、あの、聞かないと思います。はい。
		2	で、「当時の商店会長で発案者」。S4さん、「発案者」ってわかりますか？
20	S4		「発案者」？
21	T		ええ、「発案者」。「商店会長」、わかりますね。商店の会長さん。
22	S4		うん。
23	T		「発案」ていうのは？
24	S4		「発案」…。その、初めて、その…。

25	T	1	そうです。「案」ってアイディアですね。考えを、「発」ですから、発しますから、考えを初めて発した人ですね。この人が発案した、考えた。
		2	「菅沼元治　86歳は振り返る」。 S2さん、「振り返る」ってどういうこと？「振り返る」ってわかります？
26	S2		わかります。あの、一度、…。前のことを、思い出す。
27	T	1	そうですね。実際は、こう、(後ろを向いてみせる) 人がこう、こうやってこう向くのが「振り返る」ですが、それを、逆に、過去のことを見るのに「振り返る」を使いますね。
		2	「新潟県高田市、現上越市の、職業安定所」。S3さん、「職業安定所」、わかりますか？
28	S3		職業を、仕事があるということ？
29	T		違います。知ってます？　S2さん。
30	S2		職業を紹介する場所。
31	T	1	そうそう。今、「ハローワーク」っていうね、横文字なんですね。そうそう、「ハローワーク」。いわゆる、仕事を紹介してくれる所ですね。もしくは、会社の人でしたら、仕事の人をね、どこどこ、自分は何人ほしいんですけどっていって、言いに行く所ですね。
		2	その、「職業安定所に頼み込んだ末、16人を受け入れたのが始まりだ」。この中でわかりにくいとこ、ありますか。 いいですか、だいたいわかりましたか？
		3	それならね、この中でね、「末」というのが出てきますね。「末」。「頼み込んだ末」。「末」というのはどういう意味かわかります？　S1さん、どうですか。
32	S1		わかりません。
33	T		「何々の末」。
34	S1		結果？
35	T	1	そうですね。そうです。(「〜末」、板書)　意味としては、いろいろした後で、とうとう最後に、まあ、結果みたいなもんですね。いろいろしたんです。ですから、その結果というような意味になるんですね。
		2	ちょっとね、例をあげましょうかね。(「いろいろ考えた末、車を買いました。」、板書)　はい、わかります？ (板書をなぞりながら) これはね、いろいろ考えた末、車を買いました。まあ、ね、お金ないんだけれども、まあいろいろ便利だし、どうしようかなとこういろいろ考えた、結果、車を買いました。こういうとき使うんですね。「考えた末」。

第9章　次第に粗雑化していく上級段階の語句・表現の説明

35	T	3	それからね、これは、ここが、ああ、ちょっとごめんさい。「タ」が抜けましたね。ここはあの、「タ形」が、動詞の場合、「タ形」がきますね。タ形がきてます。
		4	今度は名詞が来る場合ね。こういいます。(「粘り強い交渉の末、やっと安くしてもらいました。」、板書) これはちょっと、知っておかなければ、ね。…はい、車を買ったときにね。(「交渉」指して) これ、わかります。「交渉」ってね、あのう、いろいろ、やり取りすることですね。「粘り強い交渉の末、やっと安くしてもらいました。」わかりますね。これね、こういうときに使う。ここ名詞の場合、こう、「の」が付くね、「交渉の末」。こういうときに、「末」というの、使う。
		5	これはね、「何々やった末、うまくいきました」、ね、買った、買えたのね。「末」、うまかったんですね。うまくいかないときもある。この「末」というとき、何て使う?
36	S2		「あげく」。
37	T	1	そうですね、「あげく」。知ってますね。「あげく」。(「あげく」、板書) ここは、その代わりに、「買えませんでした」。(「買えませんでした。」、板書) ちょっとね、車、あれでしたね。「あげく」を使うんです。これは、いろいろやったけどうまくいかなかった。
		2	(名詞の例の板書を指しながら) こっちは、どうなりますかね。「粘り強い交渉のあげく、安くしてもらえませんでした」。いろいろやったんやけどだめだった、ということですね、だめだった。こういうとき、「末」とか「あげく」を使うんですね。はい、よろしいですか。
		3	それでは、次、いってみましょうかね。はい、S2さん、読んでくださいますか。
38	S2		はい。(第2段落読み)
39	T	1	そうですね。ええ、「翌年の経済白書は」。
		2	これは、政府が出す経済の実態を表した文書ですね。
		3	そこに、「もはや戦後ではない」といわれた。
		4	「もはや」ってね、「今となっては既に」という意味なんですね。これをね、どういうことを指すか、ちょっとこれを見て下さい。 (国民所得のグラフ配布して、戦前から高度成長期までを簡単に説明)
		5	はい、こういう意味で、「もはや戦後ではない」と、こういったわけですね。いいですか。
		6	「と、宣言」。

39	T	7	「宣言」というのは、「宣言する」といって、政府やそんなところが、こうだということですね。
		8	「日本経済は復興期から高度成長期」、グラフにも出ていますね。
		9	「に入り、商店や工場は深刻な」。S4さん、「深刻」って知ってますか？
40	S4		ううん。「深刻」。ちょっと、今、説明できない。
41	T	1	うん、大変だというね、ひどく大変なことね。
		2	「人手不足」、「人手不足」は。S4さん、わかりますか、「人手不足」。
42	S4		人がない？
43	T	1	そうです、人の手が足りない。不足しているね。
		2	「に陥った」。S1さん、「陥った」って何ですか。
44	S1		ううんと。悪い結果になること。
45	T	1	そうですね。「陥った」っていうのは、穴に落ち込んだいうことですね。（矢印、穴に入る図を描いて）こうね、落ちて入った。ね、「陥った」って、漢字の「落ちる」と入るでもいいですね。「陥った」ね。
		2	「集団就職は全国に拡大」。
		3	「拡大」はいいね。広がって大きくなっていくこと。
		4	で、先ほどいいましたけど、「金の卵の若い労働力は列車に揺られ、不安と希望を胸に都会に向かった」（先の集団就職の写真を掲げて）こういう感じでね。こうやってね、不安、不安。不安ですね。心配そうな顔してますね。こういう感じです。はい。
		5	それじゃ次、S4さん、読んでもらえますか。

　ここで実習生が取り上げた語句・表現とおのおのの指導の進行は、以下の通りである（次ページ表）。

　①で取り上げた語句・表現は計15でこれらになされた説明は主に意味の解説であるが、その方法は、おおむね、三つのタイプに分けられる。
　一つは語句単位で意味のみを与えるもので、まず学習者にその語句の意味を問いかけ学習者の応答を得、その応答を受けて説明を行うという基本パターンを持っている。表に見るように8.と10.を除くものがそれで、最も数が多い。2番目は、そうした基本パターンを持ちながら意味のみならず例文や接続の形などまで取り上げるタイプで、8.「〜末」が

	語句・表現		取り出し（No.）		学習の応答（No.）	
1.	「中卒者」		意味問い（1-2）	→	S1（2）	→
2.	「集団就職」	「集団」	意味問い（3-3）	→	S2（4）	→
		「就職」	意味問い（5-2）	→	S2（6）	→
3.	「～ぐるみ」		意味問い（7-2）	→	S1（10）・S3（12）	→
4.	「人身売買」	「人身売買」	意味問い（15-2）	→	S2（16）	→
		「人身」	用例問い（17-2）	→	S3（18）	→
5.	「発案者」	「発案」	意味問い（23）	→	S4（24）	→
		「案／発」				
6.	「振り返る」		意味問い（25-2）	→	S2（26）	→
7.	「職業安定所」		意味問い（27-2）	→	S2（28）・S2（30）	→
8.	「～末」	「～末」	意味問い（31-3）	→	S1（32）・S1（34）	→
		「～あげく」	類義語問い（35-5）	→	S2（36）	→
9.	「経済白書」		本文読み上げ（39-1）		→	
10.	「もはや」		本文読み上げ（39-3）		→	
11.	「宣言」		本文読み上げ（39-6）		→	
12.	「深刻」		意味問い（39-9）	→	S4（40）	→
13.	「人手不足」		意味問い（41-2）	→	S3（42）	→
14.	「陥った」		意味問い（43-2）	→	S1（44）	→
15.	「拡大」		本文読み上げ（45-2）		→	

　それに当たる。最後に、語句の意味説明に始まってそれが発展し実習生自らが用意してきた資料に触れて内容を深く解説するタイプで、2.「集団就職」の写真を見せての発展的説明・10.「もはや」がそれに当たる。

　最初のタイプを詳しく見ると、実習生が用いた説明の手法はさらに次の五つに分けることができる。a.和語化（和語を補って漢字語彙をやさしくしたもの）、b.言い換え（別のことばで言い直したもの）、c.解説（やさしいことばで説明したもの）、d.視覚化（動作や図で示したもの）、e.その他、の五つである。

　これに沿って説明された語句・表現を分類したのが次である。

実習生が行った説明（No.）	
意味説明（和語化）（3–1）	
カタカナ（5–1）	⎫ 意味説明（和語化）（7–1） → 写真見せて解説（13–3）
繰り返し（7–1）	⎬
意味説明（言い換え）（13–1）	→ （例 13–2）
意味説明（和語化）（17–1）	
用例説明（19–1）	
意味説明（和語化）（25–1）	
意味説明（27–1）	
意味説明（31–1）	
意味説明（35–1）	→ 例文提示（35–2） → 動詞（35–3）・名詞（35–4）
動詞（37–1）・名詞（37–2）	
意味説明（39–2）	
意味・文脈的意味（39–4）	
意味説明（和語化）（39–7）	
意味説明（言い換え）（41–1）	
意味説明（言い換え）（43–1）	
意味説明（図示）（45–1）	
意味説明（和語化）（45–3）	

実 際 に 行 っ た 説 明

a. 和語化	1.	「中卒者」	中学を卒業した人
	2.	「集団就職」	集団で仕事に就く制度
	4.	「人身売買」	お金を払って人を売り買いする
	5.	「発案」	考えを初めて発する
	11.	「宣言」	政府やそんなところが、こうだということ
	15.	「拡大」	広がって大きくなっていくこと
b. 言い換え	2.	「集団」	グループ
	3.	「～ぐるみ」	町全体がそういうことをした
	12.	「深刻」	ひどく大変なこと
	13.	「人手不足」	人の手が足りない
c. 解説	7.	「職業安定所」	人を紹介する所／会社の人が何人ほしいって言いに行く所
	9.	「経済白書」	政府が出す経済の実態を表した文書

第9章　次第に粗雑化していく上級段階の語句・表現の説明

d. 視覚化	6.	「振り返る」	動作
	14.	「陥った」	図示
e. その他	2.	「就職」	繰り返し「そうですね、「仕事に就く」」。
	4.	「人身」	用例あげ

　以上を見ると、11.「宣言」の表明するという意味合いが弱いこと、13.「人手」の説明がなされていないこと、9.「経済白書」の「実体を表した文書」をもう少しやさしくいったほうがわかりやすかったであろうことなどを指摘すべきかもしれないが、全体としてはこれらの手法を適宜使ってほぼ妥当な説明を与えていることがわかる。

　たとえば5.「発案」の説明では、S4の「「発案」…。その、初めて、その…。」(No.24) を受けて「そうです。「案」ってアイディアですね。考えを、「発」ですから、発しますから、考えを初めて発した人ですね。この人が発案した、考えた。」(No.25-1) と返しているが、S4の発話の「初めて」を取り上げそれを生かす形で「考えを「発」だから、考えを初めて発した人」としたのは学習者の発話を積極的に受け入れた和語化説明で、きわめて妥当なものといってよかろう。

　また、2番目の例文や接続の形などまで取り上げるタイプでは、8.「～末」の意味として「いろいろした後で、とうとう最後に」(No.35-1) をまず与え、次いでその例文 (No.35-2)、さらに「末」に動詞と名詞が接続するときの形 (No.35-3／35-4) をおさえている。さらに、悪い結果をいうときには「あげく」を使うこととその例文 (No.37-1)、「あげく」の名詞接続の形の確認 (No.37-2) をしている。このレベルで「末」がよい結果・「あげく」が悪い結果と単純に二分化して教えるのがよいか・長い議論や検討を経た結果としては「車を買う／買わない」よりもっと適切な例があるのではないか・「粘り強い交渉」がやや難解であるといった問題点を指摘せねばならないが、これもまた、例をあげながら意味・接続・類義語に言及しているという点で、おおむね妥当な構成を持った説明といってよいものと思われる。

　さらに、最後の資料を用いて内容を解説するタイプの2.「集団就職」・10.「もはや」であるが、それぞれ実際になされた説明は以下の通りである。

2.「集団就職」の説明（No.13-3のカッコ内）：
「これ、写真ですけどね。これ、みな、そうですね。こういう、その、中学生がかばん持って、ね、こうやってみんなずっと歩いて駅まで行きますね。これ、駅です。汽車に乗るときテープ持って、わあ、さよならっていって、もう、集団就職。ま、田舎から都会へ来ますから、もうお別れなんですね、家の人と。で、これ、やっぱり、テープ持って、さよならって振ってるわけです。そのときはね、まだ、汽車の窓は開いたんです。しかもね、これ、蒸気機関車。蒸気機関車ってわかります？ 煙、スチーム。蒸気機関車の時代ですよ。これって、皆さん、50年前ですよ。

で、これがちょうど、東京だったら東京の町に着いたら、こちら側が、その、商店の社長さん。迎えに来てるんです。こちら側が、みんな、たくさん、来てる。「よろしく」って。で、こう、会社へ行きますと、社長さんが、よく来ましたねってあいさつする。で、ここにはちょっと、こう、食べ物とジュースでね。歓迎会してくださったんですね。

で、こういう人たちを、その、「金の卵」、いわれていた。非常に大切なね、貴重な人材。だから、社長さんがどうぞよろしくって、礼していらっしゃる。威張ってないでしょ。これから、一生懸命働いてくださいって、こういうことをいってらっしゃる。」

10.「もはや」の説明（No.39-4のカッコ内）：
「これをね、これの上のね、グラフを見てください。（グラフなぞりながら）このグラフの上のほうにね、ここにグラフ、ありますね。ずっと見てくださいね。こっちからここまではね、戦前、太平洋戦争の前なんですね。前の経済のデータ。これ、国民一人当たりの所得、ね。国民一人当たり、ま、稼ぐ値段ね。これだけだったんです、ずうっと。で、ここで切れてますね。これは、ちょっと、統計局の書き方が、ここデータ、二つ書いてありますけど、違うんで切れてますけど。こっちから後ろが戦争の後なんですね。

ここ見ていただくと、わかりますね。1955年というのは1950と1960の真ん中ですね。真ん中をまっすぐ、ちょっとこっち見ていただくと、ここ、空けといたんですけど、ここにこう線が入っていますね。これと横とを見ていただくとね、同じ数字になりましたね。ということは、戦争が終わって大変だったけど、

ここで、ほぼ大体もとに戻ったと。だから、もう戦後ではないんだと。これからは拡大だと、頑張れと、まあ、こういうんですね。実際、これ、頑張ったんですね。高度成長期。グラフのデータの数、ものすごいですから。これ、ちょっと、小さくなってますけど、実際、ここもね、グラフの取り方では大きくなりますね。」

　2.「集団就職」の説明では3枚の写真を用意し、故郷を出る中卒の少年少女・東京の駅で出迎える商店側の人間・商店で歓迎している従業員の様子を説明し、最後に「金の卵」を出している。No.14にS1の「何となく、文化大革命の写真みたい。」との発言があるが、現在、学習者が日常目にし耳にする日本とはまったく別の光景がこれらの写真とその解説によって明らかにされている。この授業における「集団就職」の説明としては十分といってよかろう。

　また、10.「もはや」の説明であるが、これは集団就職と違ってことばそのものの説明としてなされたものである。したがって、まず「「もはや」ってね、「今となっては既に」という意味なんですね。」（No.39-4）と大まかにいっておき、さらに「これをね、どういうことを指すか、ちょっとこれを見てください。」と言って国民所得のグラフを参照している。そこで敗戦直後に落ち込んだ国民所得が1955年に戦前のレベルに戻ったことを明らかにした上で、「こういう意味で、「もはや戦後ではない」と、こういったわけですね。」（No.39-5）としめくくっている。すなわち、No.39-4が語句の意味、No.39-5がその文脈上の意味となっている。これも、グラフを用いた十分な説明であろう。

3 ｜ 指導後半部分の講義調化した指導の分析

3.1　学習者への問いかけの欠如

　こうして見ると、No.1〜45の①集団就職の説明ではおのおの実習生なりの工夫が見られ、その結果、小さな課題はいくつか指摘すべきかもしれないがおおむね妥当な意味の説明がなされているといえる。ところがそれが、④「息子の意志表明」、⑤「今日の働く意味の問いかけ」の部分から講義調に変化する。

開始後42分から約10分間の指導を取り出してみると、この間に取り上げられた語句・表現は以下の八つで、その説明は、前半の指導で指摘した最初のタイプ、語句単位で意味のみを与える性格のものである。

		語句・表現	問いかけ	実習生が行った説明	
④	16.	「後を継ぐ」	○	言い換え	「後」を「仕事」に言い換え
	17.	「混ぜ返す」	×	解説	「冗談をいって話を混乱させる」
	18.	「ほうける」	×	言い換え	「夢中になる」
	19.	「意識」	×	言い換え	「意欲」「考え」
	20.	「芽生える」	×	解説	「考えが出てくる」
	21.	「修業する」	○	解説	「店員として働く」 お寺の修行
	22.	「店を構える」	×	視覚化	中腰で手を構え足を踏ん張るジェスチャー
⑤	23.	「価値観」	○	解説	「価値」＝値、「観」＝考え方

　このタイプの説明では、まず学習者にその語句の意味を問いかけ、その応答を受けて説明を行うという基本パターンを持っているとした。ところが、ここでは、八つのうち問いかけたもの「○」3、問いかけていないもの「×」5である。すなわち、この基本パターンを踏襲しておらず、実習生が説明の主導権を握っている。5.「発案」の説明にあったような、学習者の発話を積極的に受け入れそれをもとに意味の説明を組み立てていこうという姿勢は希薄で、結果的に一方的な説明になっている。事実、後述するように、16.「後を継ぐ」では、S1の「仕事を、続ける」という発話を取り上げていない。21.「修業する」では、S2が言いよどんでしまい応答が得られていない。23.「価値観」では、この中で唯一学習者の発話を取り上げているが、説明が十分な問答を形作っていない。

3.2　個々の語句・表現の説明の分析
　次におのおのの説明の手法を分析しておく。

16.「後を継ぐ」の説明

42:48

1	T	S1さん、「後を継ぐ」というのはわかります？
2	S1	うん、はい。仕事を、…。
3	T	そうそう。
4	S1	仕事を、続ける。
5	T	そうそうそう。お父さんの仕事を継ぐのを、「後を継ぐ」というのね。はい。

　まず16.「後を継ぐ」で明確にすべきは「継ぐ」の意味と「後」とは何の後かを確認した上での「後を継ぐ」の意味だと思われるが、S1の「仕事を、続ける」(No.4)は厳密にいえば「後」の部分が不明確でそのために実習生はNo.5で「お父さんの仕事を」と補ったものと考えられる。けれども、S1が考えた「続ける」は取り上げず「お父さんの仕事を継ぐ」として、結局、「継ぐ」は説明されていない。本来ならば、「お父さんの仕事を続ける」とすべきであったろう。

17.「混ぜ返す」の説明

43:25

1	T	1	「混ぜ返そうとして涙が」。「混ぜ返す」というのは、どういういうことかわります？
		2	これはね、あのう、冗談をいってね、話を混乱させることをいうんです。混ぜ返す、混ぜてひっくり返すんですね。「混ぜる」、その通り、混ぜ返す。その話を混ぜて返すっていうことは、ま、そのなんですね、混乱させてしまうんですね。
		3	息子さんはね、息子はですね、そのう、パン屋になるって言ってるのにね、お父さんはですね、そのう、会社員がサラリーマンのほうがいいんじゃないですかって言ってるわけ、せっかく息子が言ってるのにね、こう、ひっくり返してますね。これを、「混ぜ返す」。わかりますか。ね。そう言いますね。
		4	けれども、そう言っといて、涙で声が詰まったんですよ。「涙」、わかるね。「声が詰まる」というのは、声が出なくね、そのとき、涙がね。言っておきながら涙で声が、矛盾してますけどね。はい。

17.「混ぜ返す」は、高校時代ろくに勉強もしなかった息子に同じパン屋をやりたいと告げられ、うれし涙に詰まりながらも父は「休みのある会社員のほうがいいんじゃないのか。」とやり返す、という文脈で使われている。この記事の中の最も感動的な一節である。そこで実習生は、「混ぜ返す」の意味を「冗談をいって話を混乱させること」(No.1-2) と解説している。

けれども、この解説は辞書的な説明としては誤りではなかろうが、学習者には文脈上かなり難しいものではないか。No.1-3 の「サラリーマンのほうがいいんじゃないですか」とした父の発言は冗談とは取りにくい。息子に対する将来設計のアドバイスと取るほうが学習者の理解としては自然である。しかも、そういった父親がその後で涙を流している (No.1-4)。ここでの「混ぜ返す」は、息子の真摯な意思表明にまともに取り合わなかったことをいうものと取るのが自然である。

さらに、実習生の「混ぜてひっくり返す」「混ぜてひっくり返す＝混乱させる」(No.1-2) という説明は説明になっていない。文脈上、何を混ぜるのか、「ひっくり」が何で、何をどうするのが「ひっくり返す」なのかを理解する手がかりを学習者は得られていない。それゆえ、うれしさ・意外さ・経験者ゆえの厳しさの述懐・戸惑い・逡巡・期待…、それらがないまぜになった父親の気持ちとそれを表すこの「混ぜ返す」の意味を、学習者は十分に理解できていないものと考えざるを得ない。

18.「ほうける」の説明

44:20

| 1 | T | 1 | 「高校時代には家にも帰らず遊びほうけた」。「ほうける」というのは、わかります？ |
| | | 2 | これはね、「夢中になる」とかね。「遊びほうける」、ま、こんなふうにしか使いませんね。「遊びに夢中になった」と、ね。 |

19.「意識」の説明

44:32

| 1 | T | 「意識」。「意識」いうのは、意欲とかね、考えとかね。 |

次に、18.「ほうける」・19.「意識」の説明はぞんざいで突き放した感がある。「混ぜ返す」の文脈上の意味を把握しておれば、働くことの意味・意義などとはまったく無縁の生活を送っていた息子が、金を稼ぐということ・自分のたずきを自分で整えるということ・人と出会い子を持ち家庭を営むということ・ものを作るということ・そのものが他人と関わりを持つということなどに思いをいたすようになるという流れの中でこの2語が使われているのがわかる。それを考えれば、「ほうける」は「夢中になる」と同じ意味合いを持つこと、補助動詞しては「遊びほうける」以外に使わないこと（No.1-2）、「意識」は「意欲／考え」と同じといった説明（No.1）が不十分なのは明らかである。

20.「芽生える」の説明

44:38

1	T	1	「芽ばえる」。「芽」。木の「メ」の「メ」は、これを書きます。木の「芽」の「芽」ね。
		2	だから、「芽ばえる」ってのは、木から芽が出るのといっしょに、考えが、こう、出てくることですね。

続く20.「芽ばえる」では、「木の「メ」の「メ」は、これを書く」（No.1-1）とあるが、これも明らかに学習者が知っているという前提に立ったものである。「芽」そのものは旧「日本語能力検定試験」の基準[2]では2級レベルの語彙とされている。実習生がそのことを心得ていたとは思えないが、この場合、たとえ2級語彙であったとしも学習者の日常にはなじみが薄く説明のための語彙として適切であったか疑問である。少なくとも前後の流れからして突飛であり、たとえば、枝なり土なりの絵とそこから出た芽の絵2枚を描き、これを何という→「芽」という→芽が出てくるのが「芽ばえる」→だから、「芽ばえる」はここでは「考えが生まれる」こと、といった説明のほうが学習者の理解に沿っているといえる。

21.「修業する」の説明

46:50

1	T		有名店で修業し」。「修業」、「修業」ってわかりますか？ S2さん、「修業」って何ですか？
2	S2		「修業」は…。
3	T	1	修業っていうのはね、その店、行ってね、その店員さんとして働くんです。いろんなこと、教えてもらえるわけね。
		2	お坊さんも、お寺でシュギョウするとかいいますね。ああいうシュギョウ。「行を修める、修める」といいますね。いいですか。

　さらに、「修業する」の意味として「その店に行って店員として働く。いろいろなことを教えてもらう」（No.3-1）としているが、ここでの「修業」は、そうしたアルバイトのようにもとれる軽い意味ではなく、トレーニングや訓練の意味、さらにいえば徒弟的な意味合いを持って使われている。そうした訓練を受ける真摯さ・訓練の厳しさがこの説明からは伝わらない。また、お寺の「行を修める」（No.3-2）はここでは何ら必要でないばかりでなく、「修行」であって「修業」ではない。しかも、既知のものとして取り上げている。

22.「店を構える」の説明

47:20

1	T	1	「構える」。「構える」というのは、（体で構えて見せて）、こう、ぐっと構えることですね。
		2	ま、「店を出した」ということですね。

　また、「店を構える」では相撲の力士のように足を踏ん張るジェスチャーをして見せている（No.1-1）が、そこから「店を出した」（No.1-2）へ行くにはやはり飛躍がある。これは、「構える」というのは「建てる」の意味とするか、あるいは「構える／建てる」の違いの説明を回避するなら「店を構える」で一つのかたまりで、意味は「店を開く／店を持つ」、としたほうが明解だったろうと思われる。

23.「価値観」の説明

46:50

1	T		「ニートの増加など働く価値観」、「価値観」ってわかりますか？ S3さん、「価値」ってわかります？
2	S3		「価値観」というのは…。お金の考え方。
3	T	1	そうそう、「価値」というのは、いろんなのものの値とかいいますね、これは価値があるとか価値がないとかいいますね。
		2	その「観」というのは考え方なのね、だから、価値観とか人生観とかいいますね。人生の考え方は人生観。お金の考え方は価値観とかね。ま、お金だけじゃないですけど。ものの見方もありますけどね。

　最後に「価値観」であるが、これは「集団就職から半世紀経って働く価値観がすっかり変わった」という文脈の中で使われているものである。実習生は「価値」と「観」を分け、「価値」は「いろいろのものの値」(No.3-1)、「観」は「考え方」(No.3-2) と説明しようと意図している。確かにものごと一つ一つに下した評価の総体が「価値観」であり、この意図自体は妥当である。

　けれども、この問答を子細に見てみると、実習生は、まず「価値観」の意味を問うたのにすぐにそれを「価値」の意味の質問に言い換えている (No.1)。それに対してS3は、当初実習生の最初の質問通り「価値観」で答えようとしたものの、実習生の言い換えに沿って「価値」の意味として「お金の考え方」を出したものと考えられる (No.2)。教材中の「価値観」は労働観・労働意識のことであり、金銭がその一部をなすとしてもここでの価値観は、即、金銭感・金銭感覚ではない。したがってS3の「お金の考え方」は誤りであるが、それを導いたのは実習生の「価値」の意味の質問であったといえる。

　けれども、続く「そうそう、」以下の「価値とはいろいろのものの値」「価値があるとか価値がないとかいう」(No.3-1) という発話は、そのS3の「お金」に引きずられた実習生の説明である。すなわち、No.3-1はお金（＝値打ち）に大きく傾いた説明といえる。それを認め修正したのが、「お金の考え方は価値観とかね。<u>ま、お金だけじゃないですけど。ものの見方もありますけどね。</u>」(No.3-2) である。後の2文が指すのは明らか

に価値観であり、価値観の意味として実習生が述べたかったのは「ものの見方」であったと思われる。

したがって、「価値」は「いろいろのものの値」・「観」は「考え方」という説明の意図は妥当だとして、たとえば、「働く価値観」というのは働くときのいろいろなものの見方（＝「観」）→仕事のおもしろさとお金とどちらが大切か、仕事と個人の生活とどちらを優先させるか、企業の社会に対する貢献とは何か…、そうしたことをどう考えるか（＝「価値」）→そんないろいろな考え方をまとめて自分は働くということをどう見ているか、それが「価値観」、などといった段階を踏んだ説明をすればよかったのではないかと思われる。

こうして見てみると、④「息子の意志表明」⑤「今日の働く意味」の部分における説明の方法・質は①「集団就職」の説明と大きく異なる。学習者に問いかけて理解につながるようなものを引き出そうとする姿勢が希薄であり、取り上げた語句の説明で用いた手法が粗雑であまり練られていない。

その結果、外国人に対する日本語授業というよりも、たとえていうならば日本人児童生徒を対象にした国語科の授業のような様相を呈しているといえる。

4 ｜ 指導が粗雑化していく理由と今後の課題

4.1　学習者の日本語能力の過大評価

こうした講義調の授業になる理由として考えられるのは、第一に普段あまり外国人に接したことのない実習生が実際の学習者とやり取りしてみてその日本語能力を高く評価しすぎること、第二に、その結果、ことばの細かな説明の必要性を過小評価してしまうことだと考えられる。

これらは裏腹の関係にあるが、①を見ると、たとえばNo.6／26／30／36／44などに、確かに学習者の発想の鋭さ・日本語の用法の巧みさがうかがわれる。No.6は、実習生に「就職」の意味を聞かれ「簡単にいえば仕事に就く」と返したものであるが、「簡単にいえば」のことわり表現、「仕事に就く」という慣用句を用いて答えている。No.26は、「振り返る」を問われて「前のことを、思い出す」と言い換えたものだが、過不足の

ない的確な答えである。さらに、No.30 は「職業安定所」とは何を指すかと問われて即座に「職業を紹介する場所」と述べたものであるが、これも同様に他に言いようがない応答である。また、No. 36 は実習生が「Ｖた末に、〜」の意味を説明する際し「いろいろした後で、うまくいった（＝よい結果になった）」とした上で、じゃ、うまくいかなかった場合には他のどのような表現を使うかと問うたのに対し、同じく即座に「あげく」と一言発したものであるが、実習生の求めた通りの答えだった[3]と思われる。最後に、No. 44 は「陥った」とは何かと問われ「悪い結果になること」と返したもので、文脈上ほぼ妥当といってよかろう。

　ここで取り上げた実習は精読の授業であり、そこではもともと逐語的な解釈に傾きやすい。文字化した①④⑤では「〜、わかりますか／知っていますか」で指導する語句・表現を取り出しているのが頻繁に観察される[4]が、それはこうした授業の性格にも起因するものと考えられる。すなわち、実習生は内容理解と語句の意味・用法を指導の中心課題として据え、後者に関しては教材全体をその対象として一つ一つ精査しその指導法を丹念に練った上で実習に臨んだものと思われる。ところが、以上のような学習者の的を射た素早い応答にじかに接してしまうと、その高い日本語能力に驚き素直に感心してしまう。さらに、ことばを逐語的に取り上げおのおの調べてきた情報を細大漏らさず与える指導法に揺らぎを感じる。

　けれども、ここでまず重要なのは日本語能力を理解力と運用力とに分けることであって、理解力に比して運用力は劣ること、運用力を支えるのはやはり語句・表現に関する知識であることを指導の基本に置くべきであろうと思われる。すなわち、実習生が高く評価するのは主に学習者の日本語理解力であって、鋭い辞書の記述的な発話をしたからといってそれが直接的に運用能力の高さを保障するものではない。たとえば、No. 44 で「陥った」の意味を問われて「悪い結果になること」と返したのをほぼ妥当としたが、S1 が、「陥る」は基本的には状態性の語句しか取らない。教材中の「人材不足」は「状態」である。したがって、「陥る＝悪い結果になること」という理解のままでは「失敗／不合格／敗北…に陥った」などと用いてしまう可能性は否定できない。

　さらにもう一つの問題点は、揺らぎを感じた結果、指導方法の修正を、

逐語的に取り上げはするものの意味と用法の説明は情報を減らしポイントだけにする、同義語や関連する語句にその場で思いを巡らし言及する、ティーチャー・トーク（以下、「TT」）に気を使わない、の3方向に持っていってしまう点である。特に1点目は説明の粗雑化・遺漏を誘発しがちで、16.「後を継ぐ」の「継ぐ」の説明欠落（No.5）、17.「混ぜ返す」の字義通りの解説（No.1-2）、21.「修業」の説明不足（No.3-1）、22.「店を構える」のジェスチャー（No.1-1）、23.「価値観」の錯綜した説明（No.3-1／3-2）は、こうした姿勢を反映しているものと考えられる。さらに、18.「ほうける」／19.「意識」の他の語の持ち出し（No.1-2／No.1-1）、21.「修業」の「修行」への言及（No.3-2）、20.「芽ばえる」の「木の芽」への言及（No.1-2）は、2点目の姿勢が指導上に表れたものといえよう。3点目のTTに関する留意軽減に関しては、「継ぐ」（16.「後を継ぐ」No.5）、「混ぜてひっくり返す／矛盾」（17.「混ぜ返す」No.1-2／1-4）、「修行／行を修める」（21.「修業」No.3-2）、「芽」（20.「芽ばえる」No.1-1）、「値」（23.「価値観」No.3-1）が未知語の可能性がある[5]か、あるいは、文脈上、説明の語彙としては不適切ではないかと思われる。さらに、TTにあまり留意しなくなった結果、全体として学習者への問いかけがなくなり一方的な講義調に変化している。

　冒頭で述べた通り、こうした姿勢の変化は既習の範囲が明確で把握しやすい初級段階では起こりにくく、新聞記事など生の教材を使った上級段階において特徴的である。ここで取り上げた実習の場合、半分をやや過ぎた時点（全所要時間75分中の40分を経過したあたり）から顕在化している。逆に、①で明らかにしたように、少なくとも1/3の時点（同、23分あたり）までは観察されていない。すなわち、それまでは精読の授業が成り立っているが、その一方で、次第に実習生が学習者の日本語能力の高さに感心しのみならず圧倒されていったものと思われる。

　ちなみに、詳細な分析を加えるには至っていないものの、上級あるいは中級段階で、指導の途中からではなく冒頭からすでに粗雑化しそれが終了に至るまでそのまま継続している実習をしばしば見かけた。こうした実習では、本事例と同様に意味と用法の説明の不十分さ・思いつきの言及・TTへの気遣い欠如の3点が顕著に見られたが、逐語的に語句・表現を取り上げようとしない点でさらに特徴的であった。このような指導

を行う実習生は、初級段階の実習や見学などを通してその実習に臨むまでにすでに学習者の日本語能力過大評価・語句の説明の必要性への揺らぎが形成され固定化されていたものと考えられる。

4.2 今後の課題

以上に鑑みて、今後、指導教師側に求められる課題は、次のような能力を育成する観点からの養成プログラムの検討である。

この段階で精読的な指導をする実習生に求められるのは、まず、初中級の指導項目を理解把握した上で、教材の中の指導すべき語句・表現を取捨選択する技術・能力である。これは適切なTTを設けるための技術・能力でもある。

次に、指導すべきとした語句・表現の意味及び第7章であげた接続・構文の情報を分析する技術・能力である。これは、ことさら粗雑化していく説明における課題というわけではなくごく一般的な授業準備の範疇に入るものであるが、思いつき的に同義語や関連語句に言及しないために重要である。

さらに、個々の学習者の日本語能力を、理解力と運用力に分けて把握する技術・能力である。単にその語句・表現の意味を聞いてその正誤を判断するだけではなく、状況を与えいくつか例文を作らせてみて自らの分析の結果に照らし、適不適を評価・説明する技術である。

こうした技術・能力を育成するプログラムの開発面・運営面からの検討と同時に、精読以外の指導法の取り入れなどを通し、ともすれば日本語の構造的知識偏重の傾向を生んでしまう実習指導のあり方の検討も必要であろうと思われる。

注　[1]　日本経済新聞 2005年7月9日「働くということ　2005　第3部　何のために6　最終回」。事例採取は、2005年7月。
　　[2]　2010年より実施されている新日本語能力試験では個々の語句が何級で出題されるかその基準が明らかにされていない。そこで、旧日本語能力試験の基準を採用した。

[3]	ちなみに、学習者・教師双方を対象にした参考書『どんな時どう使う日本語表現文型辞典』(友松他 2007 アルク)『日本語文法辞典（上級編）』(Makino他 2008 The Japan Times) にも、それぞれ「『とうとう残念な結果になった』と言いたいときに使う」、「ageku represents something troubling」とある。
[4]	①「集団就職の説明」部分 　No.3-2「集団就職」ってわかります？ 　No.3-3「集団」、わかります？ 　No.7-2「ぐるみ」ってわかりますか？ 　No.15-2「人身売買」ってわかりますか？ 　No.19-2「発案者」ってわかりますか？ 　No.25-2「振り返る」ってわかります？ 　No.27-2「職業安定所」わかりますか？ 　No.31-3「末」というのはどういう意味かわかります？ 　No.39-9「深刻」って知ってますか？ 　No.41-2 わかりますか、「人手不足」。 　No.43-2「陥った」って何ですか。 ④「高校時代遊びほうけていた息子の、家業を継ぐ意志の表明」部分 　No.16-1「後を継ぐ」というのはわかります？ 　No.18-1「ほうける」というのは、わかります？ 　No.21-1「修業」ってわかりますか？ ⑤「集団就職時代とは価値観が変わってしまった今日の働く意味の問いかけ」部分 　No.23-1「価値観」ってわかりますか？
[5]	旧「日本語能力試験」の出題基準によれば、「継ぐ」「修行」「値」－1級、「混ぜる」「ひっくり返す」「矛盾」「芽」－2級、「行」「修める」－非掲載、である。

あとがき

　本書を執筆しようと思い立ったのは、実習に立ち会って気になった部分を記述し、どうしてそこが気になったのかを素直に述べてみようと考えたからである。この単純な、実習指導者であればだれでもいだいているであろう作業がなかなか進められなかった。実習指導に携わるようになって20年以上、見学した実習の数はよくわからないが、DVDに収録したものだけでも優に200を超える。実習生から提出を受けた教案は7〜8cmほどのファイル9冊にもなっていた。それだけ現場に臨みながら、この作業に取り掛かることができなかった。一読しておわかりのように、本書に述べたような内容は、遅くとも'90年代半ばごろまでには明らかにしておかねばならなかったことがらである。そう考えると悔恨の情にたえないが、見学中に気になった個所を特定して文字に起こしさまざま考察をして終わってみると実習から何か月も経っていることも珍しくなく、そのころにはまた別の実習が回り始めているという状態の繰り返しであった。

　そうして書き上げた本書を読み返してみて今さらながら思うのは、「望ましい指導」「妥当な説明」などといった主観的かつ断定的な記述が多いことである。実習指導という立場上、そうならざるを得なかったのかと思うが、Teacher Training的押しつけが見て取れるという立場もあるかもしれない。けれども、本書で述べたことは、評価や見解が分かれる部分があっても、実習の指導にあたる者にとってことさら特異なものではなかろう。であれば、指導者の琴線に何か触れるものがあってそれを明らかにすることは一つの責務ではないかとも思う。

　とはいえ、せめて実習生のフォローアップ・インタビューをもう少しすべきだったとの反省は残っている。実習後に実習生に感想を求めても

反省する声しか得られないのが一般的で、自分の指導を分析的に振り返って語ることはあまり望めなかった。加えて、こちらの見解を整えてあれこれ聞きたいと思った時には、本人はつかまらずじまいというのが常だった。とはいってもそれらは言い訳に過ぎず、実習生・学習者・筆者の、文字通りのトライアンギュレーションを目指すべきだったと反省している。

　それにしても今あらためて思うのは、授業という活動が持つ内容の驚くべき豊穣さである。一つの実習授業を見れば一つの論文が書けそうになるほど、さまざまな側面が浮かび上がる。その中から指導教師が明らかにし関われるのは、残念ながらごく一部に過ぎない。本書がもいだ果実はそのさらに何十分の一である。まさに、亡羊の嘆である。

2015年4月　筆者　＠HIK2902

　なお、本書の各章は以下の論文に加筆・修正を加えたものである。

第1章　「学部学生の日本語授業観察の観点」『同志社女子大学 総合文化研究所 学術研究年報』第53巻、2002年

第2章　「日本語教育実習生に見る初級段階の授業構造意識－フィッシュ・ボーンの分析結果から」『同志社女子大学　日本語日本文学』第23号、2011年

第3章　「日本語教育初級段階における指導項目の説明方法分析－実習授業の分析結果から」『同志社女子大学　総合文化研究所紀要』第28巻、2011年

第4章　「日本語教育実習事例研究　初級段階の説明時におけるティーチャー・トークの乱れ」『同志社女子大学 総合文化研究所 学術研究年報』第62巻、2011年

第5章　「日本語教育中上級段階における導入の構成プロトタイプ－実習授業の分析結果から」『同志社女子大学　総合文化研究所　学術研究年報』第61巻、2010年

第6章　「日本語教育中上級段階における意味説明の典型的パター

ン－実習授業の分析結果から－」『同志社女子大学大学院文学研究科紀要』第11号、2011年

第7章　「日本語教育実習事例研究　特殊な過程を持つ中級段階の語句・表現の説明」『同志社女子大学　総合文化研究所紀要』第29巻、2012年

第8章　「日本語教育実習事例研究　上級段階において肥大化する語句・表現の説明」『同志社女子大学大学院　文学研究科紀要』第12号

第9章　「日本語教育実習事例研究　次第に粗雑化していく上級段階の語句・表現の説明分析」『同志社女子大学　日本語日本文学』第24号、2012年

文献一覧

朝倉美波他（2000）『日本教師必携　ハート＆テクニック』アルク

荒木礼子他（1991）『テーマ別　中級から学ぶ日本語』研究社

石井恵理子（1997）「国内の日本語教育の動向と今後の課題」『日本語教育』94号　日本語教育学会

市嶋典子（2009）「日本語教育における「実践研究」論文の質的変化－学会誌『日本語教育』をてがかりに」『日本語教育論集』25号　国立国語研究所

岡崎俊夫・岡崎眸（1997）『日本語教育の実習　理論と実践』アルク

岡崎敏雄・長友和彦（1991）「日本語教育におけるティーチャー・トーク」『広島大学教育学部紀要』第2部　第39号

岡崎眸・岡崎敏雄（2001）『日本語教育における学習の分析とデザイン』凡人社

小笠原恵美子他（2000）「実習授業における教師の成長を目指す教授活動評価のあり方」（2000年度日本語教育学会春季大会発表要旨）『日本語教育』第107号

国際交流基金（2011）『日本語教授法シリーズ10　中・上級を教える』ひつじ書房

国際交流基金（2004）『日本語能力試験　出題基準　（改訂版）』凡人社

国際日本語普及協会（1994）『Japanese for Busy People Revised Edition』講談社インターナショナル

国立国語研究所編（2002）「日本語教員養成における実習教育に関する調査研究－アンケート調査結果報告」

国立国語研究所編（2009）「座談会　日本語教育に求められる実践研究とは何か」『日本語教育論集』25号　国立国語研究所

坂本正他（1990）「日本語のフォーリナー・トークに対する日本語学習者の反応」『日本語教育』第69号　日本語教育学会

佐々木倫子（2002）「日本語教育で重視される文化概念」細川英雄編『ことばと文化を結ぶ日本語教育』凡人社

佐々木倫子（2006）「パラダイムシフト再考」国立国語研究所編『日本語教育の新たな文脈』アルク

ジョンソン, K.・ジョンソン, H.（岡秀夫監訳）（1999）『外国語教育学大事典』大修館書店

スリーエーネットワーク（2000）『みんなの日本語初級Ⅰ　教え方の手引き』スリーエーネットワーク

スリーエーネットワーク（2001）『みんなの日本語初級Ⅱ　教え方の手引き』スリーエーネットワーク

舘岡洋子（2008）「協働による学びのデザイン　共同的学習における「実践から立ち上がる理論」」細川英雄・ことばと文化の教育を考

える会編『ことばの教育を実践する・探究する』凡人社
田中真理（2005）「学習者の習得を考慮した日本語教育文法」野田尚史編『コミュニケーションのための日本語教育文法』くろしお出版
寺田和子他（1998）『日本語の教え方ABC』アルク
富田隆行（1991）『基礎表現50とその教え方』凡人社
富田隆行（1993）『教授法マニュアル70例　上』凡人社
友松悦子他（2007）『どんな時どう使う　日本語表現文型辞典』アルク
中村壽子（1995）「教材書評　日本語教育演習シリーズ③④⑤」『月刊日本語』8月号　アルク
西口光一他（2006）『日本語　おしゃべりのたね』スリーエーネットワーク
野崎栄一郎編（2002）『教育実践を記述する』金子書房
ハロルド・ガーフィンケル他（山田富秋他編訳）（2004）『エスノメソドロジー』せりか書房
人見楠郎編（1991）『自己評価・自己研修システムの開発を目指して』文部科学研究費助成金研究「日本語教師の教授能力に関する評価・測定法の開発研究報告書」
人見楠郎編（1992）『日本語教師の自己評価・自己研修システムの開発を目指して』文部科学研究費助成金研究「日本語教師の教授能力に関する評価・測定法の開発研究報告書」
日比裕・的場正美編（1999）『授業分析の方法と課題』黎明書房
平山満義編（2003）『質的研究法による授業研究』北大路書房
細川英雄（2002）『日本語教育は何を目指すか』明石書店
細川英雄（2008）「活動型日本語教育の実践から言語教育実践研究へ　岐路に立つ日本語教育とこれからの方向性」細川英雄・ことばと文化の教育を考える会編『ことばの教育を実践する・探究する』凡人社
堀井惠子（2000）「日本語教員養成課程教育実習における実習生の気づき」平成11年度日本語教育学会秋季大会ポスター発表要旨『日本語教育』第104号
丸山敬介（1990）『経験の浅い日本語教師の問題点の研究』創拓社
丸山敬介（1995）『日本語教育演習シリーズ5　教え方の基本』京都日本語教育センター
丸山敬介（2004a）『日本語教育演習シリーズ6　授業の組み立て』京都日本語教育センター
丸山敬介（2004b）2004年日本語教育国際研究大会ワークショップレジメ

御舘久里江他（2010）『にほんご　ボランティア手帖』凡人社
目黒真実他（2008）『日本語表現文型辞典』アスク出版
山崎敬一（2004）『実践エスノメソドロジー入門』有斐閣
横溝紳一郎（2002）「日本語教師の資質と自己成長の方法」日本語教育学会研究集会レジメ
吉川武時（2003）『形式名詞がこれでわかる』ひつじ書房

Makino Seiichi（2008）『日本語文法辞典（上級編）』The Japan Times

[執筆者]　丸山敬介（まるやま　けいすけ）
同志社女子大学表象文化学部教授。早稲田大学第一文学部卒。1980年、国際教育振興会　日本語研修所　専任講師。1985年、同　日本語教師養成講座主任。1990年、同志社女子大学短期大学部講師、同　学芸学部を経て現職。専門分野は日本語教師養成。最近の論文に、本書収録のものの他、「「日本語教師は食べていけない」言説―その起こりと定着」（2015　『同志社女子大学大学院文学研究科紀要』第15号）、「ボランティア日本語教室の組織と運営―日本語教育機関との比較において」（2013　『同志社女子大学総合文化研究所紀要』第30巻）、「日本語教育において『教科書で教える』が意味するもの」（2008　国語研究所『日本語教育論集』24号）、「日本語教育におけるバリエーション教材と教育」（2007　『日本語教育』134号　共著）。主な著書、『新版　日本語教育辞典』（項目執筆）、『日本語プログラム運営の手引き』、『授業の組み立て』、『教えるためのことばの整理　1・2』、『教え方の基本』、『経験の浅い日本語教師の問題点の研究』。

日本語教育学研究 5

日本語教育実習事例報告
彼らはどう教えたのか？

2015年5月30日　初版第1刷発行

著者………………	丸山敬介
発行者………………	吉峰晃一朗・田中哲哉
発行所………………	株式会社ココ出版

〒162-0828
東京都新宿区袋町25-30-107
電話　03-3269-5438
ファックス　03-3269-5438

装丁・組版設計………長田年伸

印刷・製本……………モリモト印刷株式会社

ISBN 978-4-904595-63-3

ココ出版の書籍

日本語教育学研究 1
学習者主体の日本語教育
オーストラリアの実践研究

トムソン木下千尋 編　3,600 円＋税　ISBN 978-4-904595-03-9

日本語教育学研究 2
日本語教育と日本研究の連携
内容重視型外国語教育に向けて

トムソン木下千尋・牧野成一 編　3,600 円＋税　ISBN 978-4-904595-09-1

日本語教育学研究 3
「ことばの市民」になる
言語文化教育学の思想と実践

細川英雄 著　3,600 円＋税　ISBN 978-4-904595-27-5

日本語教育学研究 4
実践研究は何をめざすか
日本語教育における実践研究の意味と可能性

細川英雄・三代純平 編　3,600 円＋税　ISBN 978-4-904595-49-7